東海の街道4

街道今昔

三重の街道をゆく

編著＝千枝大志
Daishi Chieda

MIE NO KAIDO

風媒社

はじめに

三重県は、伊勢湾や熊野灘からなる南北に延びる海岸部から、険しい高地（鈴鹿山脈・布引山地・紀伊山地など）を隔てて畿内へ至る内陸部まで、個性に富んだ自然環境や気候風土が存在する。そして、東海地方である一方で、近畿地方でもあり、さらに、愛知・岐阜両県とともに、東海三県や中京圏で括られたりもする。そのため、生活や文化、経済など色々な面で様々な地域との関わりを持ち、これらの地域を結びつける役割をするのが三重県なのである。

地政学的に歴史を振り返ってみても、近世時点での県域が伊勢・志摩・伊賀・紀伊の4カ国から構成されたように各地で独特な地域構造をもつ。そのため、古くより人々の行き来が盛んな交通の要衝であり、各地との活発な交流とその融合により独自の歴史文化が生み出された。著名な「おかげ参り」や日本初の紙幣「山田《やまだ》羽書《はがき》」といった特徴的な史実の誕生も、その文脈のなかで把握する必要があろう。

最近では、このような独特な歴史文化は「出入りの地域史」という枠組みで捉えられてきており、その形成要因には伊勢街道や東海道といった交通路が県内各所に張り巡らされていたことが重視されている。

本書は、伊勢《いせ》神宮《じんぐう》ばかりでなく専修寺《せんじゅじ》や多度大社《たどたいしゃ》、さらに熊野三山などの県内外の寺社と街道の関係にも着目した点に特徴がある。

また、松阪と和歌山を繋ぐ和歌山街道は紀州藩の藩道でもあるように、「城下町」といった政治的要因で成立した都市部と接続する街道も各所に張り巡らされているため、それらの要素へも配慮した点も特徴的である。〈お伊勢参り〉や〈近世城下絵図〉に特化したトピックを設定したのは、以上のような理由による。さらに、デジタル撮影の技法などの近年注目される「デジタルアーカイブ」の話題もとりあげた。

ぜひ、従来型のガイド本とは異なるコンセプトを採用した点も注目してほしい。各パートは実際、現地に赴いたり、新たな歴史資料を発掘したりと、現場を知り尽くした東海三県に関わる経験豊富な研究家の玉稿でもあるため、読み応えのある仕上がりとなった。執筆者32名には深謝申し上げたい。

全体を読み通すにつれ、〈三重をめぐる街道文化〉について知りたくなり、同時に実際に各街道を歩きたくなってきた。

読者の皆さんは、私がどこでワクワクしたのかを考えつつ、本書を片手に名所旧跡巡りを楽しんでもらえればと思う。

千枝大志

目次

はじめに……2
三重の街道概略図……6

I 三重の主な街道……7

東海道 桑名宿から鈴鹿峠まで……8
伊勢街道 四日市市から伊勢神宮まで……16
大和街道 伊勢と伊賀をつなぐ道……33
伊賀街道 津藩領を貫く幹線……42
伊勢別街道 京からの参宮客が通った道……46
初瀬街道 『紅梅軒国遊記』で辿ってみる……50
伊勢本街道 大和と伊勢神宮を結ぶ参宮街道……56
和歌山街道／和歌山別街道 和歌山へ至る紀州藩の道……64
二見道 名勝二見浦に続く道……70
朝熊山の岳道 神仏習合の道……73
磯部道／鳥羽道／青峰道 志摩と伊勢をつなぐ道……75
美濃街道／濃州道 桑名を起点に美濃へつながる道……83
巡見道 幕府から派遣された巡見使が通った道……88
八風道 伊勢と近江をむすぶ道……92
菰野道 近鉄湯の山線から辿る……96
熊野街道 伊勢と熊野をつなぐ道……101
【コラム】〈街道文化遺産〉としての山田羽書……32

II 近世三重の城郭図・城下図を読み解く……109

長島城 一向一揆の地・長島に浮かぶ〝輪中の城〟……111
桑名城 徳川四天王の一人・本多忠勝が築いた海上の名城……113
神戸城 五層の天守閣があったと伝わる……115
亀山城 多門櫓は三重県で唯一江戸時代からの城郭建造物……117
津城 2つの川に挟まれた城と城下町……119
田丸城 南北朝時代に築かれ近世に城下が整備された城……121
松坂城 現代に残る城下の面影……123
鳥羽城 四方を海に囲まれた城……125
上野城 街道の結節点として賑わった城下町……127
【コラム】『伊勢参宮名所図会』の挿絵を読み解く……128

III お伊勢参り小咄……129

斎宮につづく道
伊勢神宮へ向かう皇女の歩んだ道……130
室町殿の伊勢参宮をひもとく
室町時代における公家や武家たちの参宮の実相……136
人びとの接点となる一身田の専修寺
東から西から南から……140
舟を使った東からの伊勢参宮の道
お値打ちで人気航路だった……143
イギリス人が伊勢路をゆく!
外国人からみた明治前期の伊勢……147
鉄道からみた伊勢参宮
鳥瞰図の鉄道案内図ほか……152

Ⅳ　伊勢をめぐる〈参詣〉をデジタル化する……157

仏像データの有効性と利活用のために
伊勢参りついでに拝観する仏教文化関連遺物をデジタルアーカイブ……158

お伊勢参りの現風景をデジタルアーカイブ
ブログ発信の楽しみと活用……164

『伊勢新四国八十八ヶ所道しるべ』を自由にする
画像化のすすめ……170

主な参考文献……176

本書の街道略図は、三重県環境生活部文化振興課『みえ歴史街道ウォーキングマップ』を参考にして作成しました（https://www.bunka.pref.mie.lg.jp/kaidou/walking/index.htm）。上記ホームページ上にそれぞれの街道の詳細地図が掲載されていますので、参考になさってください。

三重の街道概略図

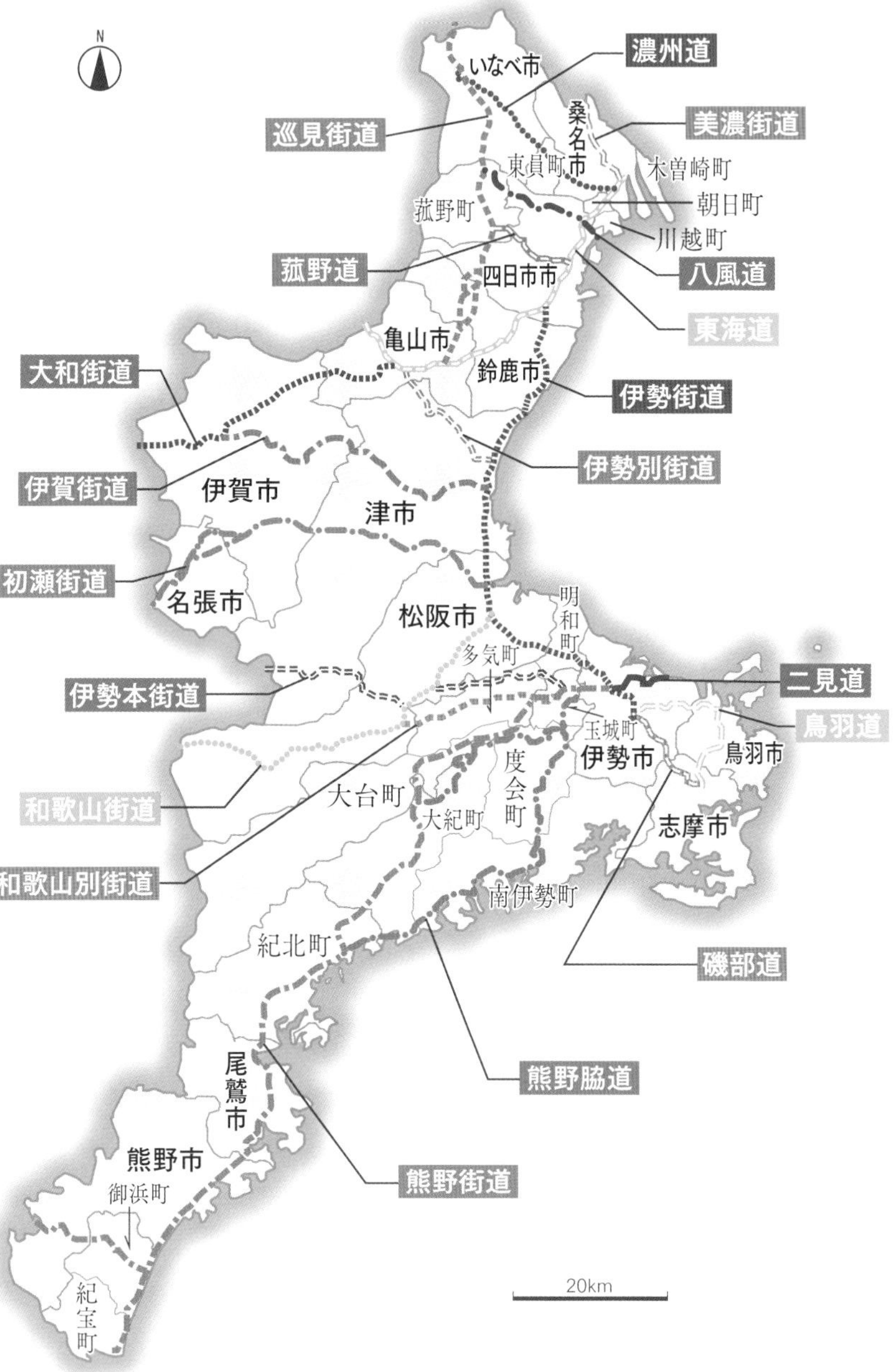
N
濃州道
美濃街道
巡見街道
いなべ市
桑名市
東員町
木曽崎町
朝日町
川越町
菰野町
菰野道
八風道
四日市市
東海道
亀山市
鈴鹿市
伊勢街道
大和街道
伊勢別街道
伊賀街道
伊賀市
津市
初瀬街道
名張市
松阪市
明和町
多気町
二見道
伊勢本街道
鳥羽道
玉城町
伊勢市
鳥羽市
度会町
和歌山街道
大台町
大紀町
志摩市
和歌山別街道
南伊勢町
紀北町
磯部道
熊野脇道
尾鷲市
熊野市
熊野街道
御浜町
紀宝町
20km

Ⅰ　三重の主な街道

桑名宿から鈴鹿峠まで

東海道

文／鈴木亜季・浅川充弘・代田美里・澤田ゆう子

木曽三川が伊勢湾に注ぐ河口域に位置する桑名は、古代から水運が発達し、中世には自由湊として栄え、「十楽《じゅうらく》の津《つ》」とも呼ばれた。

桑名は慶長6年（1601）東海道の宿駅に指定される。熱田宮《みや》宿（現在の愛知県名古屋市熱田区）と桑名宿の間は東海道の中でも唯一の海路であり、七里（約27・5㎞）の移動距離があったことから「七里の渡し」とも言われた。通常4時間ほどの渡航であったというが、天候により欠航する場合があり、干潮の時には沖合を迂回して6時間も要することがあるなど、船便の不便もあった。江戸時代中期以降は、新田の開発や河川による土砂の堆積などによって航路が変化した。三代将軍徳川家光の時に東海道の脇往還として佐屋《さや》路が設定されると、桑名宿と佐屋宿を川船で結ぶ航路も盛んに利用されるようになり、三里の渡しとも呼ばれた。

七里の渡し・三里の渡しをはじめとし、長島や大垣への船路のほか、美濃道や員弁《いなべ》道などの街道とも交差する交通の要衝として、桑名宿は宿場町や湊町として栄えた。天保14年（1843）の『東海道宿村大概帳』によると、本陣2軒、脇本陣4軒、旅籠屋は120

図１　伊勢国一の鳥居

図２　歌川広重　東海道五拾三次之内　桑名七里渡口（保永堂版）　桑名市博物館蔵

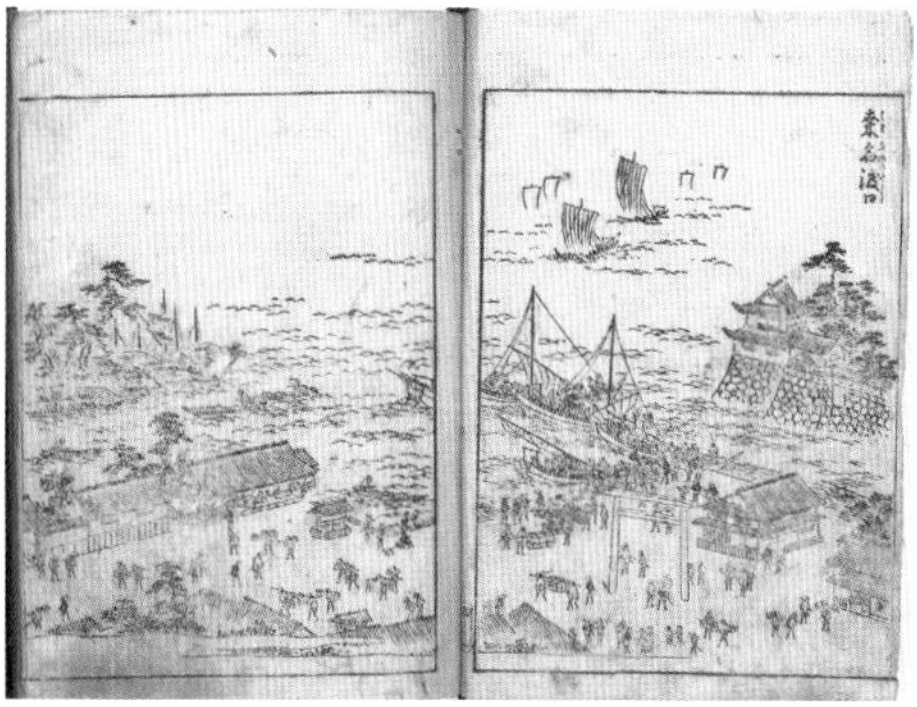

図３　『伊勢参宮名所図会』桑名渡口
桑名市博物館蔵

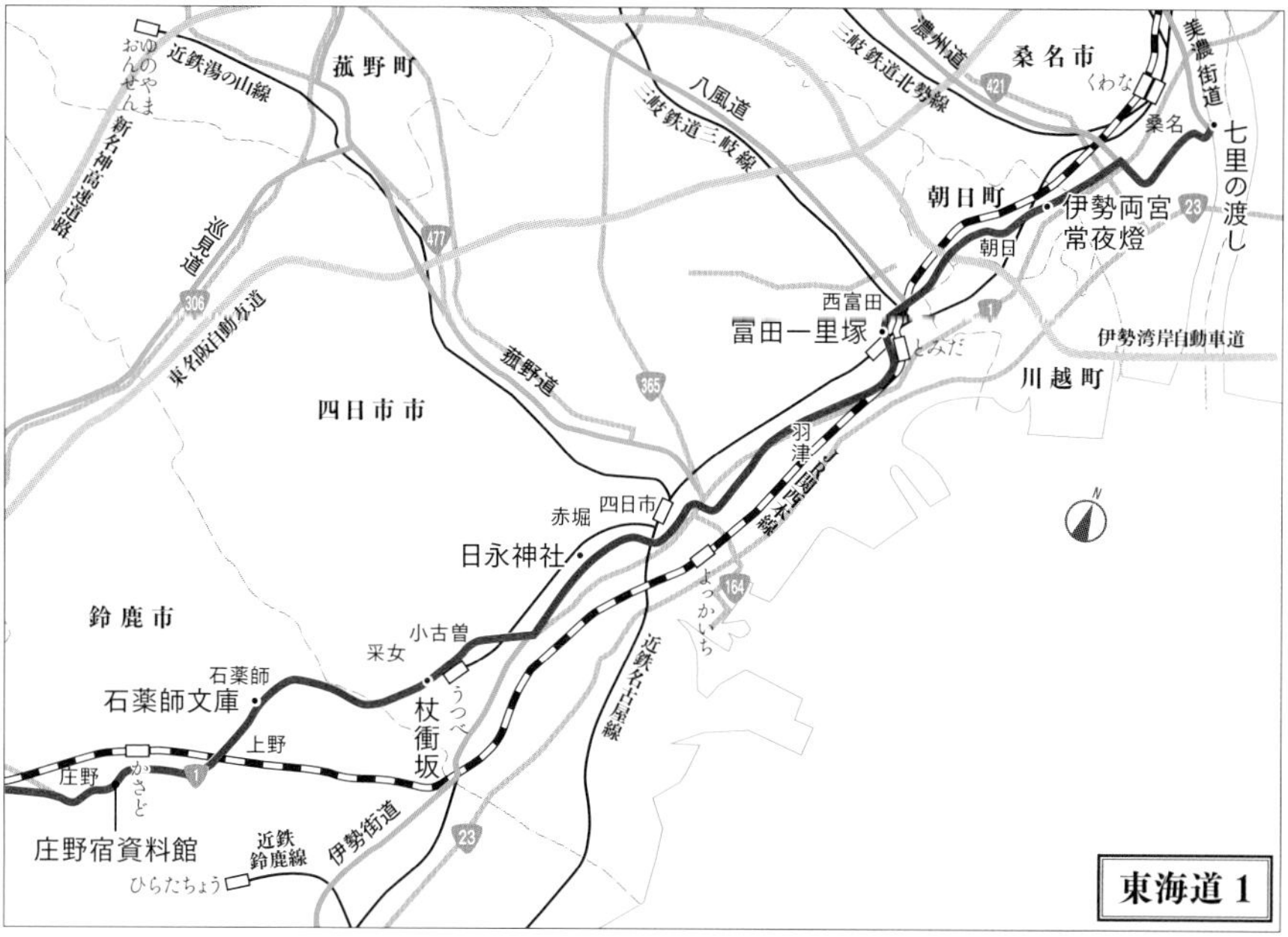

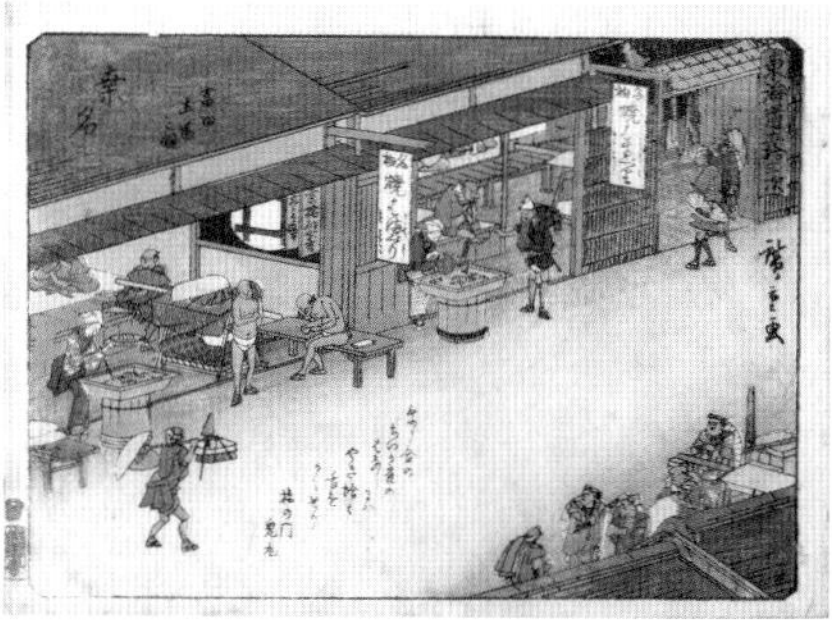
図4　歌川広重　狂歌入東海道五拾三次 桑名 富田立場之図（狂歌入）　桑名市博物館蔵

軒あり、旅籠屋の数は東海道の宿場町のなかで宮宿に次いで二番目に多い。

また、桑名宿の宿役は伝馬の他に船役も義務付けられ、船着き場には舟番所・高札場・舟会所（舟役所・警固屋）・問屋が設置された。江戸時代中頃に船着き場に建立された鳥居は、伊勢国に入って最初にある伊勢神宮の鳥居の意から、「伊勢《いせ》国一《のくにいち》の鳥居《とりい》」と呼ばれる（図1）。この七里の渡口や桑名城周辺一帯の風景は、桑名宿を象徴するものとして浮世絵や名所図会にも数多く描かれた（図2、3）。

桑名宿から伊勢の旅へ

桑名宿から四日市宿へは、陸路で三里八丁（約12・6㎞）の道のりとなる。七里の渡しの船着き場から桑名城のすぐ西側を通り、京町《きょうまち》見附《みつけ》・吉《よ》津屋《つや》見附・七曲《ななまがり》見附の3カ所の見附跡を通過して七里の渡口から一里ほど歩き、町屋川方面へと

図５　伊勢両宮常夜燈

向かう。町屋川周辺には名物の焼き蛤や安永餅、漆塗りのかぶら盆などを売る店や茶屋が立ち並び、大いに賑わった（図４）。

町屋川には寛永12年（1635）に初めて橋が架けられ、対岸の縄生《なお》まで人や馬が板橋を渡った。また、文政元年（1818）桑名側の岸には、道標と伊勢神宮への祈願を兼ねた伊勢両宮常夜燈が建てられ（図５）、東海道を行き交う多くの旅人たちを見送った。

（鈴木亜季）

三重郡朝日町から四日市市をゆく

東海道は桑名から員弁川を渡ると三重郡朝日町に入る。江戸時代、朝日町内の街道沿いには縄生、小向《おぶけ》、柿の村々が広がっていた。この朝日町縄生（縄生村）から四日市市富田あたりまでの名物の一つが焼き蛤であり、『東海道中膝栗毛』にも弥次郎兵衛と喜多八が縄生村へたどりついた場面に描かれている。当時、縄生から富田あたりの街道沿いには、東海道を往来する旅人相手に焼き蛤を商う茶店などがあってにぎわいをみせていた。

図６　富田の一里塚跡

朝日町をあとにして朝明《あさけ》川を越えると四日市市である。この間、縄生と富田には一里塚が置かれ、富田の一里塚は県指定史跡として「史蹟富田の一里塚址」と刻まれた碑が建っている（図６）。その後、富田を抜け街道は八幡《やわた》常夜灯が傍に立つ米洗《よない》川を越えて、羽津、金場を通り四日市宿のあった中部に至る。

三滝《みたき》川を渡ると中部に入るが、その手前の川原町に西側が暗渠となっている浦の川橋がある。この浦の川橋あたりが四日市宿のはじまりであった。当時、宿場町であった四日市町は、享保９年（1724）～享和元年（1801）の大和郡山藩領の時期をのぞき天領であったため、四日市宿陣屋（四日市代官所）が置かれていた。現在の中部西小学校がその場所にあたる。そのまま街道は諏訪神社前にたどりつく。ここまでが四日市宿であった。

諏訪神社前からは商店街のアーケードを通り浜田、赤堀、日永《ひなが》へ進む。浜田のあたりは空襲を受けなかったこともあり、伝統的な町並みの面影が残っている場所であったが、近年ではその雰囲気もわずかとなっている。日永に入りしばらく

図7　日永神社境内の道標

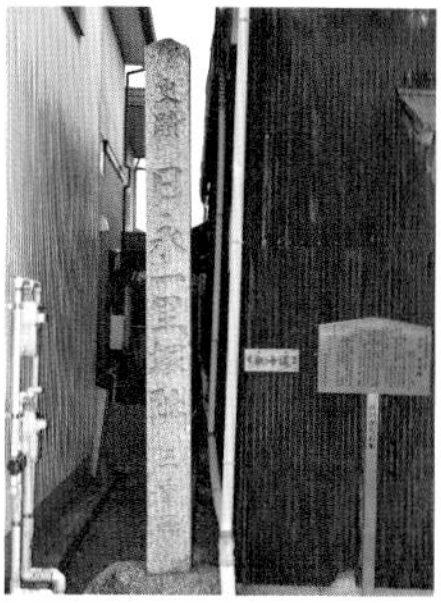
図8　日永の一里塚跡

すると日永神社があり、その境内の道標は、もともとこの先にある追分の神宮遥拝鳥居の場所に設置されていた。この道標は明暦2年（1656）のもので、東海道に残る道標の中で最古のものである（図7）。また、同じ日永には江戸からちょうど百里にあたる一里塚跡があり、三重県指定史跡として「史蹟　日永一里塚阯　三重県」の碑が建つ（図8）。

図9　名残りの一本松

日永の追分へ向かう途中、一里塚跡から400mのところに「東海道名残りの一本松」が残っている（図9）。この一本松をあとにすると、街道は国道1号線と合流し、正面に大きな鳥居が見えてくる。ここが東海道と伊勢街道の分岐点、日永の追分で常夜灯の傍らには「右　京大坂道」「左　いせ参宮道」の道標がある。さらに、采女《うねめ》に入ると、急な勾配で知られる杖衝坂《つえつきざか》にたどりつく。この坂には「史蹟杖衝坂」の石碑、常夜灯とともに松尾芭蕉の句碑「歩行《かち》ならば杖衝坂を落馬かな」があり、当時のおもむきを伝えている（図10）。

図10　杖衝坂

ここまで来ると、もう一息で石薬師《いしやくし》宿となる。（浅川充弘）

石薬師宿と庄野宿

鈴鹿市域の東海道は、鈴鹿川北西岸の台地上を北東から南西に向かって延びている。そこに石薬師宿と庄野《しょうの》宿の二つの宿場が存在したが、江戸時代の参宮客や荷物は、亀山や日永追分から白子《しろこ》方面に抜けることが多く、どちらの宿場も旅籠数は15軒ほどと東海道中最少であった。

石薬師宿は、他の宿場からやや遅れて元和2年（1616）に設立された。近世以前、この近辺は高富《たかとみ》村と称し、宿

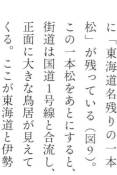

図11　石薬師文庫（上）と
図12　佐佐木信綱（下）
佐佐木信綱（1872-1963）は万葉集の研究と普及に尽力し，昭和12年に第一回文化勲章を受章した。

名の由来となった石薬師寺の山号も高富山である。この地で亡くなった日本武尊が白鳥になって飛び去ったので高飛《たかとび》村と称したのがその由来といわれている。

街道を歩くと、石薬師小学校隣の小さな洋館が目に入る（図11）。石薬師出身の歌人・国文学者であった佐佐木《ささき》信綱《のぶつな》（図12）が、昭和7年（1932）に建てた「石薬師文庫」である。信綱は、大量の書籍とともにこの洋館を村に寄贈し、「これのふぐら　良き文庫たれ　故郷の　さと人のために若人のために」と詠んだ。隣接する町屋は明治元年（1868）建築の信綱の生家で、庭や門前には、信綱作詞の「夏は来ぬ」に因んで卯の花（ウツギ）が植えられ、5月上旬の花の時期に訪れた人の目を楽しませてくれる。

歩みを進めると、石薬師寺の門前に出る。天正年間の戦火

図13　石薬師の蒲桜（三重県指定天然記念物）

図14　石薬師の一里塚（三重県指定史跡）　采女と中富田の一里塚の間にあり，江戸時代には蒲川橋の両端に塚があった。現在は石碑のみが残る。

で焼失したと伝わり、寛永6年（1629）に再建された本堂には、弘法大師が巨石に彫ったという伝説が残る薬師如来が祀られており、毎年12月20日のすす払いで開帳される。すぐ近くには、源範頼（蒲冠者）が平家追討を祈願して、鞭にしていた桜の枝を地面に挿したところ芽生えたとされる「石薬師の蒲桜」（図13）もある。

石薬師宿からわずか3㎞ほどで庄野宿に入る。東海道中最後の宿立となる寛永元年（1624）の設置である。歌川広重の五十三次の中でも傑作とされる、保永堂版「庄野・白雨」（図15）で有名だが、国道1号線が旧道を分断し、原風景が失われてしまった今日では、その場所を特定することは難しい。名物は「焼米俵」（図18）で、籾のまま炒った米を臼でついてフレーク状にし、それを握りこぶし大の俵の中に入れたもの

で、旅の土産物としても携行食としても利用された。

宿場は街道沿いに約1㎞続き、その中心部に本陣・脇本陣・問屋場《といやば》が置かれていた。本陣に残された「大名家別宿帳」（図16）を見ると、本陣利用者のうち、宿泊はわずか8％ほどで、小休や昼休がほとんどだったことがわかる。宿の経営は常に苦しく、百人・百疋と定められた継立人馬《つぎたてじんば》は、宝暦8年（1758）に30人・20疋に軽減され、不足分は広範囲に及ぶ助郷《すけごう》村で負担が分担された。

庄野宿を過ぎると、亀山市域に入るまでに「従是東《これよりひがし》神戸領」「従是西《これよりにし》亀山領」の二つの領界石を見ることができる。鈴鹿川の支流である安楽川を越えると、やがて亀山市である。

（代田美里）

亀山宿・関宿・坂下宿を通り鈴鹿峠へ

JR井田川駅手前の線路を渡れば亀山市となる。井田川（海善寺）を抜けて川合の集落に入る。集落を流れる椋《むく》川（図

図15　東海道五十三次之内　庄野　白雨（保永堂版）　鈴鹿市蔵

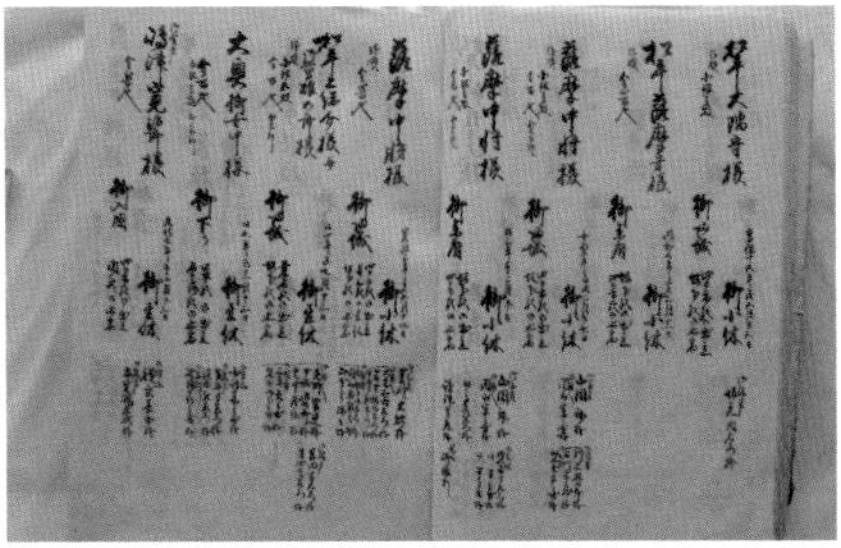

図16　大名家別宿帳　寛永～文化年間までの本陣利用者を家ごとにまとめた記録。

図17　庄野宿資料館（上）
問屋場資料を中心に庄野宿の古文書を展示している。

図18　焼米俵（下）
庄野宿が設置される以前、すでに林羅山『丙辰紀行』（元和2年〔1616〕）に庄野の名物として紹介されている。

図19　生田理左衛門によって改修された椋川（川合町）

図20　道標「従是神戸白子若松道」（和田町）

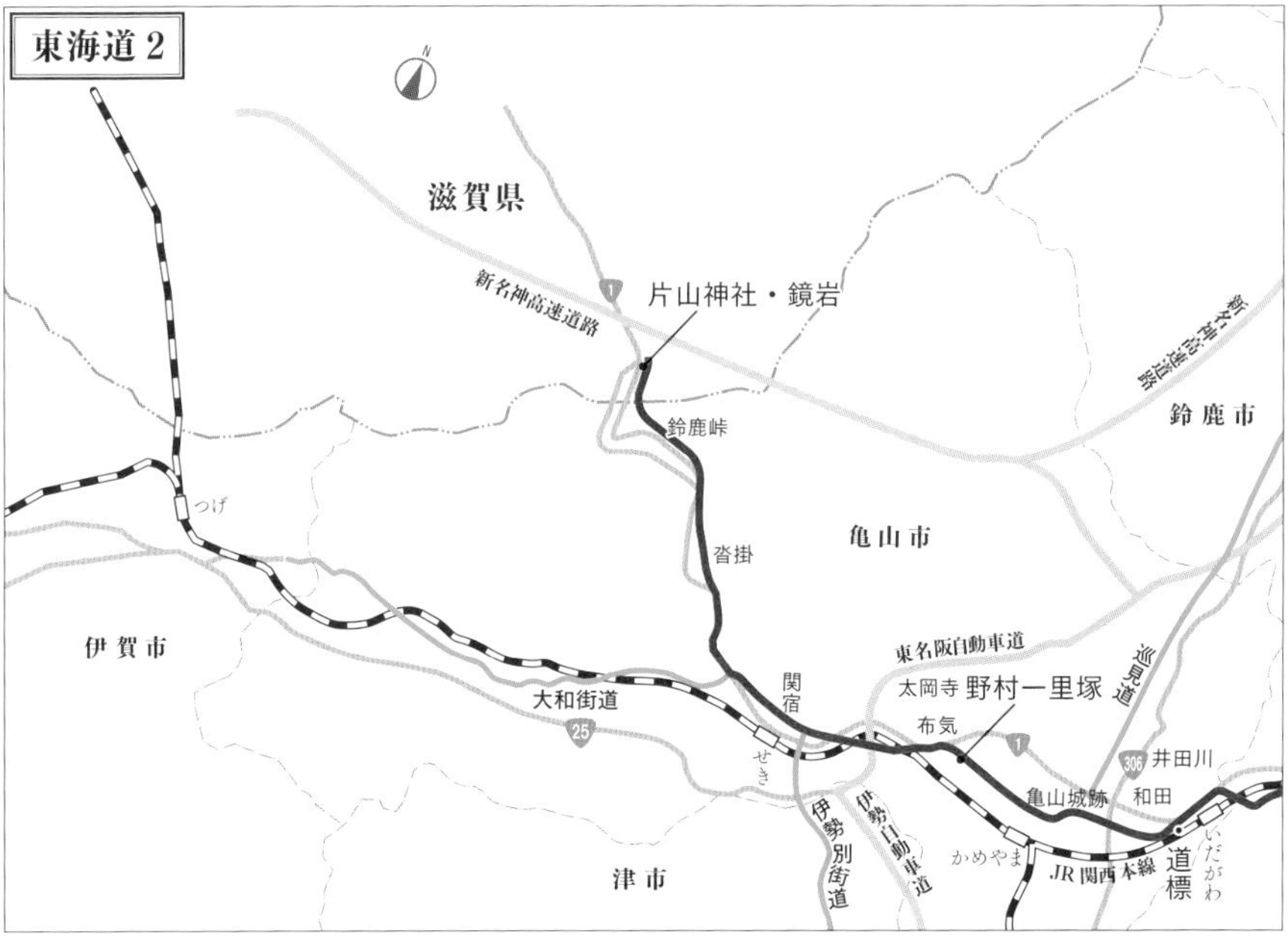

19）は、氾濫が多く、安永元年（1772）～天明元年（1781）には、作事《さくじ》奉行の生田理左衛門によって治水工事がおこなわれた。川合を過ぎ和田の集落に入ると、左手側に「従是神戸白子若松道」と書かれた、元禄3年（1690）建立の道標がある分岐にさしかかる（図20）。ここを過ぎ緩い坂道をのぼれば、いよいよ亀山宿である。

右側に浄土宗の露心庵《ろしんあん》跡がある辺りから亀山宿となる。東海道は、途中、本町郵便局の横を北へ向かう巡見街道の起点と重なり（図21）、ここを過ぎ、江戸口門跡の先を右折、亀山城を迂回するように亀山宿の西の端にあたる京口門跡へと

図21　巡見街道の起点（本町）

図22　歌川広重　東海道五拾三次之内　亀山　雪晴（保永堂版）　亀山市歴史博物館蔵
京口門と京口坂が描かれる

図23　野村一里塚（国史跡）

抜けている（図22）。亀山宿は、東町と西町で構成されていた。亀山宿を出て野村の集落を行くと、右側に椋の木が植えられた野村一里塚がある（図23）。三重県内では、旧東海道に樹木と共に塚が現存する唯一の一里塚で、国の史跡に指定されている。ここからは、布気《ふけ》神社などを見ながら、鈴鹿川の左岸の太岡寺縄手を通り、伝統的建造物群保存地区となっている関宿《せきじゅく》へ向かう（図24）。

図24　関宿の町並み

関宿の東の入口である東の追分は、伊勢別街道との分岐であり、伊勢神宮の一之鳥居が昔より建てられている。関宿は、木崎《こざき》・中町・新所《しんじょ》の3町からなり、古代には鈴鹿関《すずかのせき》があった。町並みは、緩やかにカーブしているため、東側からは地蔵院の門前町のようにも見える。

なお、関宿の西端である西の追分は、大和街道との分岐になっている。そして、続く市瀬《いちのせ》・沓掛《くつかけ》の集落を抜けると坂下《さかのした》宿へ入る。

図25　片山神社（関町坂下）

図26　鈴鹿峠の鏡岩（関町坂下）

坂下宿は、『伊勢参宮名所図会』によれば、もともと現在の位置より1㎞ほど鈴鹿峠側にあったが、慶安3年（1650）の洪水により現在の場所に移転した。坂下宿からは、山道を片山神社へ向かう（図25）。片山神社は、本殿などは残っていないが、境内地の一部に「愛宕社」が新たに建てられている。片山神社の鳥居前を右に曲がると、東海道2番目の難所といわれたつづら折れの鈴鹿峠への登り坂がはじまり、坂の途中から滋賀県に入る。山頂には、三重県指定天然記念物の鏡岩があり（図26）、山賊などの伝説が残っている。

（澤田ゆう子）

四日市市から伊勢神宮まで

伊勢街道

文／浅川充弘・代田美里・太田光俊・味噌井拓志・山本 命・千枝大志

四日市市域をゆく

東海道を京大阪へ向かうと日永《ひなが》の追分に辿り着く。この場所から京大阪へ向かう東海道と、伊勢へと向かう伊勢街道に分岐する（図１）。この日永の追分が伊勢街道のはじまりとなる。ここから伊勢湾沿いに南下して、鈴鹿、津、松阪を経て伊勢へ至る道程、つまり伊勢神宮へ詣でる道となる。

図１　日永の追分から伊勢街道をのぞむ（左が伊勢街道、右が東海道）

その入り口に大きな鳥居がある。この大鳥居は、桑名の七里の渡しにある伊勢路一の鳥居に対して、伊勢路二の鳥居といわれているが、伊勢街道としては一の鳥居になる。しかし、日永の追分は江戸時代を通して伊勢へ赴く旅人たちの賑わいがあったわけではなかった。当初、日永の追分付近には立場《たてば》が設置されており、富田とともに宿場と宿場の間にあった間宿《あいのしゅく》で、他には肝煎の家や茶屋とともに十数件の住居があったぐらいで、十分に町場化していなかったといわれる。しかし、江戸時代中期から賑わいをみせるようになり、特に明和８年（１７７１）以降に、「おかげ参り」と「伊勢講」が盛んになると、街道の往来が活性化し、追分をはじめ日永の景観や住民の生活は大きく変化していった。そのような中、安永３年（１７７４）６月に鳥居が建てられたのである（図２）。この大鳥居は、この追分で伊勢へ向かわず、東海道を往来する人々がここから伊勢神宮を遥拝できるようにするために建てられたといわれる。

図２　日永の追分

追分から河原田町へ至る道は、県道１０３号線とほぼ一致する。そのため、当時のおもむきを感じられるものは少なく、国道１号線と国道23号線を結ぶ幹線として交通量も多い道路となっている。その間、街道のなごりを伝えるものとしては、大治田《おばた》に蟹築山密蔵院へ案内する道標四基と地蔵像が道路脇にあり、柵に囲まれて残っている（図３）のみである。

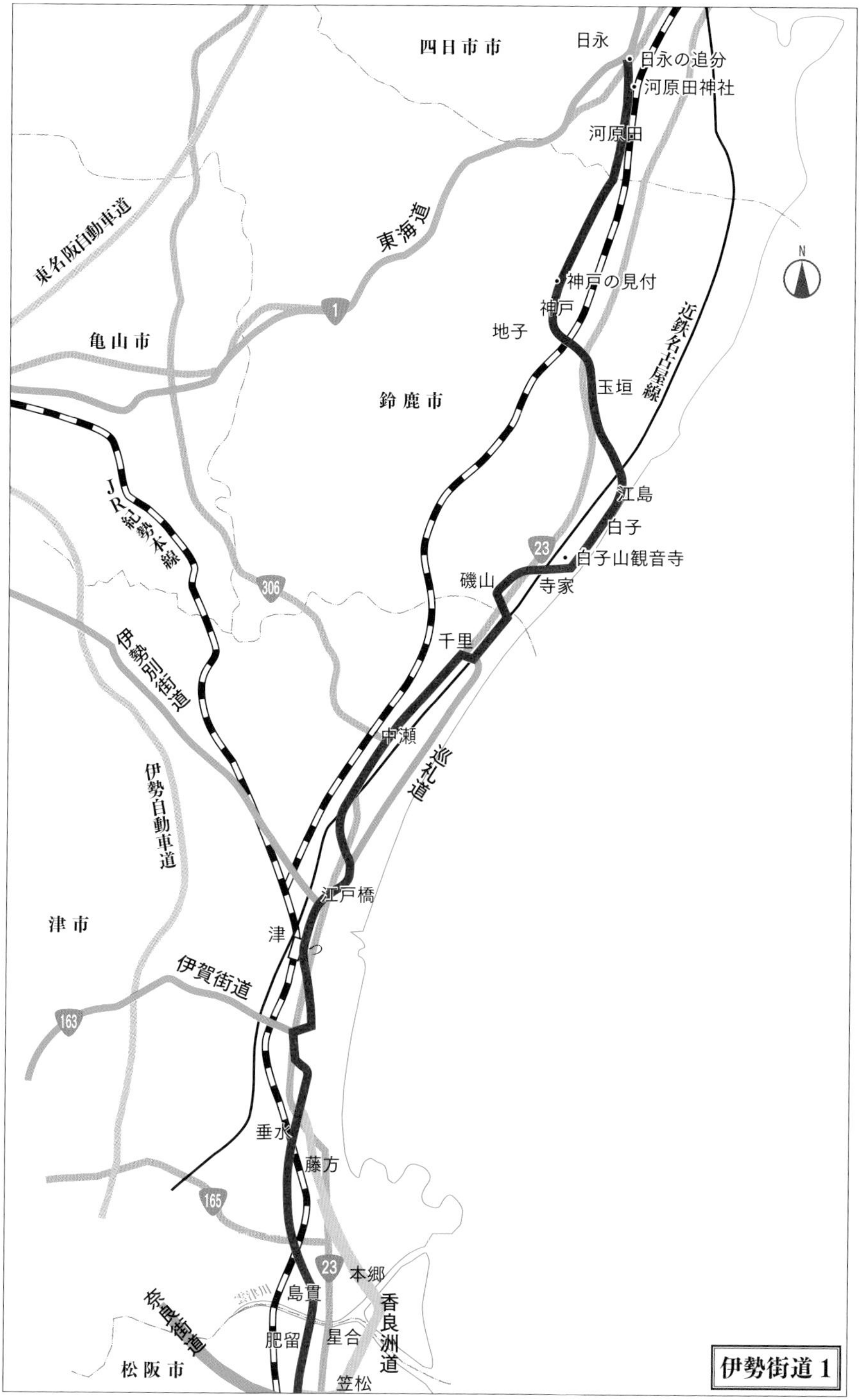
四日市市
日永
日永の追分
河原田神社
河原田
東名阪自動車道
東海道
神戸の見付
神戸
地子
近鉄名古屋線
亀山市
1
玉垣
鈴鹿市
JR紀勢本線
江島
白子
23
白子山観音寺
磯山
寺家
306
千里
伊勢別街道
中瀬
巡礼道
伊勢自動車道
江戸橋
津市
津
伊賀街道
163
垂水
藤方
165
23
本郷
島貫
香良洲道
奈良街道
肥留
星合
松阪市
笠松
伊勢街道1

図3　大治田の道標

図4　河原田町の道標と伊勢街道

図5　河原田神社の伊勢両宮常夜燈

その後、内部《うつべ》川を渡り河原田町に入ると県道からはずれた道筋となる。河原田町内に入るとおもむきのある街道がつづく。その道沿いには「旧河原田村里程標」が建っている。この里程標は近代の道路整備によって設置されたものであるが、四日市市内に現存する三基のうちの一基で、それぞれの面に河原田から豊橋市、四日市市、津市、海蔵村、宇治山田市、久居町、名古屋市、守山市への距離が示されている（図4）。里程標の前を通り過ぎると河原田神社（図5）が見える。そして、県道を横切り鈴鹿川を渡る手前から鈴鹿市となる。（浅川充弘）

鈴鹿市域へ

伊勢街道は、鈴鹿市北部で鈴鹿川を渡る。鈴鹿川は砂地の伏流水で、普段は仮橋で渡川できたが、増水すると旅人の足を止めた。神戸《かんべ》町役人が中心となって資金を集め、無銭渡の高岡橋が架けられたのは嘉永6年（1853）のことだった（図6）。

その高岡橋から2㎞ほど、条里制の跡が残る水田の中を歩くと神戸宿に入る。神戸藩本多氏の城下町でもあった宿の入り口は小高い坂道になっており、その両側に土塁と石垣が築かれ、「神戸の見付《みつけ》」と呼ばれている（図7、8）。江戸時代には、この石垣に木戸が設けられ、番人が城下への夜間の出入りを制限していた。今も木戸の柵を取り付けた溝跡を石垣に見つけることができる。

図6　高岡橋南詰常夜灯（文化4年）　寄進者に木綿問屋・廻船問屋の名が見える。

見付を過ぎると、袖壁と格子窓を備えた町家が多く残る区画に入る。神戸宿で一番賑わった旧常磐町である。江戸時代には、茶屋と遊郭、14軒の旅籠が並び、見付の立派さもあって「神戸の町

図7　神戸の見付（三重県指定史跡）

図9　大橋

図8　昭和初期の神戸の見付

図10　札の辻

は口ばかり」と揶揄されたらしい。今は、加美亭旅館（旧旅籠「紙屋」）が現役で営業を続けている。

神戸藩の水練場だった大橋（図9）を渡ると、街道は三叉路に突きあたる。ここは、旧高札場で「札の辻」と呼ばれている（図10）。左折すると旧十日市町だ。中世から市が開かれ、神戸（織田）信孝が楽市楽座を許可した町の中心地だが、本陣・脇本陣の面影はすでにない。六郷川にかかる幸橋《さいわいばし》を渡ると神戸宿の出口だ。

街道は田園地帯を抜け、海岸に沿って南下、やがて江島《えじま》・白子《しろこ》・寺家《じけ》と家並みが続く地区に入る。江戸時代、江島は旗本小笠原領、白子・寺家は紀州藩領であったが、この三村は経済的な結びつきが強く「白子」と一体で称された。『伊勢参宮名所図会』に「人家一千軒余、繁盛の湊なり」とあるように、宿場町であると同時に木綿の出荷で栄えた港町でもあり、また伊勢型紙の産地でもあった。江戸時代にロシアに漂流した大黒屋光太夫《だいこくやこうだゆう》が出航したのも、この白子港である。

江島若宮八幡神社の社殿には、航海安全や商売繁盛を願って奉納された絵馬が多数収蔵されている。廻船の港らしく千石船などを描いた船絵

図11　江島若宮八幡神社の船絵馬（三重県指定有形民俗文化財）
船主や船頭が自分の持ち船を描かせ奉納することが多かった。この船の帆は25反で千石船に相当する。

馬が多い（図11）。また、社頭《しゃとう》には文政３年（１８２０）に廻船の荷主であった江戸の太物《ふともの》問屋が奉納した常夜灯がおかれ、かつて灯台の役割を果たしたという。

街道は、現在の白子公民館の所で鍵状に曲がる。ここは紀州領と小笠原領の領地境であり、郡境、高札場でもあった。旦那衆町《だんなしまち》と呼ばれた廻船問屋街を進み、和田橋を渡るとまた道は鍵状に曲がる（図12）。このすぐ西側の白子小学校付近には紀州藩の御殿や代官所があった。やがて釜屋川に架かる橋を渡ると寺家である。安産祈願で有名な白子山観音寺の山門（図13）は、元禄16年（１７０３）の建立で、境内には型紙発祥の伝説が残る不断桜《ふだんざくら》が季節を問わず数輪の花を咲かせている（図14）。（代田美里）

図 12　唯信寺に突き当たった街道は白子で３度目の鍵状に曲がる。その角にある昭和 12 年（1937）建立の道標。

図 13　白子山観音寺の山門（三重県指定有形文化財建造物）

図 14　白子山観音寺の不断桜（国指定天然記念物）

津市域をゆく

現在の津市域に入った伊勢街道は大別保《おおべっぽ》（現津市河芸町東千里）を経て、上野宿に到達する（図15）。次いで中瀬《なかぜ》、小川《こがわ》、中山、町屋を経て、津城下町の入口、部《へ》田《た》川（現志登茂川）にかかる江戸橋に至る。江戸橋は京からの参宮路伊勢別街道との合流地点（図16、17）。今は、伊勢街道沿いに三重大学、伊勢別街道沿いに三重短期大学があり学生が多い。往時は、学生の代わりにそれぞれ江戸、京からの旅人が通っていた。

この東西の結節点の存在が、津の町に賑わいをもたらしたのだろう。弥次喜多の『東海道中膝栗毛』は「上方筋より参宮の人のおちあふ所にて、往来こと

図 15　上野宿の北詰、南大蔵《おおぞう》の接待所跡

に賑しく」と津を紹介する。『伊勢参宮名所図会』の江戸橋の挿絵に大きく「津」と表記されるが、参宮客にとって江戸橋こそが津の町の入口であり、町の賑わいを体感する起点だった。

江戸橋以降は延々と町が続く。大部田《おおべた》（現津市江戸橋、同上浜町）、余慶町（同栄町）、下部田《しもべた》（同栄町）、古刹四天王寺が存在する塔世《とうせ》を経て安濃《あのう》川にかかる塔世橋を渡ると、津城と武家地が位置する町の中心地に到達する。

図16　『伊勢参宮名所図会』津（江戸橋）
国立国会図書館デジタルコレクション

図17　江戸橋の現在

津藩の領地や拠点を結んだ伊賀街道との合流点、塔世橋南詰を経て、万町、塔世町（現同北丸之内）と直進すると藤堂家の居城の大手門である京口門に至る。参宮客は塔世町で左折し北町、東町、立町（同大門《だいもん》）を経て町の核である津観音や本陣・問屋（現百五銀行大門町出張所）がある大門町に至った（図18）。次いで、伊勢商人田中家（田端屋）が位置した宿屋町、地頭領《じとうりょう》町、同じく伊勢商人川喜田家が位置した分部《わけべ》町を越え、岩田川に至った。なお、寛永12年（1635）の銘

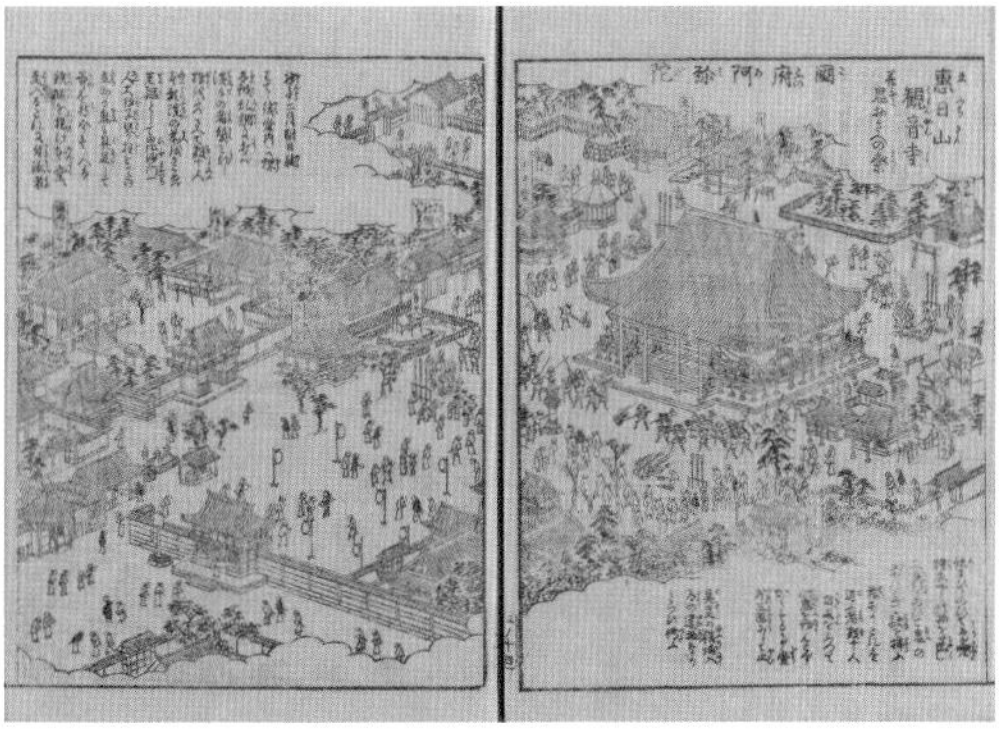
図18　『伊勢参宮名所図会』津観音
国立国会図書館デジタルコレクション

図19　岩田橋の擬宝珠
津市教育委員会提供

が付された岩田橋の擬宝珠《ぎぼし》が現存しており、当時すでに立派な橋が架けられていたことがわかる（図19）。岩田橋は参宮客にも大変印象深かっただろう。

橋を越え、伊予町、岩田町、立合《たちあい》町、上弁財《かみべざい》町を経て、町の南の入口を守る閻魔《えんま》像を安置する真教寺がある下弁財《しもべざい》町に至る。更に阿漕《あこぎ》町、津町の氏神である津八幡宮とひもづく八幡《やはた》町、妓楼が存在した藤枝町を経て町は終わる。なお、塔世橋以北、岩田橋以南の街路は津藩二代藩主藤堂高次の政策で町場化した場所である。街道は、垂水、藤方、小森上野、小森、島貫を経て雲出《くもづ》川に到着、現在の松阪市域に至る。なお、雲出川には江戸時代には渡しが存在した（図20）。

（太田光俊）

図20『伊勢参宮名所図会』雲出川　国立国会図書館デジタルコレクション

雲出川を越え松阪へ

雲出川の渡しは、中州を両岸から舟で行き来したとされ、現在は街道より西側の県道に雲出橋が架かる。かつては川端に建ち、現在は雲出橋の南側に移設された寛政12年（1800）建立の大きな常夜燈（図21）がある。橋を渡り街道に戻ると、幕末の探検家で北海道の名づけ親とされる松浦武四郎《たけしろう》の誕生地がある（図22）。妻入りで格子戸のある建物は、伊勢街道特有の町家建築で内

図21　雲出橋の南側に建つ常夜燈

図22　松浦武四郎誕生地（市指定史跡）

図23　月本の追分（県指定史跡）

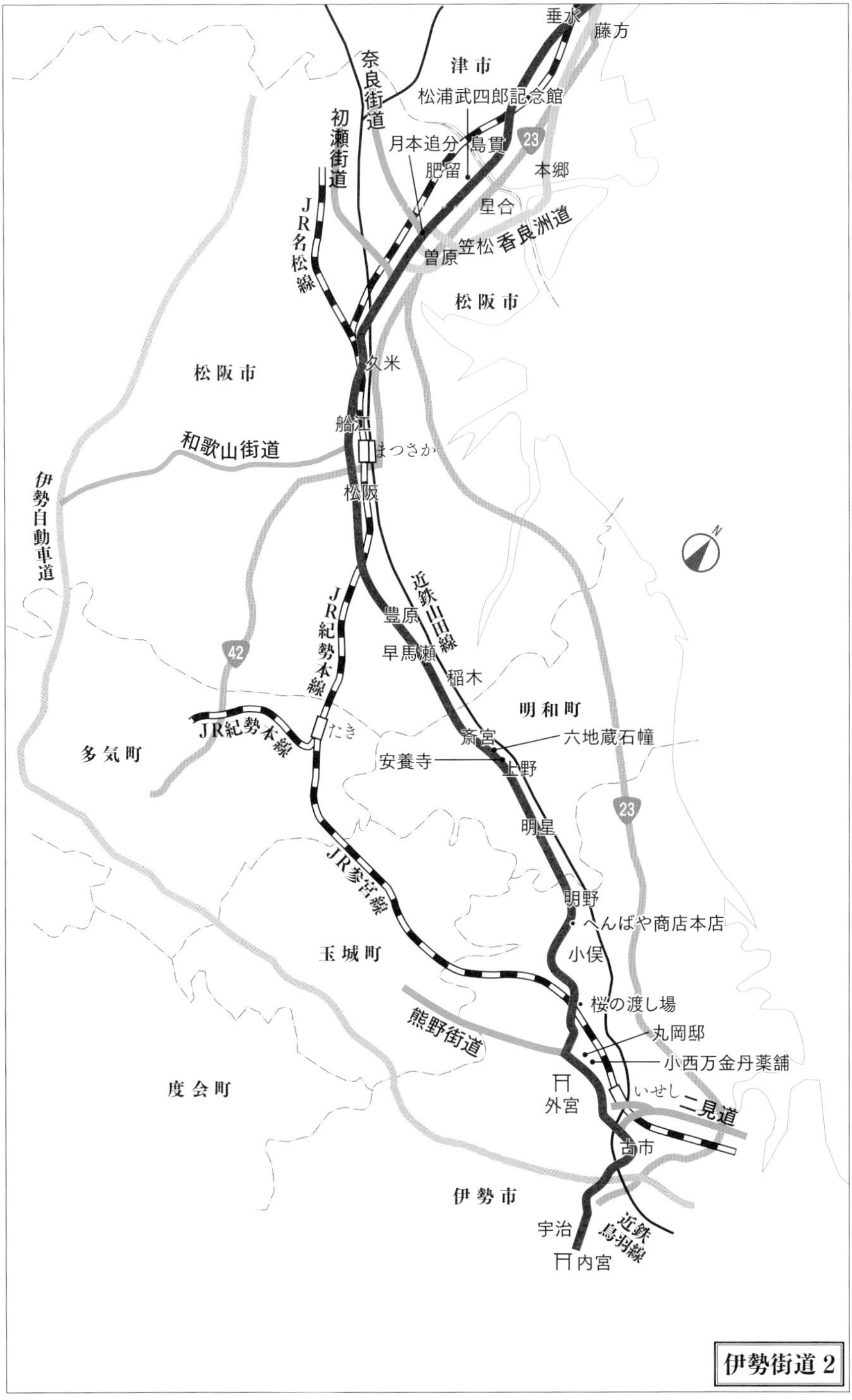
垂水
藤方
津市
奈良街道
松浦武四郎記念館
初瀬街道
月本追分
島貫
23
肥留
本郷
JR名松線
星合
香良洲道
笠松
曽原
松阪市
久米
松阪市
船江
まつさか
和歌山街道
松阪
伊勢自動車道
近鉄山田線
豊原
JR紀勢本線
早馬瀬
稲木
42
明和町
JR紀勢本線
たき
斎宮
六地蔵石幢
多気町
安養寺
上野
23
明星
JR参宮線
明野
へんばや商店本店
玉城町
小俣
桜の渡し場
熊野街道
丸岡邸
小西万金丹薬舗
度会町
外宮
いせし
二見道
古市
伊勢市
近鉄鳥羽線
宇治
内宮
伊勢街道 2

図24　『伊勢参宮名所図会』機関的　国立国会図書館デジタルコレクション

図25　六軒の追分

図26　市場庄の町並み

部を見学でき、武四郎が旅を志した環境や松浦家の営みを体感できる。誕生地から南に進むと月本の追分があり、常夜燈と道標（図23）が建ち、「伊賀越え奈良道」（奈良街道）と合流する。このあたりに「機関的《からくりまと》」（図24）と呼ばれる娯楽施設があった。津の藤枝で伊勢街道から分かれて香良洲《からす》神社を通る香良洲道とも合流し、さらに南に三渡川《みわたりがわ》を越えると、伊勢音頭に「六軒茶屋まで送りましょ」と謡われた六軒の追分があり、常夜燈と道標が建ち、初瀬《はせ》街道と合流する（図25）。ここから先は市場庄《いちばしょう》と呼ばれ、妻入りで格子戸のある町家（図26）が続く。斎王群行《さいおうぐんこう》の際に女官の甲斐《かい》が詠んだ都を思う和歌で知られる「忘れ井」があり（初瀬街道沿いの松阪市嬉野宮古町とする説もある）、その先が久米《くめ》で、なまこ壁の長屋門が見事な舟木家を過ぎ、さらに進むと仁王門のある船江《ふなえ》の薬師寺に至る。織田信長が伊勢国司の北畠氏を攻めた際、和睦のため次男の茶筅丸《ちゃせんまる》（信雄《のぶかつ》）を預けた寺である。この後、街道は阪内川《さかないがわ》を越え、松坂城下に入る（城下は本書123ページを参照）。

図27　松阪の旅籠での夕食を再現

ところで、『伊勢参宮献立道中記』によれば、弘化5年（1848）4月1日に松阪で泊まった一行の献立は、皿（大根千切・酢かけ）、椀（ふき・かまぼこ・中海老）、皿（王餘肴《かれい》煮付）、汁であった。

城下の中心部を過ぎ東に

図28　松浦武四郎も愛用した稲木壺屋の擬革紙の煙草入れ
松浦武四郎記念館蔵

進むと、現在の愛宕町《あたごまち》の三角公園東角あたりに、江戸時代には黒門があり、城下に入る馬や駕籠《かご》を取り調べていた。その先は垣鼻《かいばな》から信楽《しんらく》寺、神戸《かんべ》神社を経て、青面金剛《しょうめんこんごう》を祀った庚申堂《こうしんどう》のある徳和坂を越えて、金剛川に架かる金剛橋を渡り、下村に入る。街道はJR徳和駅の横を通り、上川《うえがわ》、豊原と続く。上川と豊原の間は、かつては旧飯高郡・旧飯野郡の境界であった。現在は豊原町に属する伊賀町には、かつて「東海道中膝栗毛」に登場する「おもん」、「おかん」の二軒の茶屋があり、旅人がどちらで餅を買うか、やきもきしながら焼き餅を焼いていたという。豊原の先には櫛田川《くしだがわ》が流れ、渡しを越えて早馬《はやま》瀬《せ》を経て、稲木《いなぎ》に入る。稲木には擬革紙《ぎかくし》で作った煙草入れを売る「壺屋《つぼや》」があり、伊勢参宮の土産物として人気を博した（図28）。祓川《はらいがわ》を越えると明和町域となる。（山本命）

古代から続く神宮との関わり

明和町の伊勢街道は、実測距離で約６㎞ある。街道沿いには西から竹川、金剛坂、牛葉《うしば》、中町、勝見、上野、明星、新茶屋の各集落が連なる。そのうち、竹川・斎宮《さいくう》（牛葉、中町、勝見）・上野は「神領五箇村《しんりょうごかそん》」の一部で、神宮領であった。その他は紀州藩に属していた。明和町に入ると、神宮の膝元宇治山田に多い妻入り建物の割合が高くなり、建物景観からも神宮へ近づいていることを感じられる。

町の西端、松阪市との間には祓川《はらいがわ》が流れる。『伊勢参宮名所図会』（以下、図会、図29）には舟橋だった様子が描かれている。祓川から200ｍほど先には、「従是外宮三里」の道標がある（図30）。弘化４年（１８４７）に、近江国守山宿の守善寺が

図29　『伊勢参宮名所図会』祓川

図30　「従是外宮三里」の道標（「四里」の道標が松阪市上川町にある）

発起人となり建立したものだ。金剛坂集落の手前はゆるやかな坂道で、櫛田川が形成した河岸段丘である。地元では坂の付近で曽我蕭白《しょうはく》が行倒れになっていたのを永島《ながしま》家当主が自宅で介抱し、その礼に襖絵を描いたと伝わる。永島家は斎宮村の庄屋格の内の一軒で、明治天皇の行幸の際に小休止所となり、菊の御紋入りの蹲《つくばい》が残る（図31）。中町公民館には地蔵院があったとされ、地蔵堂及び永正10年（1513）銘の六地蔵石幢（県指定有形文化財）がある（図33）。敷地には地蔵院中興の求心による「有明の池」に関する石碑があり、伊能忠敬が日本地図作成の途中（第5次）に立寄り『測量日記』に記している。伊能は上野の三田屋で一泊している。上野は「明星茶屋」と呼ばれ、参宮客に供される「清めの茶」が有名で名所の一つであった。現在も街道沿いに建つ安養寺境内には「明星井」と呼ばれる井戸が残る（図34）。新茶屋には、お伊勢参りの土産物として人気を博した擬革紙製の煙草入れを生産・販売していた三忠《さんちゅう》があり（図36）、現在もまちかど博物館として擬革紙の製法の復活と魅力発信に努めている。

明和町における伊勢街道の特色として、古代、天皇に代り神宮の天照大神に仕えた皇女斎王の都である史跡斎宮《さいくう》跡との関係は切り離せない。町内の街道のうち、約2㎞は斎宮跡の

図31　永島家の菊の御紋入りの蹲

図32　かつての牛葉周辺の伊勢街道（昭和8年頃）大西源一氏撮影

図33　六地蔵石幢

図34　安養寺の明星井

図35　新茶屋にある「従是外宮二里」の道標（背面に「嘉永六丑十二月発起江州守山守善」の銘文あり）

図36　三忠の擬革紙製の煙草入れ

範囲と重なる。斎宮歴史博物館によれば、平安時代の斎宮を形成していた方格街区の直線道路の一部が、江戸時代の街道と重なるという。そのほか、『伊勢参宮名所図会』で「斎宮の森」と描かれた部分は、明治以降竹神社となっており、発掘調査から斎宮の中でも斎王が住まいした内院であったことがわかってきている。明和町では、伊勢街道の道程の中でも古代から続く重層的な歴史性を感じられる貴重な部分である。（味噌井拓志）

宮川左岸の名物餅と消え行く原風景

伊勢市明野《あけの》の庚申堂と、徳浄上人千日祈願塔の碑まで来れば伊勢神宮まではもうひと踏ん張り。しばらく進むと、県道713号に突き当たり、南に歩くと左手に、安永4年（1775）創業のへんばや商店本店がみえる（図37）。宮川の渡しより先は伊勢神宮領「神領《しんりょう》」となるため、馬も宮川左岸で降りて返さねばならない。元々は、宮川付近で渡舟待ちの旅人を相手にしていた茶店。「へんば餅」の名は、返馬所の近くで食べられていたことによる。本居宣長《もとおりのりなが》の「土産物覚」にも

図37　へんばや商店本店

「へんば」とあるほどの名物餅である。店内に伊勢街道で多く見られた三人乗りの鞍「三宝荒神」が展示されている。

相合《そうご》川を渡り、新出《しんで》の集落を通り抜け、外城田《ときた》川も越えると、街道最後の宿場町・小俣《おばた》に到着。近代まで宮川には、常設の橋がなく、大雨で川止めになると、参宮客は解除されるまで小俣での宿泊を余儀なくされた。そのため小俣は、参宮客相手の宿屋や、擬革紙の煙草入れなどを扱う土産物屋が立ち並ぶ宿場町として発展した。「札の辻」の三叉路に出ると、その左角に紀州藩高札場の石標があるが、元町・相合・明野の集落が紀州藩領と鳥羽藩領の相給《あいきゅう》地であった頃の様子をこの辺りで思い浮かべるのも一興。だが、小俣の美しい面影は失われつつある。連子格子に虫籠窓で知られた丸吉の建物も今はなく、明治天皇嫡母英照皇太后御小憩跡の解説が残るのみ。「村

図38　村田（村七）邸

七」（村田七左衛門）（図38）邸は煙草入れや薬などを販売した商家の姿を残す妻入造りの建物だが、道路改修で取り壊しの予定。東に進むと、紀州藩領から鳥羽藩領に入り、鳥羽藩本陣跡の石碑がたたずむ。小さな鍵形の最初の角に坂田の橋跡、次の曲がり角に鳥羽藩高札場跡の石碑がみえる。

宮川の舟渡しと伊勢への道が交わる橋

宮古《みやこ》橋の左袂に、「参宮人見附」と銘文のある石柱が立つ（図39）。左側に「永代常夜燈」とあることから、常夜燈を転用し、見附（番所）で再利用されたものという。宮古橋を渡り土手を越えると桜の渡し（江戸期は下の渡しという）（図40）。大半の参宮客がこの渡場から対岸に舟で渡った。渡場のない現在は、桜の渡し跡付近から宮川上流に向かって歩き、宮川橋を渡って伊勢街道に合流する道筋となる。そもそも、宮川以東の神領は領主の直接的支配を受けない守護不入の御土地柄であるため、徳川幕府は山田奉行を置き、間接的支配をおこなった。

図39　参宮人見附

図40　桜の渡し跡

しかし、領内では三方会合や宇治会合といった自治組織の力が強かった。渡舟は、両会合の費用負担のおかげで延宝4年（1676）より無料の「大神宮の御馳走舟」となり、24時間休むことなく少々の増水があっても渡していたという。

宮川《みやがわ》（旧・中川原《なかがわら》町）の地に入って進むと、左手に文政5年（1822）建立の茶屋町の道標がみえる。さらに県道22号に出て、程なくして筋向橋《すじかいばし》に辿り着くが、今は暗渠で嘉永2年（1849）の欄干が残るのみ。田丸方面から柳の渡し（別称は上の渡し）を利用し、伊勢本街道や熊野街道を通って来た参宮客が伊勢街道に合流するのがこの橋だ。

現地で今でも佇む伊勢の伝統建築

街道を少し北に外れた宮町（旧・下中之郷町）の烏帽子《えぼし》世古の東側に、旧御師《きゅうおんし》丸岡宗大夫《まるおかそうだゆう》邸がある。御師とは、全国の檀家に伊勢神宮の御札を配って初穂料を集め彼らが参宮時の宿泊、飲食、名所案内、神楽の奉納を手配したコンシェルジュ的旅館業者と、祈祷等をおこなう伊勢神宮神職とを兼業した人達のこと。伊勢市内には数多くの御師が存在し、安永6年（1777）には、宇治山田全体で740（宇治277、山田463）がおり、全国から多くの参宮客を招き入れていた。丸岡宗大夫も摂津国や信濃国などに計1万206軒の檀家を持ち、織豊期には家康の片腕で名高い石川数正《かずまさ》やその一族を檀家（「丸岡家文書」「旧記集」）とするような古くからの御師。この丸岡邸は、慶長7年（1602）から同じ場所に存在し続ける貴重な歴史遺産である（図41）。

　県道22号を歩き続けると、左手に伊勢独得の切妻造妻入りの古民家がみえる。延宝4年（1676）創業の八日市場町の漢方薬店、小西萬金丹《まんきんたん》本舗だ（図42）。萬金丹は伊勢土産として人気が高かったため、宇治朝熊《うじあさま》の野間萬金丹など多くの萬金丹があったが、創業家のままで今も残るのは健康維持食品として販売される小西万金丹だけである。

図41　丸岡邸

図42　小西万金丹薬舗

図43「月よみの宮さんけい道」の石標

図44　御師東大夫の門と蔵

図45　河村家の製造工房

　少し進み宮後《みやじり》に着くと、明治26年（1893）建立の「月よみの宮さんけい道」と刻まれている道標がある（図43）。伊勢街道から北に離れ月夜見宮にも参拝してみると、途中の神路通り周辺には御師東大夫《ひがしだゆう》の門と蔵（図44）、文化13年（1816）創業の味噌醤油醸造元・糀屋こと、河村（清兵衛）家の飲食店に改装された蔵や製造工房など（図45）、伝統的な建物や旧跡も多くそれらを見物するのも一興だ。

外宮から小田橋、そして間の山へ

　再び街道に戻り、南に進むと外宮（豊受大神宮）の入口の

図46　小田橋

図47　リノベーションされた井坂邸

北御門《きたみかど》に到着。外宮では北御門鳥居付近からの裏参道と、第一鳥居付近からの表参道の二筋の参拝経路がある。公卿勅使などの正式参拝を追体験できる表参道か、距離的に近く便利なために参宮客に好まれた裏参道を使って江戸庶民の気分を味わうか、選択は皆さんにお任せしよう。

外宮参拝が終わると、内宮（皇大神宮）に向けての旅路が始まる。県道32号を進むと勢田川にかかる岡本の小田橋で二見街道と合流する（図46）。小田橋を越えて尾上町《おのえちょう》（旧・妙《みょう》見町《けんちょう》）に入って間もなく右手前方に江戸期の有力質商・井坂《いさか》宗兵衛《そうべえ》家の建物をリノベーションした飲食店がみえる（図47）。その先はカーブし尾部坂《おべざか》と呼ばれた登り坂が続く。江戸期、街道沿いの外宮と内宮を繋ぐ中間地点に連なる丘陵全体は「間《あい》の山《やま》」と呼ばれた。尾部坂の途中に「間の山 お杉・お玉」の石碑がある。お杉・お玉は、三味線を弾き鳴らしながら「間の山節」を唄い、客の投銭を巧みによける名物の興業をおこなう女大道芸人である。

図48　麻吉

右にカーブし、備前屋跡、古市芝居跡の石碑を通り過ぎると、「油屋跡 旧古市を代表する妓楼 歌舞伎伊勢音頭恋寝刃の舞台」と彫られた石碑がみえる。江戸期の古市は、江戸の吉原、京都の島原と並ぶ三大歓楽街。「伊勢音頭恋寝刃《いせおんどこいのねたば》」とは、医師・孫福斎《まごふくいつき》が油屋の遊女・お紺《こん》に嫉妬したことに端をなす殺傷事件「油屋騒動」を題材とした人気歌舞伎。最寄の大林寺にはふたりの墓「比翼塚」があり、今でも芸能関係者の訪問があるという。

近鉄鳥羽線を陸橋で渡り、長峯《ながみね》神社を越えると「←60m麻吉旅館」の案内板がある。麻吉は、寛政7年（1795）に中之地蔵芝居名代を勤めるほどに繁栄した中之町《なかのちょう》（旧下中之《しもなかの》地蔵町《じぞうちょう》）の料理旅館（図48）。昔の面影を残す懸造りの楼閣は、国指定登録有形文化財の現役建物だ。街道に戻ると左前方に、画僧月僊《げっせん》で著名な寂照寺《じゃくしょうじ》がみえ、その山門を後にすると、間の山の歴史と文化の展示施設・伊勢古市参宮街道資料館に至る。伊勢自動車道の陸橋を越え、「月よみの宮さんけい道」の石碑を通過し牛谷《うしたに》坂を下ると、その途中に猿田彦《さるたひこ》神社宮司家宇治土公《うじとこ》氏出身で近代の代表的女流画家・伊藤小坡《しょうは》の美術館がみえる。宇治惣門跡の標柱を右に見ながら下ると県道32号に合流する。

おはらい町がみえるとゴールは目の前

宇治浦田《うらた》町交差点の次を右折すると、すぐ右手には神宮神主職舎本館がみえてくる。元は尼寺・慶光院《けいこういん》の客殿であり、門は御師太郎館大夫《たろうだちだゆう》邸の移築の門（図49）。左手に目を移すと神宮道場の看板が目に留まるが本来は神宮司庁舎の建物。

図 49　神宮祭主職舎（旧慶光院）

図 50　赤福本店

図 51　宇治橋

少し先にみえる少宮司職舎の門は、元々、御師浦田大夫《うらただゆう》邸の表門。現在の「おはらい町」は、宇治中之切《なかのきり》町周辺の街道沿いの通称を指すようだが、江戸期は宇治橋を渡った宇治館町《たちまち》（旧・舘町）の一部街路の通称が「ヲハライ丁」（伊勢山田大概図）だ。今そこは、「神苑《しんえん》」とよばれ人家の無い宮域となっているが、かつては内宮の神主や御師の屋敷が立ち並ぶ空間。このように、門前町宇治の復興のため、昭和末・平成初めの頃、元来の舘町の地から現地区に名称を継承したという。そのネームバリュー効果もあり、今では復元建物により往時の門前町イメージを再生させ、経済的復興を遂げている。特に歴史的建物で著名なのは、伊勢らしい切妻《きりづま》屋根に「赤福創業 宝永四年」の金看板を掲げた伊勢の名物餅「赤福《あかふく》」を販売する赤福本店（図50）。看板は松坂出身の書家・矢土錦山《やづちきんざん》の筆。おはらい町通りを楽しみつつ、楓神社や宇治法楽舎《ほうらくしゃ》跡の石碑といった旧跡を探索していくと宇治橋前に到着（図51）。その後、内宮参拝を志す人は橋を渡り神域へと足を運ぶことになるが、このロータリーが街道の終着点。ひとまずここで街道をめぐる紀行文の筆をおこう。（千枝大志）

【コラム】〈街道文化遺産〉としての山田羽書

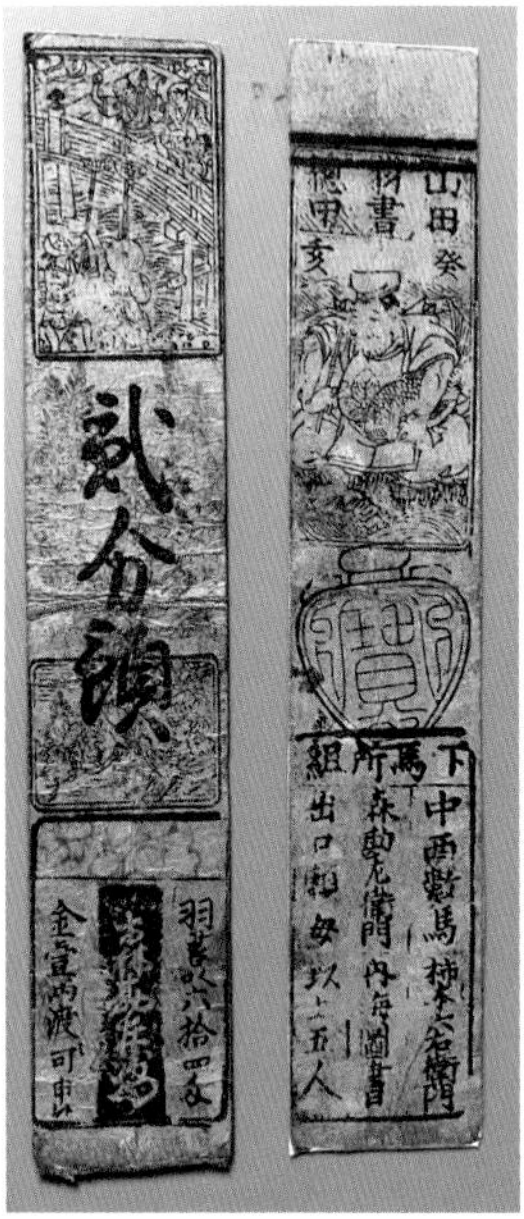

日本初の紙幣・山田羽書《やまだはがき》は三重県の交通史上の影響で生まれた独自な遺産と評価できる。ここでは、元文3年（1738）に尾張藩士近松茂矩が編んだ随筆『昔咄第八巻後編』等から垣間見える〈街道文化遺産〉としての性格を紹介しよう。近松は、羽書誕生の地・伊勢神宮門前町宇治山田は伊勢国外の金銭が夥しく流入しないと渡世不可能な消費地ゆえ、とにかく「他国の参詣人」に現金を浪費させる術を極めた所と指摘する。彼によれば、羽書は紙幣のため手軽に使えるが、伊勢参宮時に購入し郷里に持ち帰ったとしても国元では使えない地域紙幣だという。そのため、宇治山田では参宮者が不要品購入に走るといった浪費傾向が甚だしくなり、結果的に町全体の経済効果も生み出すと述べる。また近松は、四日市や桑名までの街道筋で近年は通用するものの、宮川以東の伊勢神宮直轄地（神領《しんりょう》）のみの通用の原則を敷いていることは、神領の繁栄に繋がるともいう。まさに彼は、聖地・伊勢ならではの錬金術で生み出された地域振興券として捉えているのだ。

そもそも山田羽書は、慶長15年（1610）を現存最古とする外宮門前町山田生まれの私札（地域的民間紙幣）。誕生当初は、裏書《うらがき》署名の必要な為替手形的銀札（丁銀《ちょうぎん》札）であった。

また、山田のみではなく、街道筋の商業地である内宮門前町宇治や伊勢国内の他地域（松坂・射和《いざわ》・丹生《にう》・中万《ちうま》・一身田《いしんでん》・白子《しろこ》・相可《おうか》）でも模倣羽書が発行された。さらに、宝永4年（1707）の札遣停止令の適用が免除される等、極めて高い信用力を持つ銀札として名高い山田羽書と互換性を持たせるため、デザインや大きさ等で酷似した紀州藩札（松坂札）や津藩札等も出される等、山田羽書は県内で流通する藩札にも影響を及ぼした。発行株仲間は、元禄10年（1697）で28組229人、寛政2年（1790）で39組404人、発行高は、元禄10年で687貫目、寛政2年で1292貫800目、発行枚数は元禄10年で82万4400枚、種類は4種（白色の1匁札・青色の5分札・赤色の3分札・黄色の2分札）であった。

山田羽書は〈街道文化遺産〉としての役割は大きいが、実はそれだけではない。図版は文久3年（癸亥・1863）発行の下馬所組《げばしょぐみ》（〈組頭〉中西数馬・柿本六右衛門・森勘左衛門・内海図書・出口頼母の計5名）森勘左衛門銘の2分札。表側下端（異儀判《いぎはん》）に「羽書以六拾四匁金壱両渡可申候」とあるように、金札（羽書64匁＝金1両の公定レート）としても機能した。また上端（頭判《あたまはん》）には、五十鈴川に架かる宇治橋での厄落としの賽銭的な投銭と網受《あみうけ》という伊勢参宮の名物的大道芸の構図がある。まさに券面デザイン面でも、山田羽書が〈街道文化遺産〉であることの徴証であろう。（千枝大志）

伊勢と伊賀をつなぐ道

大和街道

文／小林秀樹・山本 厚

東海道と分岐し、奈良へ向かう街道

伝統的建造物群保存地区関宿を通る旧東海道を西へ進み、家並みが終わると、前方で道が左右に分かれる。右は旧東海道、左が旧大和街道である。ここはその分岐点、関《せき》西の追分である（亀山市関町新所、図1）。分岐の中央には、江戸時代の京都の商人谷口法悦《たにぐちほうえつ》が建てた題目塔《だいもくとう》がある（図2）。題目塔には、「南無妙法蓮華経」の下に「ひたりハいか　やまとみち」と刻字されており、当時は「大和道」と呼んでいたことがわかる。ここは、旧大和街道の起点で、ここから伊賀国、山城国を経て大和国奈良へと続く。

図1　関西の追分

図2　谷口法悦題目塔

旧大和街道を進むには、左に国道1号を横断する陸橋があるので、これで横断することができる。しばらくすると、旧大和街道が元になっている国道25号へと合流する。旧大和街道は、奈良に都があった古代では東海道であったが、都が京都へ遷ると、やがて鈴鹿峠を越えるコースが東海道となった。

奈良方面に進むと、右に鈴鹿峠の方から流れて来た鈴鹿川がある。江戸時代の絵図によると、関西の追分から大和街道を進んだ鈴鹿川左岸の河原に権現社が建っている。それが由来だろうか、古文書にはこの辺りの川を権現川と記すものもある。街道を挟んで向かい側には城山がある。城山の麓から後を振り返ると前方に観音山が見える（図3）。観音山麓と城山麓を結ぶライン上は、近年の発掘調査により、律令三関《りつりょうさんげん》の一つ、鈴鹿関《すずかのせき》の築地塀《ついじべい》遺構や古代《こだい》の瓦《かわら》等が見つかっている。そして観音山麓の遺構は、２０２１年３月26日に国の史跡となった。

図3　観音山と城山

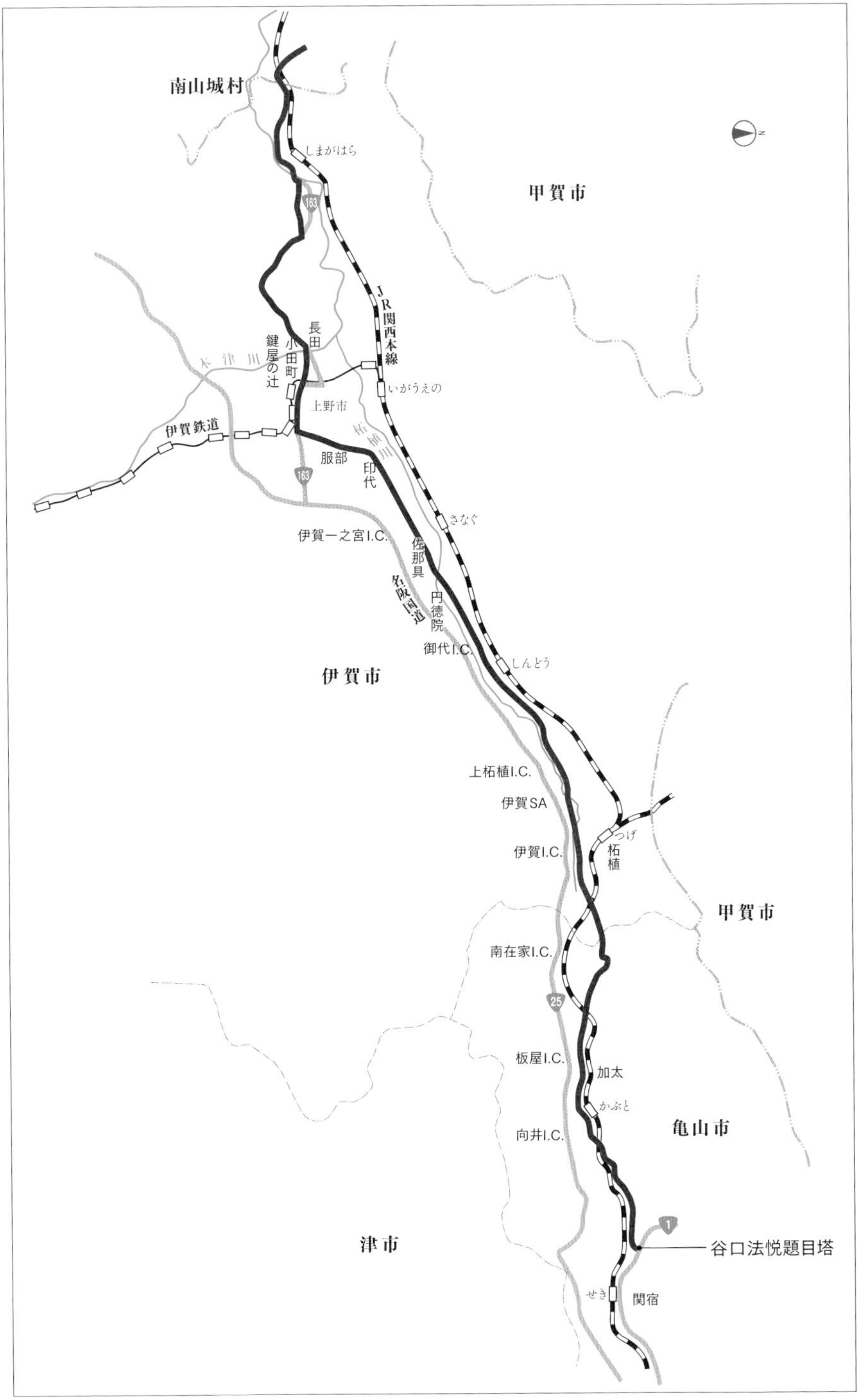
南山城村
甲賀市
しまがはら
163
JR関西本線
長田
小田町
鍵屋の辻
木津川
いがうえの
上野市
伊賀鉄道
柘植川
服部
印代
163
さなぐ
伊賀一之宮I.C.
佐那具
名阪国道
円徳院
御代I.C.
しんどう
伊賀市
上柘植I.C.
伊賀SA
つげ
柘植
伊賀I.C.
甲賀市
南在家I.C.
25
板屋I.C.
加太
かぶと
亀山市
向井I.C.
1
谷口法悦題目塔
津市
せき
関宿

図５　大和橋たもとから見える関西本線

図４　加太川と鈴鹿川の合流地

　再び奈良方面へ進むと間もなく、大和橋《やまとばし》のたもとにさしかかる。先程の鈴鹿川（権現川）は、加太《かぶと》地域から流れる加太川と合流する（図４）。合流後の鈴鹿川は、江戸時代に関川《せきがわ》と呼ばれていた。大和橋を渡りながら左を見ると、亀山駅と加茂駅間を走るＪＲ関西本線の鉄橋が街道にそって川を渡っている（図５）。旧大和街道は、蛇行を繰り返す加太川に対し、概ね左岸を上流へと沿って通っている。対岸に見える関西本線は、概ね加太川の右岸を路線の基本としながらも、加太川と大和街道を付きつ離れつ、時には交差しながら加茂駅へ向かっていく。

　やがて大和街道は、関町新所地内から、関町金場地内へ入る。金場は、江戸時代には「鐘鋳《かねい》場《ば》」と表されていた。また「鐘鋳場」も「金場」も平成の合併までは、加太村鐘鋳場、加太村金場、関町加太金場であった。間もなく二又にさしかかる。左へと下り坂を進み、関西本線の踏切を渡ると再び二又となる。今度は右へ進むと金場の家並みが始まる。家並みの終わりからしばらく進むと、再び踏切で関西本線を渡り、国道25号と合流する。

　間もなく加太川は相当大きな蛇行となる。この辺りの加太川は深い谷で、対岸には、こちらと同じ位の高さの広い平たい地形がある。江戸時代には「平地《ひらじ》」と絵図に示されるところだ。またその背後の山は中世の平ノ沢城跡である。いまは樹木が植えられているが、かつては集落があった。

図６　坊谷隧道

　再び関西本線の踏切に出る。後を振り返ると、関西本線の坊谷隧道《ぼうやずいどう》が見える（図６）。踏切を渡りしばらくすると、江戸時代の絵図で下加太宿《しもかぶとしゅく》と表記される市場（亀山市加太市場）となる。右側に「停車場」と刻まれた道標が立つ（図７）。大正３年（１９１４）に、亀山製絲株式会社の前身

図7　加太駅停車場道標

図8　加太駅舎

図9　下加太宿の問屋場跡

となる田中製糸絲場の開業者田中音吉の名前が寄附者として刻まれている。この丁字路を右にまがり坂をしばらく登ると関西本線の加太駅である。この駅の駅舎は、ＪＲ西日本から無償譲渡を受けて、加太の鉄道遺産を始め、歴史観光資源の情報発信や地域活動の拠点として、２０２２年４月１日にリニューアルオープンしたところである（図８）。登ってきた坂を再び下り、右へ曲がってしばらく進むと、右に「問屋場跡」と刻まれた標柱がある（図９）。加太には宿継ぎをするここ下加太宿と、本陣がある上加太宿《かみかぶとしゅく》（亀山市加太板屋）の二カ所に分かれていることが特徴である。

図10　陸軍歩兵伍長山路倉之輔君碑

図11　旧大和街道の加太川の架橋

この先を進むと道は二又に分かれる。左は右の道ができるまでの道である。二又の手前に左へ曲がる細い道がある。旧大和街道はこちらである。二又の右には、「勲八等功七級故陸軍歩兵伍長山路倉之輔君碑」が建ち、その傍らには、「大和街道松並木復元加太宿」と書かれた標柱と松が植えられている（図10）。

石碑を右に見ながら道なりに進むと、加太川に架かる猪之元橋にさしかかる。橋から左を見ると少し離れた下流方向に、一本の橋が見える（図11）。この橋は、先に分岐した旧大和街道の橋で、そのまま梶ヶ坂《かじがさか》（亀山市加太梶ヶ坂）地内の旧大和街道へと続いている。「梶ヶ坂」は、江戸時代以前は「鍛冶ヶ坂」と表記されているところである。

猪之元橋を渡りきり、国道25号を左へ曲がって、しばらく進むと左から来る旧大和街道と交差する。そこを右へ曲がり旧大和街道は峠を越える（図12）。さらに坂を下ると左に亀山森林公園やまびこが見えてくる。やがて旧大和街道は、先に分かれた国道25号と再び合流する。

図12　梶ヶ坂の坂道

図13　上加太宿の本陣跡

板屋（亀山市加太板屋）に入る。板屋は、本陣が建つ上加太宿である。道のすぐ右には関西本線の線路が見える。左には二宮金次郎石像が建つ亀山市立加太小学校や亀山市林業総合センター、加太地区コミュニティ、亀山市関支所加太出張所などが並ぶ。かつてこの辺りは、加太村役場が建っていたエリアである。信号のある交差点を右に曲がり板屋を進む。右に「本陣跡」の標柱がある（図13）。江戸時代の加太村は藤堂領である。藤堂領内の本陣は通行大名の休泊施設と同時に、御茶屋と呼ばれた藤堂家の休泊施設もあった事例があるので、板屋本陣も御茶屋を兼ねていたかもしれない。

しばらく進むと、左には、上部が折れて「家道」とだけ読み取れる道標が立つ（図14）。欠けた文字は、この先の北在《きたざい》家《け》への道を表していたのか、将又《はたまた》南側にある中在家《なかざいけ》への道を表しているのか、想像すると楽しくなる。

先へ進むと間もなく北在家（亀山市加太北在家）地内となる。ほぼ正面に、「川俣城跡」の標柱と、「式内川俣神社」と刻字された大きな標柱と鳥居が建つ（図15）。ここは参道入口である。川俣神社には土俵があり、加太の三人相撲で知られている。加太の三人相撲とは、そのむかし近江国、伊賀国、伊勢国の村人によって、いつも国境の草刈場のことで争いが絶えなかったことから、困った三つの国の神様が話し合い、村人から毎年一人ずつ出して、

図14　「家道」道標

図15　川俣神社参道入口

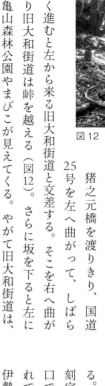

勝った順に草を刈るように決めたことに由来するという。参道を進むと谷を渡った所に神社があり、この場所が中世の川俣城跡といわれている。

再び参道入口に戻り、先へ進むと、左に参道と神社を見ながら道はカーブしている。北在家の家並みが途切れると、その先には、関西本線と大和街道が交差するレンガ造りの大和街道架道橋をくぐることになる（図16）。この架道橋をくぐると伊賀市一ツ家までの加太越えの山道が本格的に始まる。途中不動滝への道を通り過ぎ、山道を登ると、峠の手前に一ツ家の集落がある。ここは、昭和31年（1956）に当時の阿山郡柘植町に編入されるまで、鈴鹿郡関町加太一ツ家であった（図17）。（小林秀樹）

図16　大和橋架道橋

図17　加太一ツ家（伊賀市一ツ家）

柘植川沿いを往く

急峻で知られる加太越えの難路を抜けて伊賀に入ると、最初の宿場が上柘植《かみつげ》である。上柘植宿には、江戸時代に本陣と問屋が設けられ（図18）、福地（冨田）家が兼帯した。

明治40年（1907）頃の上柘植宿の町並みを見ると、問屋の向かいで鶴屋（図19）・亀屋などの旅籠が営業している。創業時期は不明であるが、これらの旅籠は昭和50年（1975）頃まで残り、往時の宿場の風情をとどめていた。

柘植川の北岸に沿って街道を進み、円徳院付近で南岸に渡ると、佐那具《さなぐ》宿を越えて千歳《せんざい》松原へ至る。この辺りには終戦直前まで立派な松並木が残されていた。江戸時代には、日差

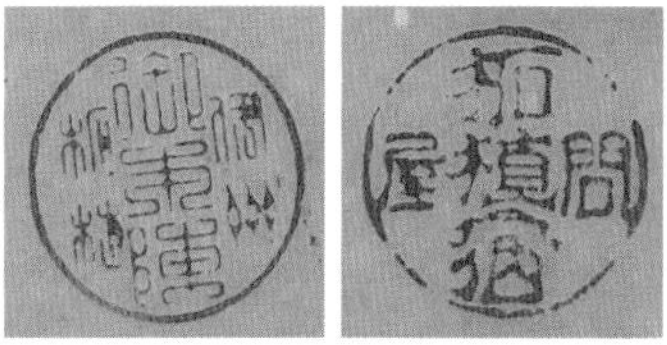
図18　柘植宿本陣・問屋印影

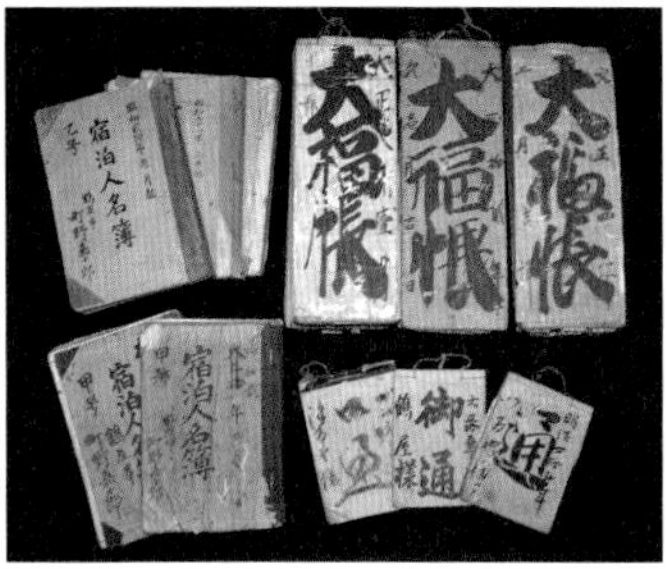

図19　鶴屋文書　伊賀市教育委員会蔵

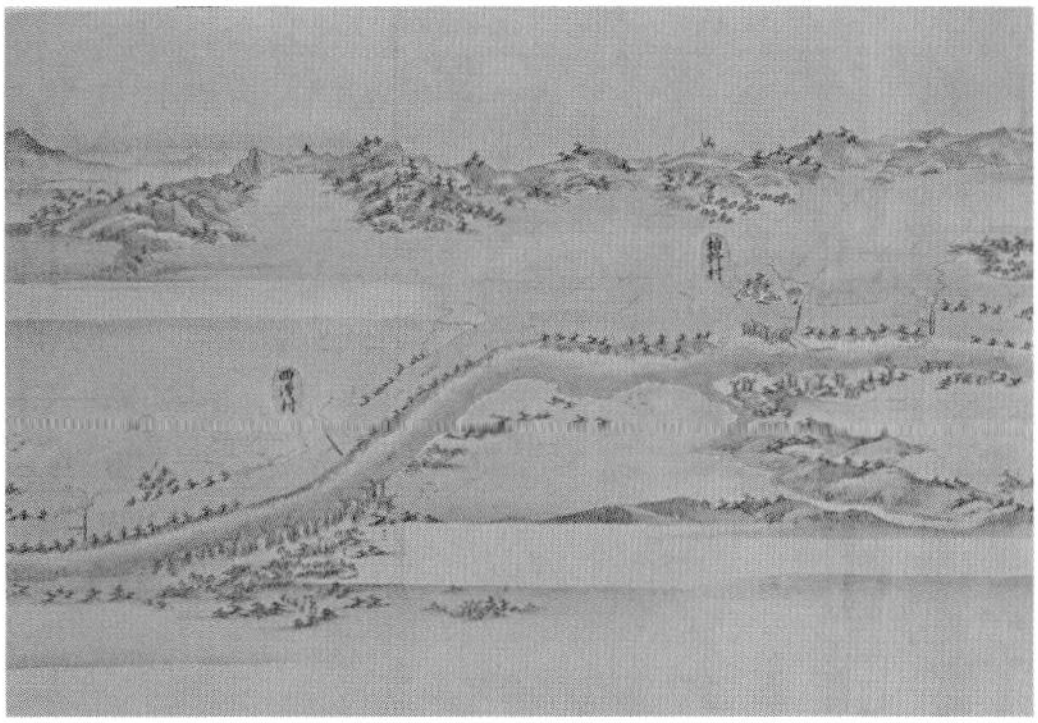

図 20 「五街道分間延絵図 加太越奈良道見取絵図」に描かれた円徳院付近の並木　東京国立博物館蔵
Image: TNM Image Archives

図 21 清安寺境内の道標

しや風雪から旅人を守るため、街道沿いに並木を整備することが推奨されていた。大和街道でも、寛文11年（１６７１）に津藩が関・柘植間に松を植えた記録が残されるなど、街道の至る所に並木があった（図20）。しかし、これらの並木は明治以降の道路拡幅工事などで徐々に姿を消し、今ではその面影を見ることができない。

　柘植川に沿って進んできた街道は、印代《いじろ》で川を離れて直角に折れ、上野城下を目指して南下する。この「まわりと」と呼ばれる曲がり角にあった嘉永３年（１８５０）の道標が、現在は手前にある清安寺の境内に移されている（図21）。

上野城下と鍵屋の辻

　上野城下へ向かって南進する大和街道は、城下の手前で服部川を越える。明治後期の絵葉書（図22）では、対岸の「呉服《くれは》の老松」と呼ばれた二本の松（昭和44・52年に枯死）を目指すように木橋が架けられているのがわかる。

図 22 服部川と呉服の老松

　大和街道は、上野城下の東北側の出入口である赤坂口から城下へと入り、農人町本通で伊賀街道と合流する。その後、城下町の鎮守菅原神社（上野天神宮）の境内を廻るようにして、城下町の中心部へたどり着く。城下の中心部にあたる東町・中町辺りには、問屋や馬継場に加え、町会所や教諭所が置かれ、内神屋《うちかみや》や平

図 24　錦絵に描かれた伊賀越仇討

図 25　鍵屋の辻

図 23　黒門跡碑と大和街道

野屋など数多くの豪商が軒を連ねた。

さらに西方へと向かって城下を離れるには、元禄13年（1700）に向島町に設置された釘貫門から出る。この通称「黒門」（図23）を潜ると、日本三大仇討ちの一つに数えられる伊賀越仇討の舞台「鍵屋の辻」がある。寛永11年（1634）、大和街道と小田から城下へ至る道が交差する三叉路で、渡辺数馬《かずま》が義兄荒木又右衛門の助力を得て、弟の敵河合又五郎を討ち取った事件は、江戸時代から歌舞伎や浄瑠璃などの題材として人気を博した（図24）。現在、鍵屋の辻は県史跡の公園となり（図25）、近くに「ひだりなら道」「みぎいせミち」と刻まれた文政13年（1830）の道標が見られる。

長田から島ヶ原へ

鍵屋の辻から街道を西進すると、木津川を渡って長田《ながた》に入る。この渡河の場面は、歌川広重の浮世絵のモデルともされている（図26）。長田に入って最初の集落である市場《いちば》には「左ならミち」と刻まれた道標が残る（図27）。

長田から「奈良道の三地蔵」を街道脇に見て、急坂の与右衛門坂を越えると、島ヶ原宿に至る。この島ヶ原宿では宿場の中央部に本陣、その本陣に隣接して津藩主の休泊施設である御茶屋が設けられた。本陣・御茶屋を世襲した岩佐家には、

図 26　「六十余州名所図会伊賀上野」（国立国会図書館デジタルコレクション）と比定地（上）

図 27　市場公民館前の道標

現在も「島ヶ原本陣御茶屋文書」と題された古文書が残されている。そこには、屏風や染付皿から湯殿桶に至るまでの家具・調度品の一覧が確認できるほか、本陣・御茶屋の詳細な見取図などが見られ、当時の建物の内部構造を知ることができる。

本陣の向かいやや東側で旅籠を営んでいたのが松屋（図28）で、伊賀越仇討に登場する河合又五郎の宿とされる。この松屋と仇討の所縁は、江戸時代を通じて永々と伝えられた。文政12年（1829）伊勢参宮の帰途に松屋に滞在した漢学者の頼山陽《らいさんよう》は、この故事に感銘を受けた詩文を残している。

島ヶ原宿を抜けると、大和街道は山城国との国境へ向かう。国境の集落山菅《やますげ》は、奈良・京都方面と伊賀国との出入りを監視する重要な場所となるため、幕末の動乱の際には関所が置かれた（図29）。当時の図面「険分図」（伊賀市上野図書館蔵）には、柵門のほかに大砲・小銃の配置などが確認できる。（山本 厚）

図 28　旅籠松屋

図 29　山菅関門

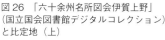

津藩領を貫く幹線

伊賀街道

文／太田光俊・山本 厚

伊賀街道は、津藩の2つの拠点伊勢国津城と伊賀国上野城を結ぶ、藩の重要な官道という説明がよくなされるが、その先に大和街道があり大和国、山城国の津藩の分領が存在し上方とつながっていた点をよく意識する必要があるだろう。津藩は伊勢国の津城を拠点として、伊賀一国と、伊勢国、大和国、山城国の分領を支配しており、伊賀街道が通る地はすべて津藩領である。一方、津藩の本拠津城がある伊勢国は、桑名藩、亀山藩、神戸《かんべ》藩、和歌山藩とさまざまな権力が分有する地だった。これらの状況を踏まえて、津藩の伊勢国での位置づけや街道のありかたを考える必要がある。

伊勢国から伊賀国へ

伊勢国を南北に結ぶ伊勢街道と伊賀街道が交錯するのは、塔世《とうせ》橋（図1）の南詰である。庶民は、津城郭内を避けて安《あ》濃《のう》川沿いに進み古川（古河）経て八町《はっちょう》に至る（図2）。津藩士ならば、起点は津城郭内の伊賀口門といってよいだろう。伊賀口門を出て武家地を通り、八町松原とよばれる防火帯を経て八町に至り、伊勢街道からきた道と合流している。江戸時代、武家地と八町、古川の間には田畑が存在していたが、現在はほぼ宅地、商業地となっている。八町には、日本で初めて本格的な五十音順の辞典を著述した国学者谷川士清《ことすが》旧宅が残り、資料館として活用されており、往時の街道沿いの町屋の雰囲気を感じることができる（図2）。八町を出ると津城下を離れ、神納《かのう》、南河路《みなみこうじ》、殿村の五軒茶屋を経て、前田（現津市片田）の宿に至る。次いで田

図1 塔世橋

図3 北長野の集落から峠方面を望む、右側に見える火除土手

図2 八町の谷川士清旧宅

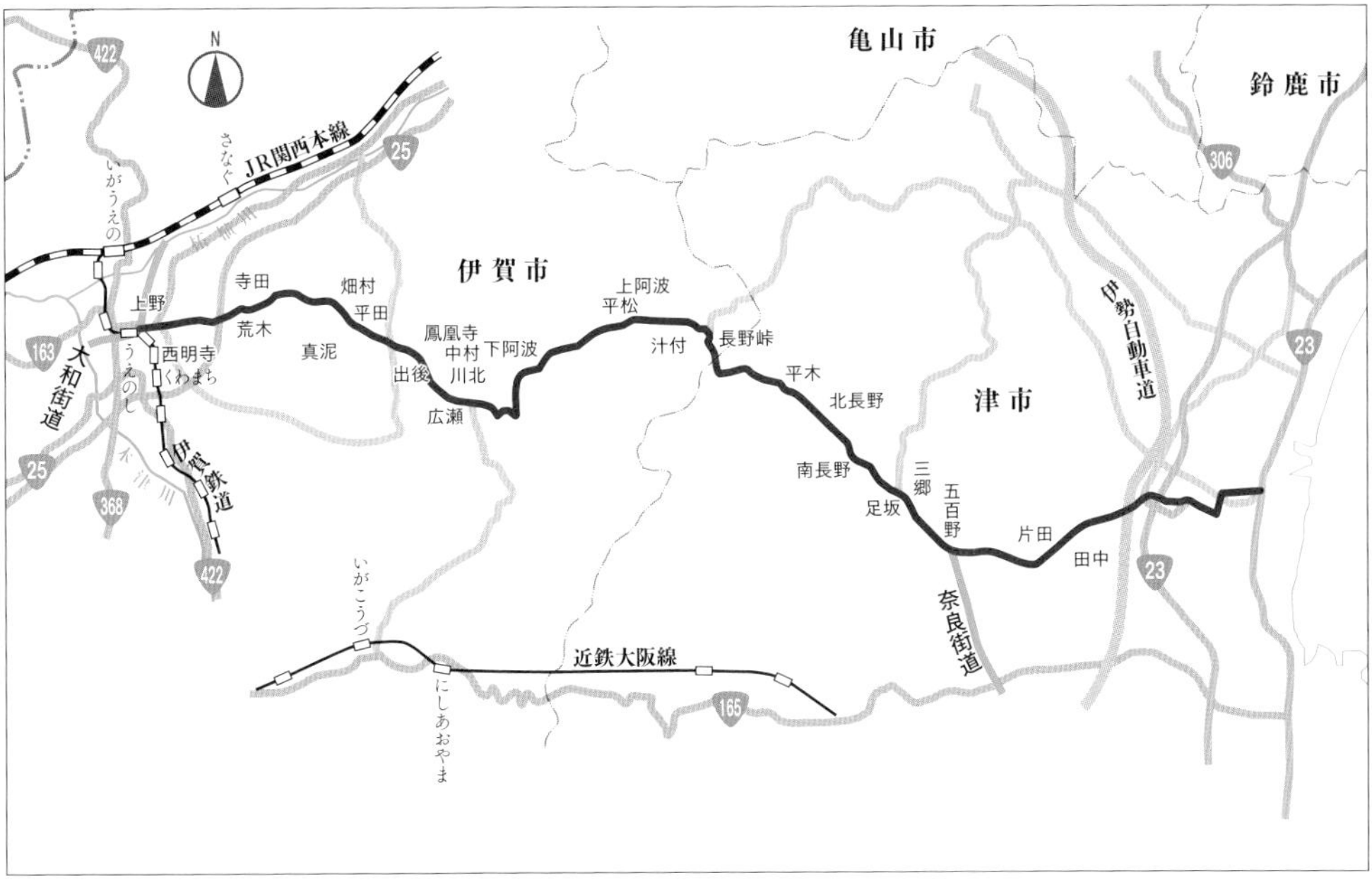

図４　平木の集落にある三舟明神の常夜灯（弘化３年）

図５　平木から峠に進む道沿いにある犬塚

中、志袋《しぶくろ》、井戸、久保と続き、吹上坂を越えると、五百野《いおの》に至る。ここからは、奈良街道（大和街道）が南に分岐し、榊原温泉周辺、久居《ひさい》（津市久居）を経由し月本《つきもと》（現松阪市中林町）の伊勢街道とつながる。

五百野を出ると、足坂《あしざか》、栗原（現津市美里《みさと》町三郷《みさと》）、南長野を経て、美里ふるさと資料館のある北長野の宿（図3）、次いで平木《ひらぎ》の集落に至る（図4）。さらに行くと、大蛇に襲われそうになった主人を助けた犬をまつる犬塚があり（図5）、長野峠に至る。江戸時代、峠には平木の村人営む茶屋があったという。なお、平木には伊勢、伊賀、近江、大坂、江戸の人びとが寄進した常夜灯があった。常夜灯には、津の「御蔵」といった肩書を持つ人びとの名も見え、藩の公用の交通路だったことを裏づける。長野峠を越えると、津市域から伊賀市域に、旧国でいうと伊勢国から伊賀国に入る。（太田光俊）

長野峠から平松宿へ

伊賀街道の中間地点にあたり、伊勢と伊賀の国境となっていたのが長野峠である。江戸時代における長野峠越えのルートは、現在の国道163号よりも北側、通称「橡《とち》ノ《の》木《き》峠」を通っていたが、物流の大動脈であった街道の利便性を向上させるため、明治18年（1885）に隧道が竣工した（図6）。その後、昭和13年（1938）には長野トンネル、2008年に新長野トンネルが完成するなど、時代とともに峠越えのルートは変更されている。

図6　長野隧道の開通式
『伊勢新聞』明治19年12月28日

長野峠を西に下って、最初の宿場が平松である。当初は東隣に位置する上阿波《かみあわ》に宿場が設けられたが、度重なる火災のすえ、元禄9年（1696）に平松へと移転することが決定された。この平松宿は、南北300mほどの通りに面して家屋が並び、現在、その南端には自然石の道標（図7）が残されている。この道標には「かけぬけ本みちよりちかし」や「大佛」などと刻まれており、近道の案内とともに、近接する新大仏寺への参拝経路が示されている。

図7　阿波大仏の道標

図8　五社八幡宮の常夜灯

図9　弘法大師の道標

伊賀街道の脇には、このような信仰への誘いとなる道標や常夜灯が多く見られる。長野峠を下って最初の集落である汁付《しるつけ》には、旧八幡宮の参道入口に「五社八幡宮」と刻まれた常夜灯（図8）が残る。また、上阿波西方の高台にある観音堂（旧慈眼《じげん》寺）境内にも、元は街道脇にあった慶応3年（1867）の銘を持つ弘法大師の道標（図9）が移設されている。

平田宿を経て上野へ

平松宿を発って服部川沿いに二里二丁を進むと平田（山田）宿がある。この宿場は、承応2年（1653）に馬継所となり、延宝年間（1673～81）における家数は77軒であったと『宗国史《そうこくし》』にある。

祇園祭（図10）で有名な植木神社前を左折して平田の宿場に入ると、現在も家並みに宿場町の面影を見ることができる。明治初期までは「車や」「わたや」など多くの旅館が軒を連ね、今も営業を続ける「梅家」の建物は、国登録有形文化財となっている（図11）。

平田宿を出て、松並木のあったとされる真泥《みどろ》川原を過ぎると、上野への入口に中ノ瀬峡がある。服部川の両岸に山が迫り、街道はその谷間を縫うように走っている。現在は、明治11年（1878）に竣工した北岸の道路が利用されているが、かつての街道は峡谷の南岸を通っていた。

この中ノ瀬峡の南岸には、上野城下に入るまでの最後となる茶屋があった。現在、寺田橋南詰に見られる弘化5年（1848）の太神宮常夜灯は、この茶屋の西端にあった（図12）。旅人は、北岸に刻まれた五体の巨大な磨崖仏《まがいぶつ》（図13）を川越しに見ながら旅の無事を祈り、中ノ瀬茶屋で一息ついた後、上野城下へと歩みを進めたのである。（山本厚）

図10　植木神社祇園祭

図11　料理旅館梅家

図12　太神宮常夜灯

図13　中之瀬磨崖仏

京からの参宮客が通った道

伊勢別街道

文／澤田ゆう子・太田光俊

関宿から一之鳥居をくぐって

江戸時代、京都や伊賀方面から伊勢神宮へ向かうには、東海道関宿《せき》から伊勢別街道へ進んだ。起点となっている関宿の東の追分には伊勢神宮一之鳥居が建てられており、この大鳥居をくぐった（図1）。この大鳥居は、現在では、20年に一度の伊勢神宮式年遷宮の際に、内宮の宇治橋南詰の鳥居が移され、立て替えられている。ちなみに、現在の大鳥居は、２０１５年に立て替えられたものである（図２）。なお、大鳥居の脇には江戸時代中期に建てられた常夜灯が今も一基のこされている。

伊勢神宮一之鳥居をくぐって南に５００ｍほど進むと、鈴鹿川に架かる勧進橋を渡る。この橋は、寛政9年（１７９７）5月刊行の『伊勢参宮名所図会』によれば、もともとは9月から翌4月までの期間限定で木崎《こざき》村（関町木崎）により仮橋が架けられていたとある。そして仮橋を渡るには通行料がいった。このような仮橋や、川人足・渡し船によって通行していたため、川北久左衛門や服部保行（深川屋）ら関宿役人が中心となって、諸国から勧進を募り、嘉永2年（１８４９）秋、流されない頑丈な橋を架けた。勧進橋という名前の由来は、ここからきている。しかし、この時架けられた橋も、万延元年（１８６０）の洪水で流さ

図１　歌川広重　五十三次名所図会四十八　関　参宮道追分（竪絵東海道）　亀山市歴史博物館蔵

図２　平成27年（2015）に建て替えられた伊勢神宮一之鳥居（現在）

図３　昭和12年（1937）に架け替えられた時の勧進橋の渡り初め（古写真）亀山市歴史博物館蔵

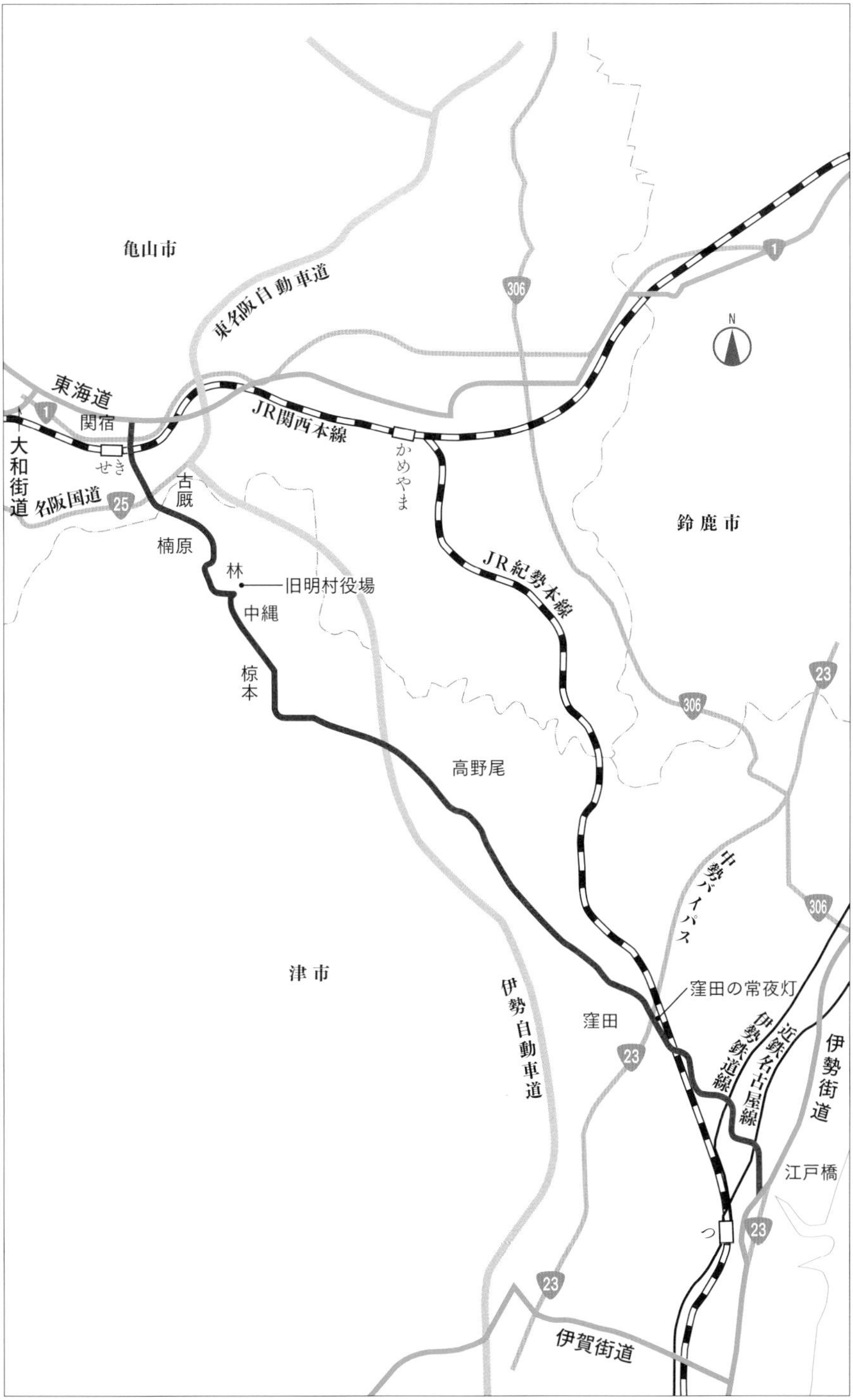
亀山市
東名阪自動車道
306
1
東海道
JR関西本線
関宿
せき
かめやま
大和街道
名阪国道
25
古厩
楠原
林
旧明村役場
中縄
椋本
鈴鹿市
JR紀勢本線
23
306
高野尾
中勢バイパス
306
津市
伊勢自動車道
窪田の常夜灯
窪田
23
伊勢鉄道線
近鉄名古屋線
伊勢街道
江戸橋
つ
23
23
伊賀街道

図4　御厩の松（古写真）
亀山市歴史博物館蔵

れてしまい、以後、現在までに何度か架け替えられている(図3)。

勧進橋を渡ると、左側に古《ふる》厩《まや》の集落がみえる。『鈴鹿関町史』上巻によれば、古厩は、伊勢神宮遷幸の時に倭比売命《やまとひめ》がこの地に神馬を駐めたと伝わっている。また、古厩は江戸時代には、「古馬屋」とも表記され、その地名から古代に鈴鹿駅家《すずかのうまや》があったという伝承がのこる地でもある。集落の入り口には、今は枯れて切り株のみだが、昔「御厩《おうまや》の松」とよばれる大きな大木があった(図4)。この「御厩の松」は、この駅家に常備されていた馬20疋をつないでいた松であると伝えられている。このことから、「御厩の松」があったあたり99㎡は、現在、亀山市の史跡に指定されている。

古厩を過ぎると、伊勢別街道は、津市域に入り、椋本宿《むくもと》へと向かう。(澤田ゆう子)

信仰と伝説の道をゆく

現在名阪国道の要衝となっている関ドライブイン付近で、

図5　楠原の町並み

図6　林牛谷

図7　旧明村役場

伊勢別街道は津市域に入る。街道は古い町並みが残る楠原《くすわら》の集落を抜ける(図5)。近くには、石仏が多数存在する石山観音がある。楠原を出ると小さな森に入り、林牛谷を抜け林の集落に至るが(図6)、道も狭く雰囲気のある場所である。集落には旧明村役場庁舎(国登録有形文化財)があるが(図7)、その前で右折しさらに進むと昔松並木があったという中縄《なかなわ》に至る。横山池に沿って進むと、疫病除けとして築かれた仁王経碑があり椋本宿に至る。椋本には、その名の元となった椋本の大ムク(国の天然記念物)がある。また、途中隣村の雲林院《うじい》を経て伊賀方面へ通じる道や、安濃町方面を経て榊原温泉へ至る道などが分岐する。また、宿場内の曲がり角にあるかどやには、今も軒先に講看板が掲げられている。

図８　窪田の町並み

図９　窪田の常夜灯

ここからの平地は豊久野《とよくの》とよばれる。村としては高野尾で、遠国からの参宮客を騙して賽銭を取ろうとした茶屋の亭主が罰を受けた伝説で知られる銭掛松が存在する。さらにゆくと、山田井、野崎、そして窪田《くぼた》宿に至る（図８）。窪田宿の東で右側に下ると、巨大な常夜灯が見える（図９）。これは、近江商人が軸となったもので、蝦夷地《えぞち》（現北海道）に出店した近江商人も含まれており、伊勢信仰の広がりがよくわかる。

街道はＪＲ紀勢本線の一身田《いしんでん》駅の手前で消滅しているので、道なりに進むと環濠で囲まれた一身田寺内《じない》町が見えてくる。本来街道は一身田寺内町の南側を通過する道程であったが、現在通りやすい道は明治時代関西《かんせい》鉄道により一身田駅が開業した際の駅から寺への参詣路である。ここで、近世、近代の差異を思いつつ進むのもよいだろう。

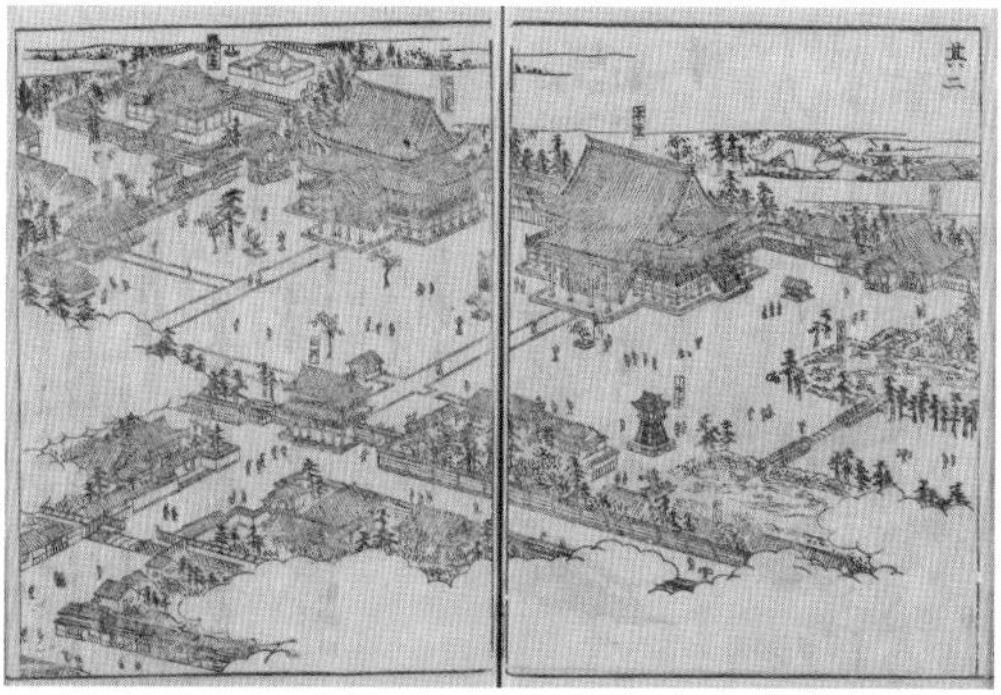

図 10　『伊勢参宮名所図会』　高田本山専修寺 其二
国立国会図書館デジタルコレクション

一身田寺内町は、江戸時代は朱印地寺院にして准門跡寺院であった専修寺《せんじゅじ》が存在する。現在は、真宗高田派本山専修寺（通称高田本山）として、国宝などを擁する伽藍で知られている（図10）。国宝木造建築物で全国5位の大きさを誇る御影堂が現存するが、現在も遠くからよく見える。街道と寺内町をつなぐ江戸時代のメインルートの途中、環濠の外側の地、橋向には、妓楼も存在し賑やかだったという。

ここを越え、中野を経ると、伊勢街道の江戸橋南詰付近、津城下の入り口である江戸橋に到達する。京からの参宮客は、ここで江戸からの参宮客と合流したのだった。（太田光俊）

初瀬街道

『紅梅軒国遊記』で辿ってみる

文／飯田良樹

初瀬《はせ》街道は伊勢街道六軒茶屋（松阪市）から分かれ、青山峠を越え名張より奈良県の長谷《はせ》寺（初瀬）に至る街道。ちょうど近鉄大阪線沿いの街道になる。昔は「阿保越大和道」「大和廻りはせ越え」「参宮表街道」「参宮北街道」などと呼ばれたが、明治9年（1876）に初瀬街道と公的に明示された。

員弁《いなべ》の医師松宮周節・周補親子が天保10年（1839）に旅し書いた『紅梅軒国遊記参宮並五州記 四』（員弁持光寺蔵、以下特記なきは『国遊記』の記載内容）を紹介する。員弁を出発して伊勢参宮後、志摩を巡り参宮街道の六軒から初瀬街道を通り大和で長谷寺や東大寺など参詣して帰宅するまで20日にわたりその土地の寺社や旅籠及び石造物を詳細に書いているので、これを参考にして現在に残る名所や遺跡を巡りたい。

六軒茶屋　記載のある道標石は三渡《みわたり》橋の架け替えで橋の西たもとに移動した（図1）。記載はないが常夜燈（文政元年〔1818〕大阪の商人寄進）と、橋の東にあるかつて磯部屋利吉で

「参宮道名所図絵」六軒

図1　三渡橋の道標

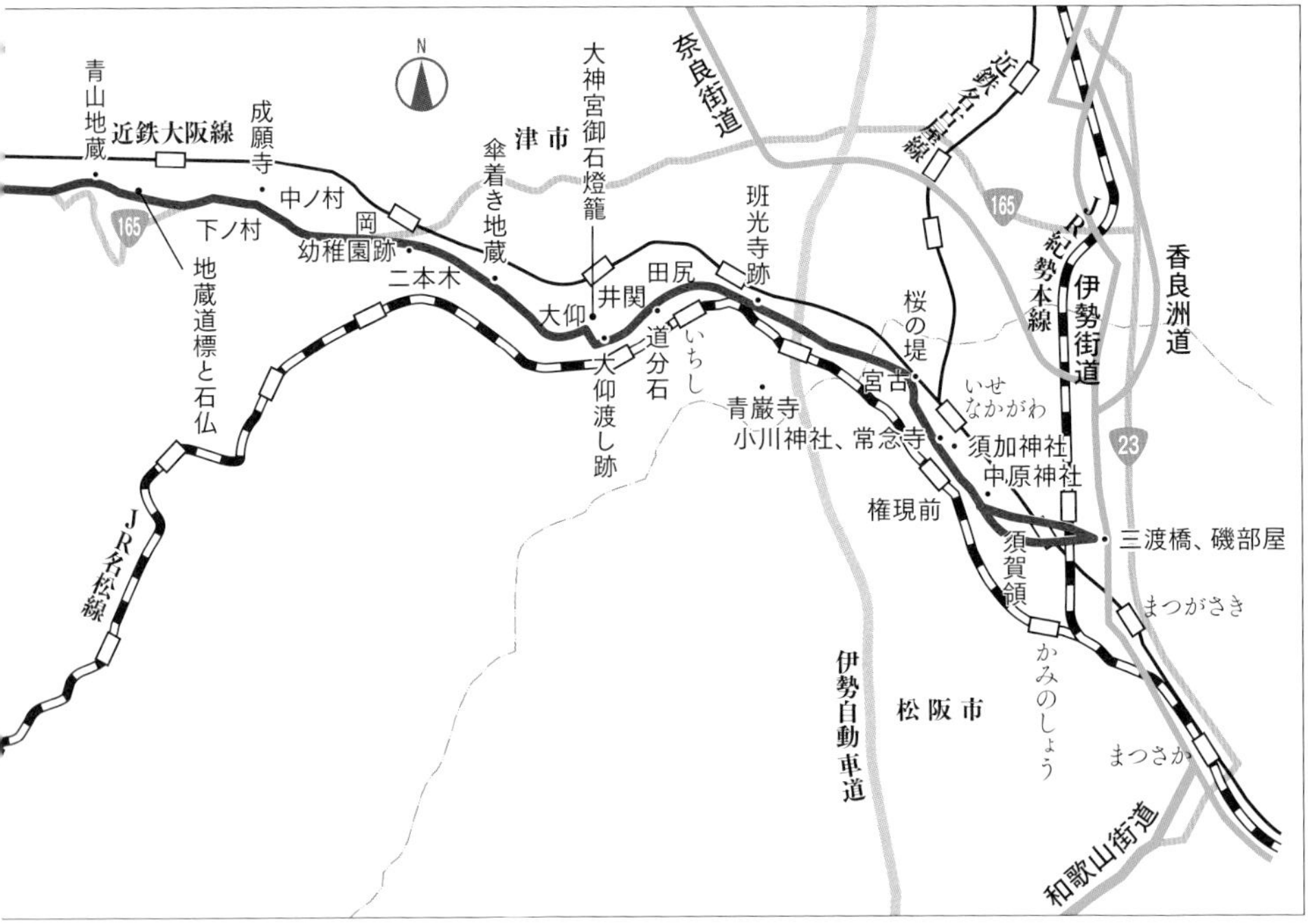

あった建物は旅籠の由来を示すべく現在、多くの講看板を掲げている（図２）。

津屋城　上納の宮は竜王神社と呼ばれていて合祀されて中原神社になっている（図３）。フェンスに囲まれた奉納と刻まれた常夜燈、これが記載の石燈籠であろうか。しかし、他の記述のある石造物は新しくなり存在不明である。

権現前　記載の権現社は村の由来で須《す》加《か》権現ともいう。延喜式にある須加神社（図４）に比定されている。石階十八段目には「宝永二年万福寺祖禅」と刻まれている。石階三段目には「元

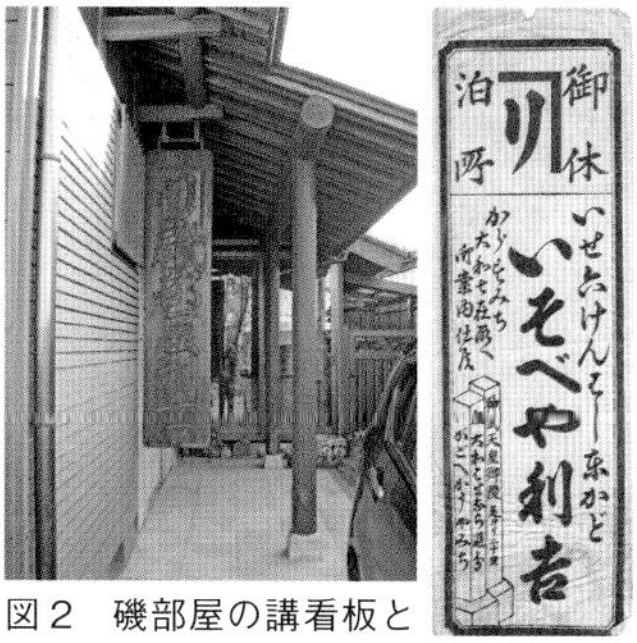

図２　磯部屋の講看板と宿札

図４　須加神社（権現社）

図３　中原神社

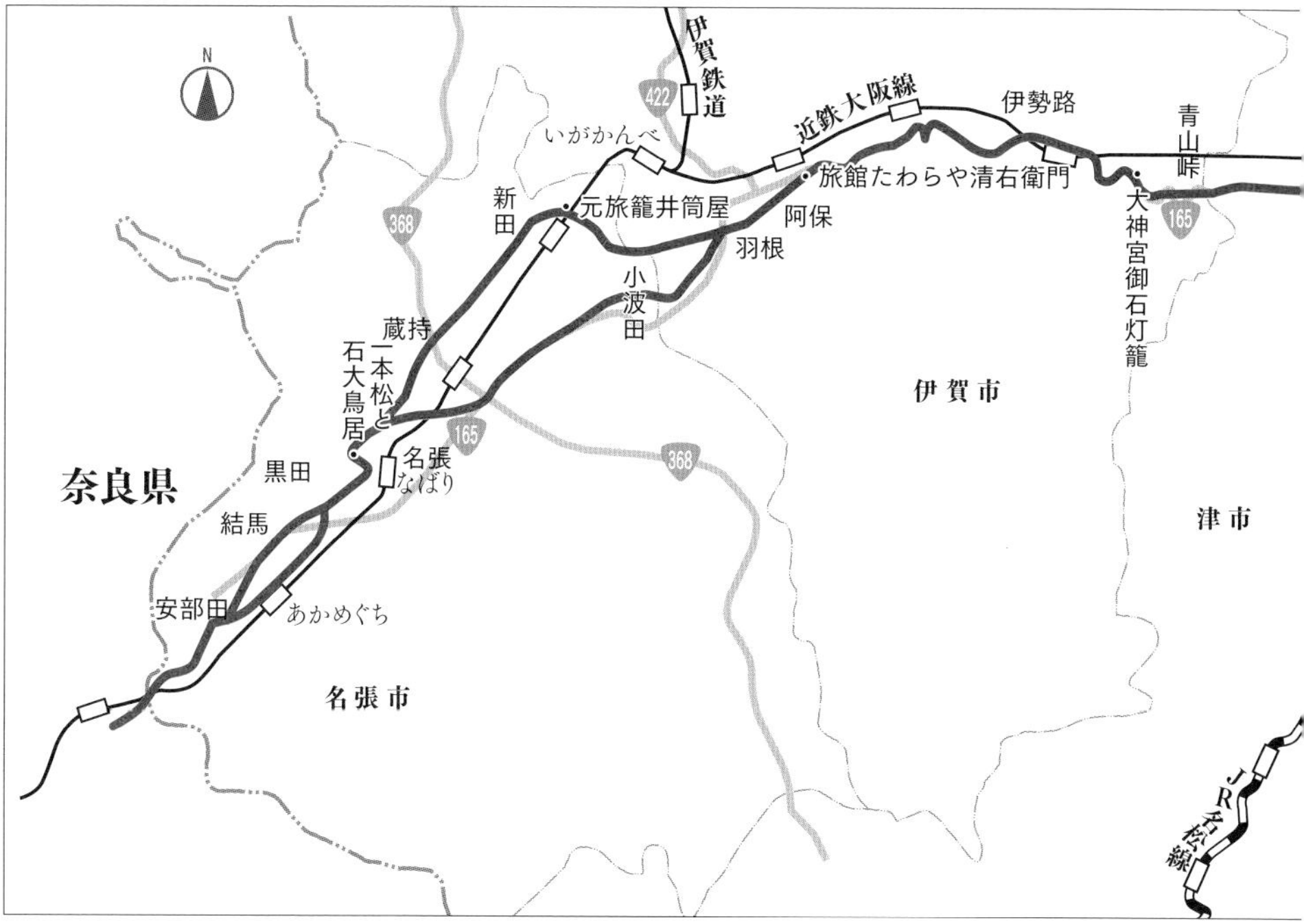

図５　小川神社

図６　常念寺

図７　桜の堤

図８　道標と班光寺跡標

図９　青巌寺の葵

文二年施主村中」とある。境内石柱に「禁殺生」と「享保甲辰」が刻まれ、境外に石標「式内須加社権現前邑権現社境内」が立つ。

小川駅　「宿泊所多し」と書かれているが、その内の笹屋（笹井宅）と鼓屋は判明したが、他の旅籠は不明。式内社小川神社は明治41年に三十一社を合祀（図5）。十二神が御祭神。西方寺の門前に須賀井の水路に架かる五六橋があり境内に道標がある。常念寺（図6）「真盛上人御旧蹟」の石標。常念寺の西に祠がある。

宮古村　記載の生土神社は小川神社に合祀。天仁元年（１１０８）斎王群行の帰途に宮女甲斐が詠んだ和歌に因んだ忘れ井がある。宮古から中村川を渡り小川への橋は架け替えられ桜の堤が有名である（図7）。村内には寛永年間建立の常夜燈や秋葉権現などが纏められている。飾り瓦や置物が蔵や塀を装飾している。

八太駅　この村も「宿泊所多し」とあり、朝日屋藤助（現飯田医院）に休息したことが詳細に記されている。八幡宮・秋葉権現・稲荷大明神もあるが、村の北にある波多神社に合祀された。番光寺（班光寺）は小学校拡張のために法善寺（宝善寺）内に移築。現在小学校運動場隅に道標などが置かれている（図8）。『菅笠日記』に八太川（波瀬川）の板橋と記されるが、その先の田尻に通じる堤防道は現在ない。記載はないが、庄屋田上家の土塀が街道沿いに残る。伊能忠敬は寛政6年（１７９４）『旅行記』に万屋で休息、文化5年（１８０８）『測量日記』に庄屋田上に宿泊と記載。やはり記述はないが、近くの小山に真宗髙田派青巌寺がある。青巌寺の屋根瓦は、尾張徳川家との繋がりから葵の御紋となっている（図9）。

田尻　松屋は大きな旅籠であったが現在は住宅に、道分石は田尻公会所前に移転(図10)。田尻は駅と記されていないが、八太と駅業務を半月交代でしていた。

図11　谷戸より見た大仰渡し跡

図10　道分石

谷戸　記載の菊面石はボタン石とも言われて水成岩が風化して菊やボタンに見え、いろんな道中日記にも谷戸にあると記されるが、急なため明治27年に新しい緩やかな峠ができたので峠茶屋や菊面石は不明。新しい峠に常夜灯が2基建てられた。峠より雲出川を見下ろす景色は美しい（図11）。

大仰《おおのき》駅　「大仰川板橋あり」との記載だが、大水の時は板を外し船渡しの時もあり、板橋は村が橋銭をとり管理をしていた。油屋は現在改装されて住宅になっている。浄福寺・常専寺・平康寺の記述があるも、天台宗真盛派開祖真盛上人が産湯を使った華香寺（誕生寺）の記載はない。大神宮御石燈桜は今も左岸の元板橋のたもとにある（図12）。村の外れの街道に道標がある。大仰から大村に向かう街道傍の大岩に大地蔵尊が彫られ、左右の二十六七字については吉村利男氏が「左右に二十六七字、左の一行ハ今蔦生榮て見へかたく、切立の大岩の殊甚高き処なれバ残念、斜ならされハ写ゑあたわす、右二無仏世界度衆正今世後世能引維持天保七丙午年晩春と勒す」と読み解いている（『津市民文化4』図13）。言い伝えでは大仰誕生寺に生まれた真盛上人が7歳の時に笠に乗せられて川に流されたが、逆流してこの場所に着いたので「笠着き地蔵」と呼ばれた。また小さな地蔵が松宮の旅の後、嘉永7年（1854）の地震のため川へ逆さに落ちて「逆さ地蔵」と言われるようになる。この付近は桜並木が美しく春には花見客で賑わう。

図12　大神宮御石燈楼

図13　笠着き地蔵の大地蔵尊

大村　別名二本木。御本陣増田屋久右衛門は住宅に。記載はないが、角屋（下角屋）は昔の佇まいの面影があり、たくさんの講看板が残っている。向かいの醤油屋丁子屋は安政4年（１８５７）まで旅籠。村の西に幼稚園跡がある。明治2年、浦上切支丹が津藩に預けられ代官所跡に配流され手厚くもてなされた。昭和16年（１９４１）林利吉が教会を開設し、後に幼稚園をつくるが、昭和51年閉園（図14）。

図 14　幼稚園跡

上之村　記述のある道分石は不明。愛宕権現献灯石は成願寺横に立っている。桜の季節の成願寺山門は美しいたずまいである（図15）。南北朝時代の国指定絹本著色仏涅槃図がある。

図 15　成願寺の山門

入道垣内村　垣内の元休泊所などは屋号を染め抜いた暖簾を掛けている垣内の一番奥の末広屋横に垣内宿役人が書いた伊勢茶屋・伊賀茶屋・伊勢地までの距離を表した立札があった。山道を登る数丁に旅疲れを癒す花王（牡丹）が植えられている。坂道を登るにつれて目の下に一郡内、安濃の松原、安濃の城、伊勢の海などが見えわたせると記され、道筋に石地蔵・立石がある（図16）。峠の伊勢茶屋のあった場所に石垣が残っている。下り道には伊勢地よりの出店があった。さらに下ると弘法大師一夜の作で青山地蔵と呼ばれる大岩地蔵尊と大杉・宝篋印塔がみえる（図17）。

図 16　地蔵道標と石仏

図 17　青山地蔵

伊勢地村　「休泊所多し」と記載されて、元紅葉屋と元大和屋は村の西に街道を挟んである。村の中心に大神宮御石登楼がある（図18）。記述のある道分石の所在は不明。記載はないが、村の東の街道横に妙見大菩薩がひっそりとある。

阿保　やはり「休泊所多し」と記され、俵屋は二軒あり、休足した俵屋儀左衛門はその後、嘉永6年（１８５３）より酒造業に転業。重藤酒造から若戎酒造と社名変更して「儀左衛門」と冠する日本酒を販売している。一方、俵屋清右衛門は現在200枚の参宮講看板を展示する資料館になっている（図19）。記載はないが村東の山上に大村神社がある。村中には安政7年（1860）の常夜燈や阿保の頓宮跡と息速別命の墓がある。

新田村　ここも「休泊所多し」と記され、屋号のある家は暖簾を掛けている。休息した井筒屋は村の中心にある（図20）。嘉永元年の常夜燈・新田用水・美波多神社・馬塚古墳を有する美旗古墳群があるが記述はない。

名張　石大鳥居は宇流富志神社の一の鳥居といわれ安永7年（1778）に寄進。鳥居の横には高くそびえ立つ街道名残の一本松がある（図21）。文化2年（1805）に建てた石燈籠は愛宕神社に移設されている。文政10年（1827）の道標は福祉センターに移設され「ひだりいせミち」とある。

　今回『紅梅軒国遊記四』の初瀬街道の原文は、紙面の都合上割愛したが、吉村利男氏の翻刻の載る『津市白山町石造物悉皆調査事業報告書4はくさんの石造物　大三地区編』を合わせて読むとより旅を楽しめるであろう。

図18　大神宮御石燈籠

図19　俵屋清右衛門（資料館）と宿札（右）

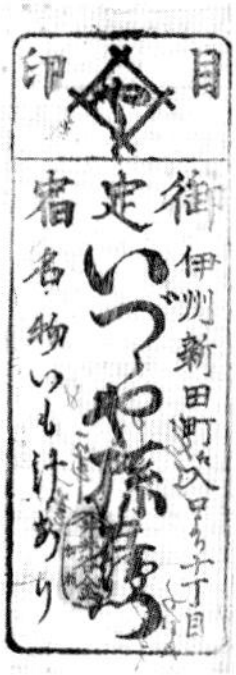

図20　元旅籠井筒屋と宿札（右）

「参宮道名所図絵」名張

図21　一本松と石大鳥居

大和と伊勢神宮を結ぶ参宮街道

伊勢本街道

文／田中孝佳吉・藤田直信・村田 匡・石淵誠人

田丸から多気へ

伊勢を出発し、伊勢本街道で最初に通る街が田丸《たまる》である。田丸は田丸城の城下町として発展し、交通の要衝として宿が十数軒ある宿場町でもあった（図1）。街道は田丸城に向かってまっすぐ進み、城前で右に折れる。ここで左へ折れると熊野街道であり、街道の分かれ目であった。多くの参宮者が田丸で白衣に笹笠といった衣装に着替えて「熊野古道伊勢路」を通って熊野詣に向かっていった。

図1　『西国三十三カ所名所図会』
嘉永6年（1853）
玉城町教育委員会蔵

伊勢本街道は城の警護に当たった紀州藩五十人組同心屋敷前を通って、桝《ます》形《がた》と堀（本書121ページ「田丸城」参照）を抜けて城下町を出る。現在では同心屋敷はなく、桝形も堀も撤去されて舗装された道路が通っている。一部土塁の跡が見られるのみである。

城下町からすぐにY字路があり、かつてここに地蔵道標があって、松阪へ向かう道と伊勢本街道が分かれていた。

伊勢本街道はここから田辺《たぬい》丘陵を通る。外城田川《ときだがわ》周辺は古墳時代に度会《わたらい》町方面から進出した荒木田《あらきだ》氏によって開墾されたと伝わり、田辺丘陵には荒木田氏に関係する古墳などの史跡が多数残っている。また、途中に常夜灯と伊勢神宮を遥拝《ようはい》した上田辺羽根遥拝所がある。

図2　正念僧・即身仏供養碑塚
玉城町教育委員会蔵

少し歩くと茶屋という地区に入る。街道らしい地名であるが、そこに「正念僧・即身仏供養碑塚」（図2）というものが墓地の前に見られる。江戸時代中期、全国の霊場六十六カ所を訪ねて書写した経文を納めて巡る正念という僧がいた。この地を訪れた際に病

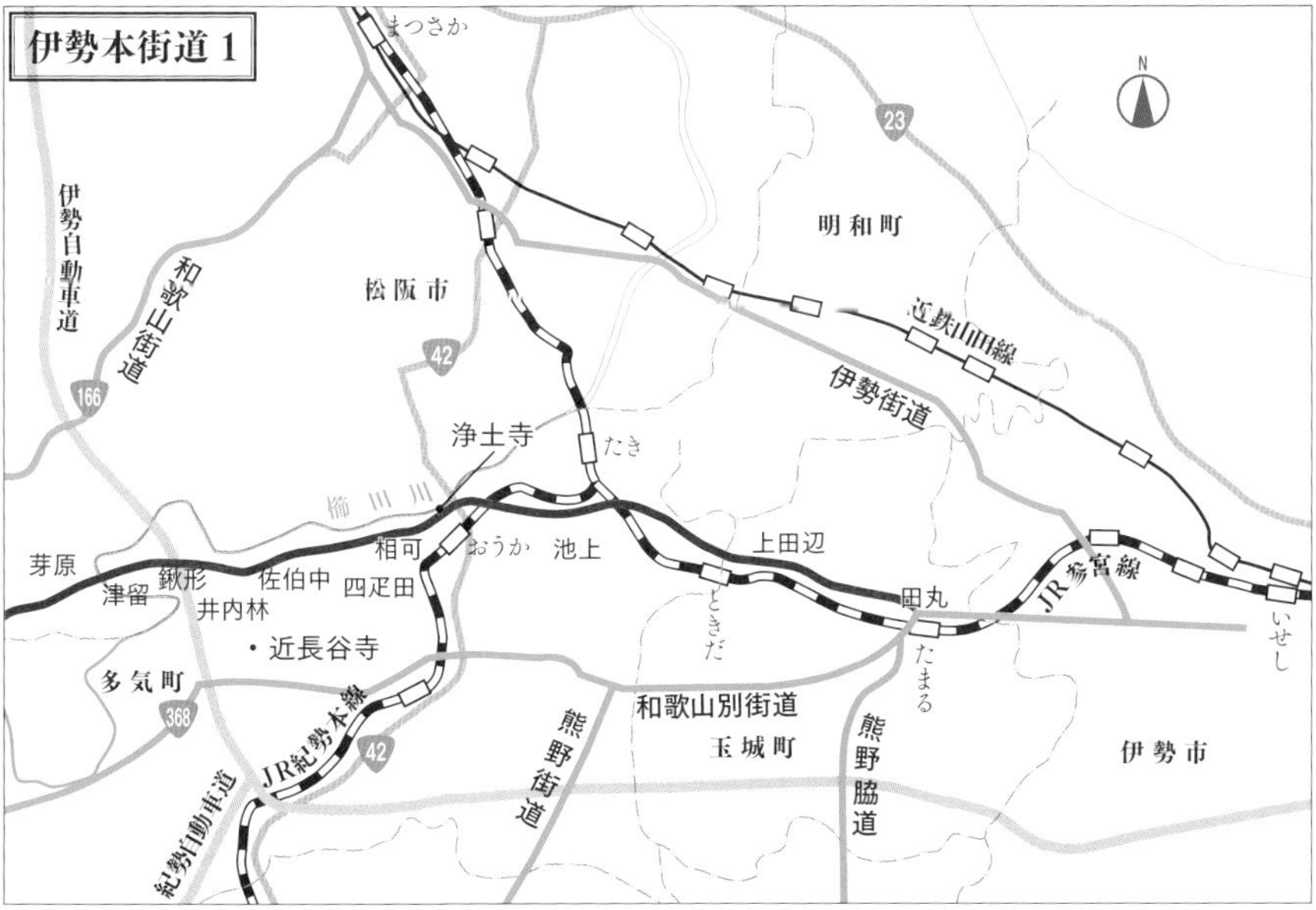

図３　伏し拝み坂　玉城町教育委員会蔵

に倒れ、村人の看護の甲斐もなく死期を悟り、往来の安全を願って人柱となったという。村人は正念のために供養塚を造り弔ったのであった。

　さらに足を進めると、朝久田という地区に入り、街道は伊勢神宮内宮の摂社　棒原《すぎはら》神社の北側を通る。この棒原神社は天須婆留女命御魂《あめのすばるめのみことのみたま》と御前神《みまえのかみ》を祭り、その名前から星を利用して農耕の吉凶を占っていたと考えられている。また神社の境内には40基を超える古墳が残っている。

　そこから多気《たき》町の土羽茶屋に向けてなだらかな雑木林に入る。高さ数メートルの切り通しがあり、かつては北側の尾根へ迂回していたが、文政10年（１８２７）に切り通されたと石碑に残る。この場所は「伏し拝み坂」（図３）と呼ばれ、昔参宮者がここまで来て村人に伊勢神宮までの道のりを尋ねたところ、「三里山道　五里畷」と答えられ、参宮をあきらめて遙拝し引き返したと伝わる。ここを抜けると多気町へ入る。（田中孝佳吉）

仏教文化に彩られた多気町域

多気町域は古代より仏教との関係が深い地域で、天平神護2年（766）、伊勢神宮の神宮寺と考えられる伊勢大神宮寺（同町相鹿瀬《おうかせ》）に丈六像《じょうろくぞう》制作のため使いが遣わされたことが『続日本紀』よりうかがえる。

玉城町より土羽《とば》・池上・兄国《えくに》・荒巻を越えると相可《おうか》に入る。相可は伊勢本街道の多気町域における最大の宿場で、街道に沿って流れる櫛田《くしだ》川の対岸は富山家をはじめ多くの商家を生んだ松阪市射和《いざわ》町である。東大寺大仏の鍍金に多気町丹生《にゅう》の水銀が用いられたが、これを原料とした軽粉《けいふん》が射和町を中心に生産されたことは有名だ。なお、軽粉は伊勢の御師によって各地の檀家への土産にも利用され、全国的に知られるものとなった。街道沿いに建つ浄土寺は天台真盛宗《てんだいしんせいしゅう》の祖・真盛ゆかりの寺院で、真盛筆となる紙本墨書六字名号（町指定文化財）をはじめ多くの遺品が残る。境内に建つ毘沙門堂は、旧磯部寺本堂という。磯部寺は平安時代に編まれた紙本墨書近長谷寺《きんちょうこくじ》資材帳（重要文化財）にその名が見られる寺院。当地に鎮座する伊蘇上《いそのかみ》社（現相鹿上神社に合祀）の別当寺であったが、明治初年の神仏分離政策にともない廃寺となった。街道を西進すると四疋田《しひきた》の集落に至る。歓喜寺には、平安時代後期の聖観音菩薩立像（町指定文化財）が安置される。

図４　櫛田川
飯野郡と多気郡の境界に架かる両郡橋。対岸は松阪市射和町。

図５　浄土寺
玉城町から松阪市に至る区域において、最大の宿場である相可には多くの寺院が所在する。浄土寺は、相可の商家・大和屋の菩提寺として知られる。また、まちかど博物館「真盛文庫」として、広く門戸を開いている。

図６　木造十一面観音菩薩立像（大＝左側）（小＝右側）平安時代後期（霊山寺蔵）　一般的な十一面観音と違い、写真には写っていないが、右手に錫杖を執るのが長谷寺式の特徴。
多気町郷土資料館提供

また、西隣の三疋田《さんびきだ》に所在する霊山寺には、2軀の長谷寺式十一面観音菩薩立像が祀られる。いずれも平安時代後期の作例で、県指定文化財。三疋田集落の外れに歯痛地蔵と称される石造地蔵菩薩像があり、地蔵の右脇に「左丹生山近長谷寺三十町」と刻まれている。近長谷寺は当地から南西5㎞ほどの山中にあり、像高660㎝を測る平安時代後期に制作された十一面観音菩薩立像（重要文化財）を本尊とする。これら3軀の観音像は、当地への長谷観音信仰の波及を感じさせる。さらに西へと歩みを進め、井内林《いのうちばやし》に至る。伊勢三郎物見の松・いぼ地蔵とともに廻国供養塔が並び立つ。これは寛政3年（1791）に願主浄心によって建立されたもので、66の地域を廻り供養する廻国信仰の所産である。再び櫛田川に沿って西へと歩みを進めると、鍬形《くわがた》に入る。やや高台に建つ不動院の入り口付近に仏足石《ぶっそくせき》がある。本碑は、天明5年（1785）、浄土宗僧の天阿《てんな》が願主となり建立された。

図7　仏足石　天明5年（1785）
願主の天阿は、久居（現津市）の出身で、享和2年（1802）の寂。櫛田川高須に「広瀬極楽」と称する自身の墓を造営し、その穴中にて没したと『勢国見聞集』に記される。

仏教文化に彩られた多気町域の街道も終盤だ。難所として知られた津留《つる》にて櫛田川を渡り、多気町の旅路が終わる。
（藤田直信）

わずかに残る往時の賑わい

櫛田川に架かる橋を渡ると、多気町（多気郡）から松阪市（飯高郡）へと入る。下茅原《しもちはら》は、飯高郡側の渡し場があった場所である。

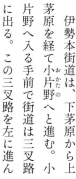

渡し場には、かつて自然石の道標が置かれ、根木《ねぎ》峠を経由して和歌山街道と合流をする道がここから分岐していた。また、舟番所を兼ねた渡し船を待つ人々への接待所あった。さらに、渡しの川留め・川あきを決定するために川の水かさを計った「はかり石」が川の下茅原側にある（図8）。

図8　津留の渡し。橋の中央から櫛田川を見る。奥に「はかり石」が見える。

伊勢本街道は、下茅原から上茅原を経て小片野《おかたの》へと進む。小片野へ入る手前で街道は三叉路に出る。この三叉路を左に進ん

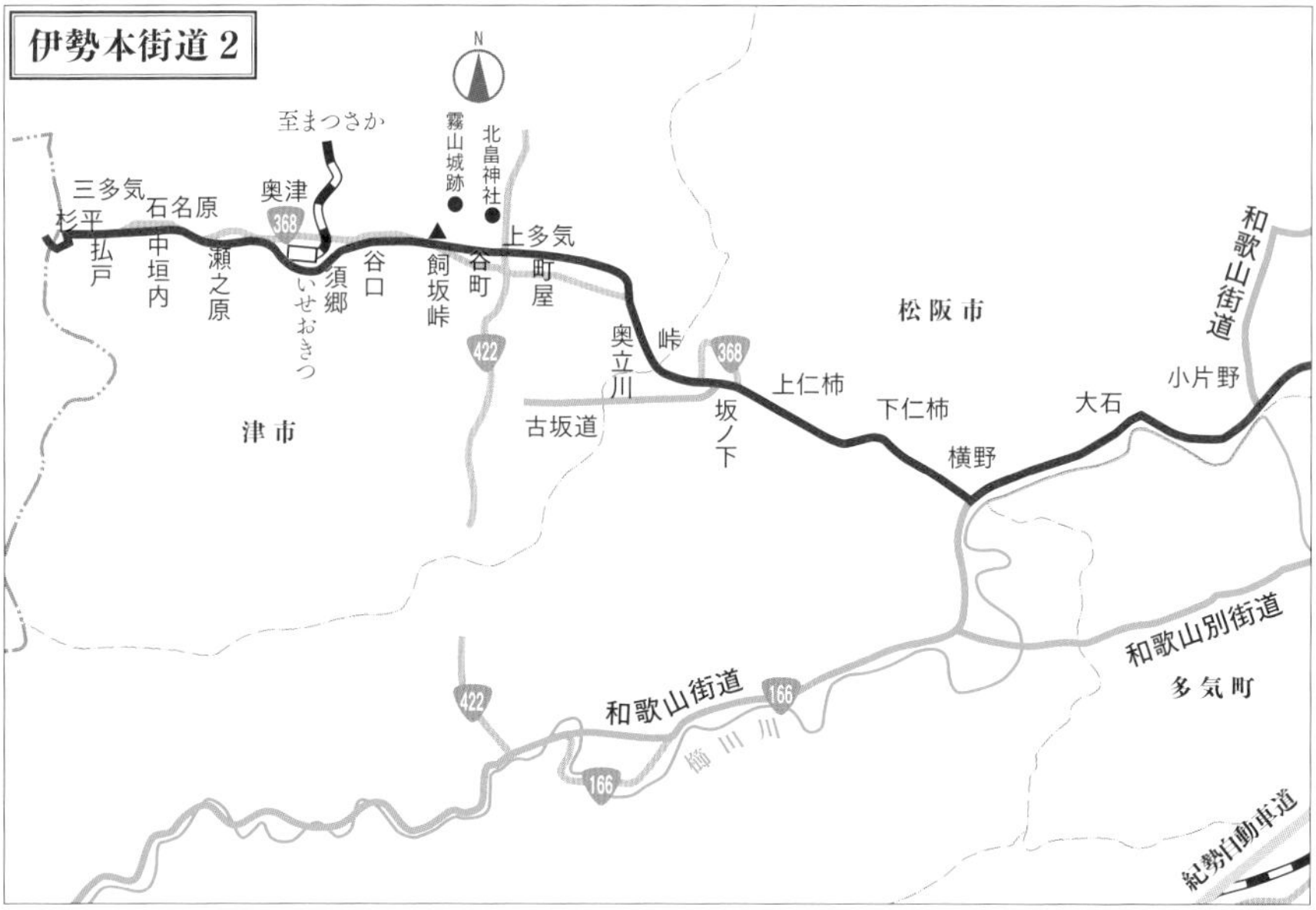

図９　小片野の合流点。左から来た和歌山街道とこの三叉路で合流する。

図10　二つの櫃坂道（坂ノ下付近）。櫃坂道古坂（左）と新坂（右）との分近点。

ですぐの所で松阪方面から続く和歌山街道と合流をする（図９）。

小片野で和歌山街道と合流をした伊勢本街道は、横野で右へ分岐をする。分岐点の三叉路には、旅館待月であった建物がひっそりとあり、多くの参宮客で賑わったと言われている。伊勢本街道は、仁柿《にがき》川に沿って川上へ向かっていく。下仁柿・長瀬・上仁柿を経て櫃坂《ひっさか》峠の麓に位置する坂ノ下に着く。

坂ノ下の集落を出ると伊勢本街道は、櫃坂峠を越える櫃坂道へと進んでいく。現在、櫃坂道と呼ばれている道は、江戸時代の寛文年間に整備された櫃坂道新坂と呼ばれていた道である（図11）。それ以前は、櫃坂峠から奥峠を経て峠へ至る櫃坂道古坂と呼ばれている道が利用されていたことが『勢陽五鈴遺響』に次のように記されている。「一志郡多気ニ到ル山坂ナリ長凡十八丁許険岨ナリ　本邑此坂ノ南ニ古坂ト称スアリ一志郡丹生俣ニ

図11　櫃坂道新坂の様子。杉林の中を進む新坂。日中でも鬱蒼とした雰囲気が漂っている。

至ル是往昔多気城ノ本道ナリ寛文年中ノ後今ノ新坂ニ変ス」とある。

その新坂と古坂の分岐点（図10）から新坂へ歩みを進めると、初めのうちは山間の谷に沿って緩やかな上り坂を進むが、やがて鬱蒼とした杉林の中の急斜な坂道を進むことになる（図11）。

そして、峠を登り切ると、急に視界に広がり、峠の集落に到着する。かつて茶屋であった建物を左に見て進むと丁字路に出る。ここで、新坂は坂ノ下で分岐した古坂からの道と合流する。この丁字路には、この地にあった旅籠の屋号を表した木の標識があり、伊勢参宮の人々の往来で賑わった往時の姿をわずかに伝えている（図12）。街道を挟んで静かに残る数件の建物もその一つかも知れない。

図12　峠の分岐点にある屋号札。古坂から峠に至る道とここで合流し、多気へ峠を下っていく。

そして、この峠の集落を出ると伊勢本街道は、松阪市（飯高郡）から津市（一志郡）へと続いていく。（村田匡）

路傍の石造物を見ながら伊勢国境へ

松阪市飯高町から櫃坂峠を越えると、津市美杉《みすぎ》町上多気《かみたげ》に入る。峠の路傍にある祠の隣には、かつて北畠親房《きたばたちかふさ》・晴具《はるとも》・具房《ともふさ》、具教《とものり》を祀る供養塔が2基あった（図13）。これらは、現在上多気小津所在の松月院《しょうげついん》跡（北畠具教の妻の菩提寺）に移設されている。ここから街道沿いに多気宿、奥津《おきつ》宿、石《いし》名原《なはら》宿を経て奈良県御杖《みつえ》村へと路傍の石造物を見ながら西へ進んでいく。

上多気における街道は、現在の国道368号の旧道にあたり八手俣《はてまた》川の支流立川に沿って多気の宿場へ続く。集落の東端にさしかかると「サ

図13　峠近くにあった供養塔
北畠神社蔵　昭和9年頃撮影

図14　六部供養碑

カムカエ（坂迎え）場」の説明板と川沿いの平場が見える。脇に建つ祠には大正8年（1919）銘の大日如来、馬頭観音の碑が祀られる。かつてここは2泊3日の伊勢参りから帰ってくる多気の伊勢講の人々を出迎えた場所で、大人たちは無礼講で酒を酌み交わし、伊勢音頭を歌いながら家路についたという。更に西に進むと説明板に「六部《ろくぶ》供養碑」（図14）とある巡拝塔（全高0・9m）が右手にあり、碑の右面に両宮太神宮、正面に「元禄十三年庚年奉納二千日隔夜供養（以下略）」、左に「観世音菩薩」を刻む。これは、長谷《はせ》寺・伊勢神宮を交互に参詣し、目標の2000日を達成した記念に建てたものと考えられている。

　ここから西へ少し進むと町屋に入る。その町並みはかつての宿場町の面影を濃く残している。町屋東端の町屋大橋を渡ると、左手に「谷町の道標」（全高1・7m、嘉永6年）がある（図15）。東面に「すぐはせみち」、西面に「すぐいせみち」とある。その向かいに「上多気常夜灯」（全高5・1m、元治2年）があり（図16）、伊勢本街道の参宮常夜灯の中でも最大級とされる。この辻から北に向かうと津市美杉ふるさと資料館や北畠神社がある。神社境内には名勝北畠氏館跡庭園があり（図17）、境内周辺から後背山頂の霧山城まで史跡北畠氏城館跡に指定されている。また、美杉ふるさと資料館では、北畠氏や伊勢本街道に関わる資料を見ることができる。

図15　谷町道標

図16　上多気常夜灯

図17　名勝北畠氏館跡庭園

　谷町の道標から西に300mほどで伊勢本街道の難所の一つ飼坂《かいさか》峠への入口に至る。約1・3㎞の山道を越え、奥津宿に入る。峠越えの際は街道が植林地の作業道により寸断されているため、注意が必要である。

　飼坂峠から奥津へ800mほど山道を下ると、左手に腰切《こしきり》地蔵（全高0・4m）があり（図18）、国道368号を横切り、木製看板を目印に街道を下ると300mほどで首切地蔵（全

図18　腰切地蔵

図19　谷口の常夜灯

高0・6m）に至る。これら2体の地蔵は山賊の犠牲になった人々の供養のために建てられたと伝わる。ここから舗装された道を進み、正念寺、「谷口の常夜灯」（全高4・2m、文久4年）へと至る（図19）。この先は奥津の谷口・須郷の集落を進む。須郷に入ると左手にイチョウが見える。そこは延命地蔵菩薩の礼拝所「おんばさん」（図20）で「千日隔夜」の銘がある巡拝塔が3基ある。このほか石名原との境界に近い奥津の共同墓地にも同様の巡拝塔が一基ある。これらはいずれも板状の石碑で、中央に奉千日隔夜、右に伊勢神宮、左に長谷寺を表す観世音菩薩などが刻まれ、上多気の巡拝塔と同じく神宮、長谷寺を交互に参詣する千日間の行の達成を記念して建てたものと考えられている。

図20　おんばさんの巡拝塔

石名原に入り、国道から左折、旧道に入り左手にあるのが「瀬之原の常夜灯」（全高2・4m、天保15年）である（図21）。正面に刻まれた伊勢神宮を示す「太一」は北畠神社宮司（当時）の宮﨑至功氏が拓本を取り、第62回式年遷宮のお白石持行事奉仕団の法被の背文字に用いられたという逸話がある。旧道を進み、再び国道368号に合流、50mほど先で再び左折、石名原宿の旧道を進む。やがて「中垣内の常夜灯」（全高2・7m、文化11年）を過ぎ、再び国道368号と合流すると、右手に「払戸の道標」（全高1・1m、天保14年）が民家敷地西側に建つ。伊勢側の面には「右 伊賀 なばり、左 大和 はせ」、奈良県側の面には「すぐいせみち」と刻まれ、伊勢国境に近づいてきたことを感じさせる。国道をそのまま進み、杉平の道標（全高1・0m）を目印に左の旧道に入ると、「杉平の常夜灯」（全高2・3m、天保15年）が擁壁ブロック積みの上ある。この先、江戸屋の表札があがる民家のすぐ脇を抜けると、谷沿いの山道となる。山道を下り、国道脇の小道を抜けると、奈良県へと入る。（石淵誠人）

図21　瀬之原の常夜灯

和歌山へ至る紀州藩の道

和歌山街道 和歌山別街道

文／杉山亜沙佳

街道の概要

和歌山街道は紀伊半島をほぼ東西に横断し、櫛田《くしだ》川に沿って松阪と和歌山を結ぶ街道であり、厳密には高見峠までの三重県側の部分を指す。三重県側からは和歌山街道、和歌山県側では伊勢街道と言われた。紀州藩の藩道でもあったことから紀州街道、庶民の生活道として大和地方との関わりが深くなると大和街道とも呼ばれるようになった。粥見《かゆみ》・高見峠間、川俣谷《かばただに》七里を指して川俣街道とも呼ばれている。現在、この街道はほぼ国道166号線となっている。

和歌山別街道は松阪市飯南町粥見で和歌山街道と分岐し（図1）、多気町丹生《にゅう》を通り、玉城町田丸へと向かう街道である。現在は、国道368号線辺りを通る道路となっている。

元和5年（1619）、和歌山に徳川頼宣《よりのぶ》が入封、初代紀

州藩主となると、紀伊国のほか、伊勢国内に勢州《せいしゅう》三領（松坂、白子《しろこ》、田丸）を領有した。そのため、頼宣をはじめ、光貞、吉宗等の紀州藩主は、藩領の移動の際には主に和歌山街道または和歌山別街道を利用していた。

図1　分岐点（飯南町粥見）

頼宣入封の翌年、紀州藩の参勤交代が始まった。和歌山から江戸までの最短距離は和歌山街道であったが、数千人規模での高見峠越えは容易ではなく、また費用も多くかかり、一度の参勤交代の旅費は1万2930両（約3億円）で、藩の年間収入の1割も要したと言われている。

六代藩主宗直までの約110年間はこの和歌山街道を通って参勤交代がおこなわれたが、藩の財政事情が苦しくなり、また行列の人数に本陣や脇本陣が対応しきれなくなってきたため、宗直以後はやや遠回りではあるが、東海道、美濃路、東山道を利用し、和歌山街道は参勤交代の要路としては使用されなくなっていった。

本陣跡を訪ねる

次に和歌山街道の本陣について触れる。別街道については

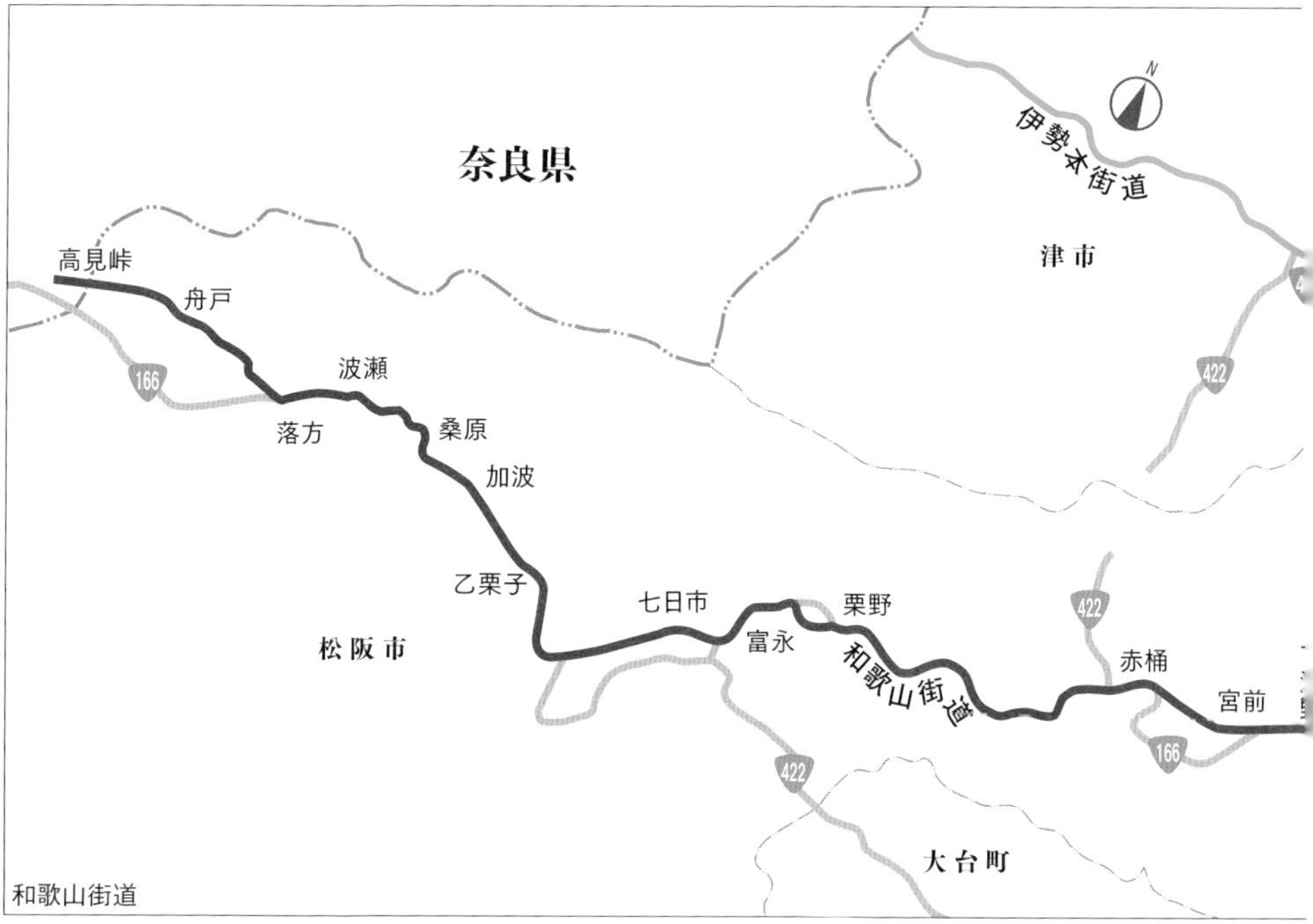

和歌山街道

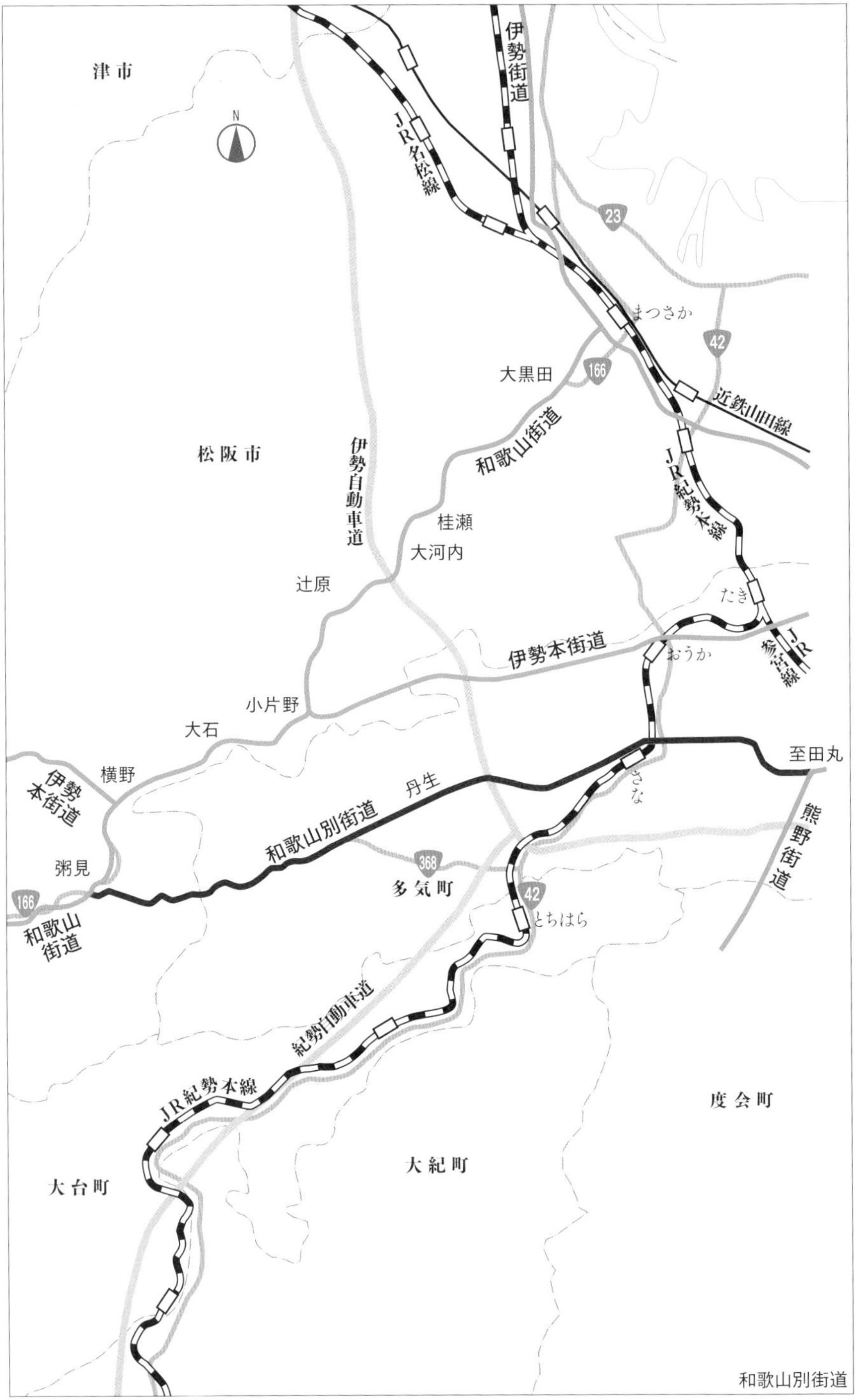
津市
伊勢街道
JR名松線
23
まつさか
42
大黒田
166
近鉄山田線
松阪市
和歌山街道
伊勢自動車道
JR紀勢本線
桂瀬
大河内
辻原
たき
伊勢本街道
おうか
JR参宮線
小片野
大石
至田丸
横野
伊勢本街道
丹生
さな
和歌山別街道
熊野街道
粥見
368
多気町
42
166
とちはら
和歌山街道
紀勢自動車道
JR紀勢本線
度会町
大紀町
大台町
和歌山別街道

今回省略した。

街道筋には、藩主が宿泊した本陣や、脇本陣、休憩のために築かれた御殿跡などの史跡が現在も残る。

大石《おいし》（松阪市大石町）は宮前まで3里、松阪まで4里の櫛《くし》田《だ》川中流域の重要な位置を占め、旅籠は2戸と少ないが栃屋・松屋の両旅籠を東西の端とし、本陣を中央に据えた鍵形の配置であった。街道筋83戸の家々は薬屋、荒物屋《あらものや》、菓子屋などの副業を持つ商業的要素の強い宿場であったが、現在は連子格子の家並みが残るだけである（図2）。

宮前《みやまえ》（松阪市飯高町）は高見峠と松阪のほぼ中間に位置する宿場町である。花岡神社の門前にできた集落で、神社を中心に旅籠8戸や商家が群集し繁栄した。和歌山街道の宿駅として交通の要衝であり、本陣や伝馬所が置かれ、高札場でもあった。本陣は郷士滝野次郎左衛門の家であったが、現存しない。しかし、現在も細い道路の両側にびっしりと家が立ち並び、往時が偲ばれる（図3、4）。

七日市《なのかいち》（松阪市飯高町）は櫛田川流域のうち、下滝野より上流部を川俣谷《かばただに》、あるいは川俣七里などと呼ぶが、この中心位置を占めていた。和歌山街道で最古の宿と言われ、室町期にすでに芋・蒟蒻《こんにゃく》・木地《きじ》・下駄などの市場取引があったと思われ、その起源も北畠《きたばたけ》氏以前に遡ると言われている。江戸時代以降、藩道として、また伊勢参宮の往来が激しくなってから、しだいに宿場町へと変化したようである。紀州藩や高取藩、時には蜂須賀藩の本陣ともなった川俣屋を中心に、八木屋・柳屋・吉野屋・松坂屋・住吉屋等10戸の旅籠を持ち、商家なども含め約110戸の大きな宿場であった。本陣が置かれた角谷《すみや》家は江戸時代を通じて七日市組の大庄屋であった。現在本陣はなくなっているが、平和神社の境内地が屋敷跡である。今も家並み

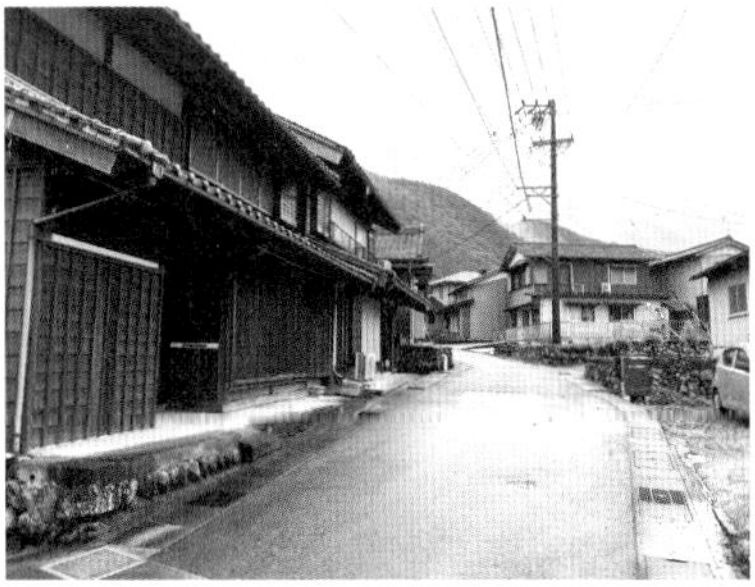
図2　大石町

図3　宮前

図4　宮前

や道筋に昔の面影を残している（図5）。

図5　七日市

図6　波瀬

図7　波瀬

波瀬《はぜ》（松阪市飯高町）は高見峠の急坂にかかる地点に位置する峠下の集落で、宮前・七日市とともに和歌山街道の宿場町として栄えた。現存する本陣、中村屋の他に、油屋・宇陀屋・大坂屋・松屋などの旅籠があり、人家すべてが季節的な旅籠稼業をおこない、また街道人足《にんそく》に出た。現在も本陣跡周辺は、門前町のような宿場の雰囲気が漂っている（図6、7）。

「南紀徳川史」に見る街道の利用

紀州藩の歴史書に「南紀徳川史」がある。これは、明治21年（1888）に紀州藩十四代藩主・徳川茂承《もちつぐ》によって編纂が開始された書籍で、編纂者は旧紀州藩士・堀内信《まこと》。初代藩主徳川頼宣《よりのぶ》が生まれた慶長7年（1602）から廃藩置県がおこなわれ、茂承が東京府に移住する明治4年（1871）までのさまざまな出来事が記されている（図8、9）。

その中に「元和六年十二月東観、元和七年二月帰藩」（初代藩主徳川頼宣公）、「元禄十二年十月廿一日御参府、川俣街道松坂、吉田御渡海、東海道御越」（二代藩主徳川光貞《みつさだ》公）、「正徳二年四月帰藩路拝伊勢大廟、東海道ヨリ伊勢両宮御参拝、川俣通リ御帰国ナリ、四月六日吉田ヨリ御渡海、同日松坂御着城、七日御逗留、八日田丸へ被為成、九日御参宮、同日

図8　「南紀徳川史」

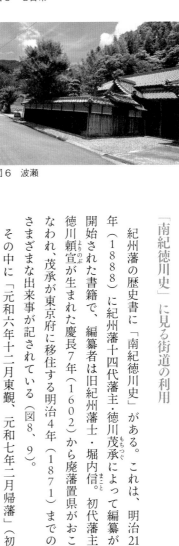

田丸ヨリ丹生村御止宿、川俣通御帰城被遊」（五代藩主徳川吉宗公）などとあり、参勤交代路に和歌山街道または和歌山別街道を利用したと考えられる。参勤交代は和歌山城より紀ノ川・吉野川沿いに東進し、高見峠を越えて、川俣街道を利用し松坂城で休息するのが常であった。

また、「万治二年十月晦日勢州へ被為入御鷹野被遊、霜月九日松坂御発駕、川俣通御帰城」（初代藩主徳川頼宣公）、「延宝五年十二月若山御発駕、同廿一日松坂御着城、廿二日ヨリ三領并他領共御鷹野、閏十二月九日川俣通リ帰御被遊」（二代藩主徳川光貞公）などとあり、参勤交代以外にも鷹狩りのため勢州三領へ行くこともしばしばあった。

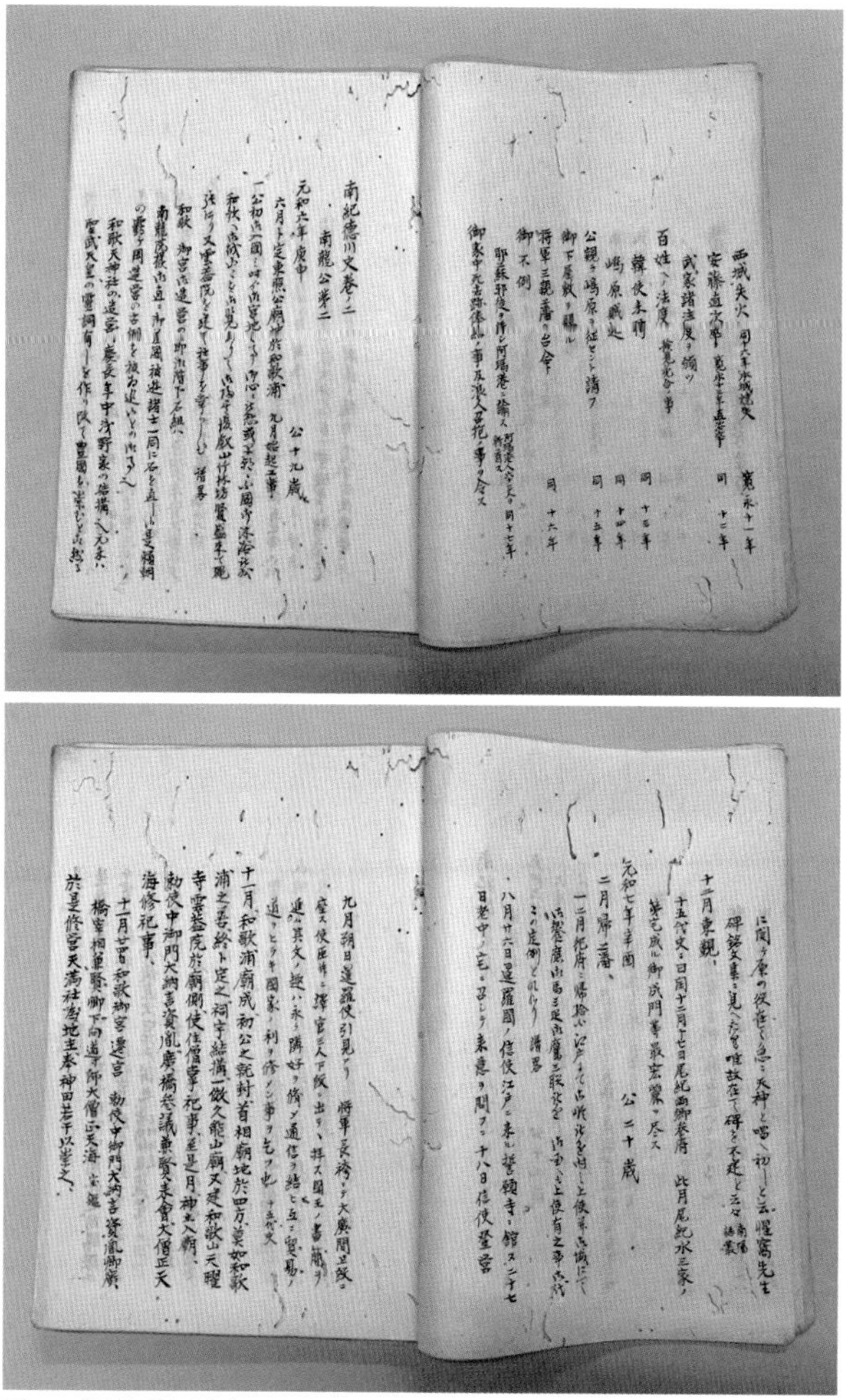
図９「南紀徳川史」

要の道

和歌山街道は、和歌山城と、勢州三領の松坂城を結ぶ藩道・参勤交代路として、伊勢参宮や熊野詣、吉野詣の巡礼道として、または南紀や伊勢志摩の海産物などを大和地方に運ぶ交易路として多くの機能を果たし、高見峠等の難所があるものの、他のルートに比べ大幅に距離が短縮されるため、紀州藩のみならず、地域住民にとっても重要な街道であった。

名勝二見浦に続く道

二見道

文／山本翔麻

伊勢神宮お膝元の街道

二見道《ふたみのみち》は、山田と二見を結ぶ街道である。山田を出て北進すると、水運を利用した問屋街として栄えた河崎《かわさき》に着く。参宮客で賑わう山田に米や鮮魚などを供給した商人の街で、伊勢河崎商人館においてその様子を知ることができる（図1）。勢田《せた》川沿いに北上したところを右に曲がると県道102号に合流し、東に進むと、400年以上の歴史をもつと伝えられる老舗の餅屋「二軒茶屋餅」が見えてくる。店名はもともと角屋と湊屋という二軒の茶屋があったことに由来する。県道102号を東に進むと、通町3の信号交差点で二手に分

図1　伊勢河崎商人館

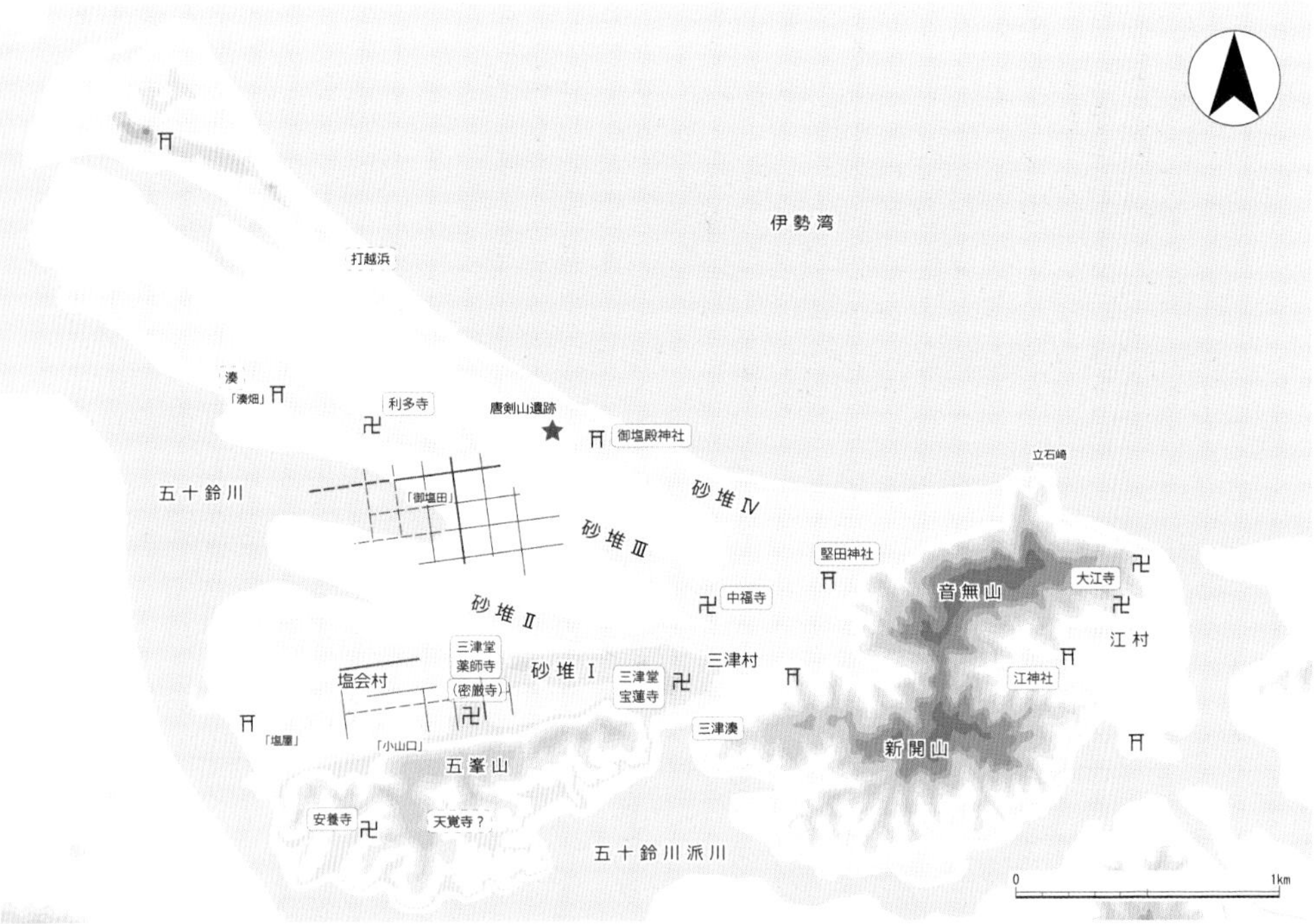

図2　二見の景観復元（12～13世紀）『唐剣山遺跡発掘調査報告』第10図　三重県埋蔵文化財センター提供　この地形を利用して塩田を営むことで、二見は古くから製塩業が盛んであった。

名古屋で見つける化石・石材ガイド
西本昌司

地下街のアンモナイト、赤いガーネットが埋まる床……世界や日本各地からやってきた石材には、地球や街の歴史が秘められている。

1600円＋税

東海・北陸のジオサイトを味わう
森勇一／田口一男

海底10mになぜ遺跡があるのか？　日本で最初に見つかった古代塩田、特別天然記念物になった埋没林の神秘、お城の石垣を地学の眼で解き明かしたり……

1800円＋税

東海の名水・わき水ゆるやか紀行
なごやメディア研究会 編著

清澄な水の湧き出るスポット、愛知・岐阜・三重の名水を40選！　身近な自然の豊かな恵みに触れ、ゆっくり味わいましょう。

1200円＋税

東海地方の湧水湿地を楽しむ
湧水湿地研究会／富田啓介 編著

ここにしか咲かない花に会いにゆく！ 41カ所の湿地と、東海地方固有種を含む動植物70種以上を紹介するはじめての湧水湿地ガイドブック。

1500円＋税

東海　自転車さんぽ
木村雄二

近代建築や古墳めぐり、水源を目指して川沿いを走るコースや、サイクルトレインを使ったロングコースなど、多彩な自転車散歩を楽しめる近場を紹介。

1500円＋税

名古屋発　日帰りさんぽ
溝口常俊 編著

懐かしい風景に出会うまち歩きや、公園を起点にするディープな歴史散策、鉄道途中下車の旅など、歴史と地理に詳しい執筆者たちが勧める日帰り旅。

1600円＋税

名古屋ご近所さんぽ
溝口常俊 編著

あなたもやってみませんか？　特別な準備は不要。自分流にアレンジして、身近な場所を手軽に楽しむための散歩のヒント集。

1200円＋税

数々の写真や絵図のなかからとっておきの1枚引き出し、

古地図で楽しむシリーズ

愛媛県歴史文化博物館 編

予の海上交通、四国遍路をめぐる物語…。 1600円＋税

古地図で楽しむ駿河・遠江
加藤理文 編著
古代寺院、戦国武将の足跡、近世の城とまち、災害の爪痕、戦争遺跡、懐かしの軽便鉄道……。 1600円＋税

古地図で楽しむ三重
目崎茂和 編著
江戸の曼荼羅図から幕末の英国海軍測量図、「大正の広重」吉田初三郎の鳥瞰図…多彩な三重の姿。 1600円＋税

岐阜地図さんぽ
今井春昭 編著
観光名所の今昔、消えた建物、盛り場の変遷、飛山濃水の文学と歴史……地図に隠れた岐阜。 1600円＋税

古地図で楽しむ岐阜　美濃・飛騨
美濃飛騨古地図同攷会／伊藤安男 監修
多彩な鳥瞰図、地形図、絵図などをもとに、地形や地名、人々の営みの変遷をたどる。 1600円＋税

明治・大正・昭和　名古屋地図さんぽ
溝口常俊 監修
廃線跡から地形の変遷、戦争の爪痕、自然災害など、地図に刻まれた名古屋の歴史秘話を紹介。 1700円＋税

古地図で楽しむなごや今昔
溝口常俊 編著
絵図や地形図を頼りに街へ。人の営み、風景の痕跡をたどると、積み重なる時の厚みが見えてくる。 1700円＋税

古地図で楽しむ尾張
溝口常俊 編著
地図をベースに「みる・よむ・あるく」——尾張謎解き散歩の勧め。ディープな歴史探索のお供に。 1600円＋税

古地図で楽しむ三河
松岡敬二 編著
地域ごとの大地の記録や、古文書、古地図、古絵図に描かれている情報を読み取る。 1600円＋税

古地図で楽しむ近江
中井均 編著
日本最大の淡水湖、琵琶湖を有し、様々な街道を通して東西文化の交錯点になってきた近江。 1600円＋税

地図で楽しむ京都の近代
上杉和央／加藤政洋 編著
地形図から透かし見る前近代の痕跡、あったかもしれない景観、80年前の盛り場マップ探検。 1600円＋税

古地図で楽しむ金沢
本康宏史 編著
加賀百万石だけではない、ユニークな歴史都市・金沢の知られざる姿を読み解く。 1600円＋税

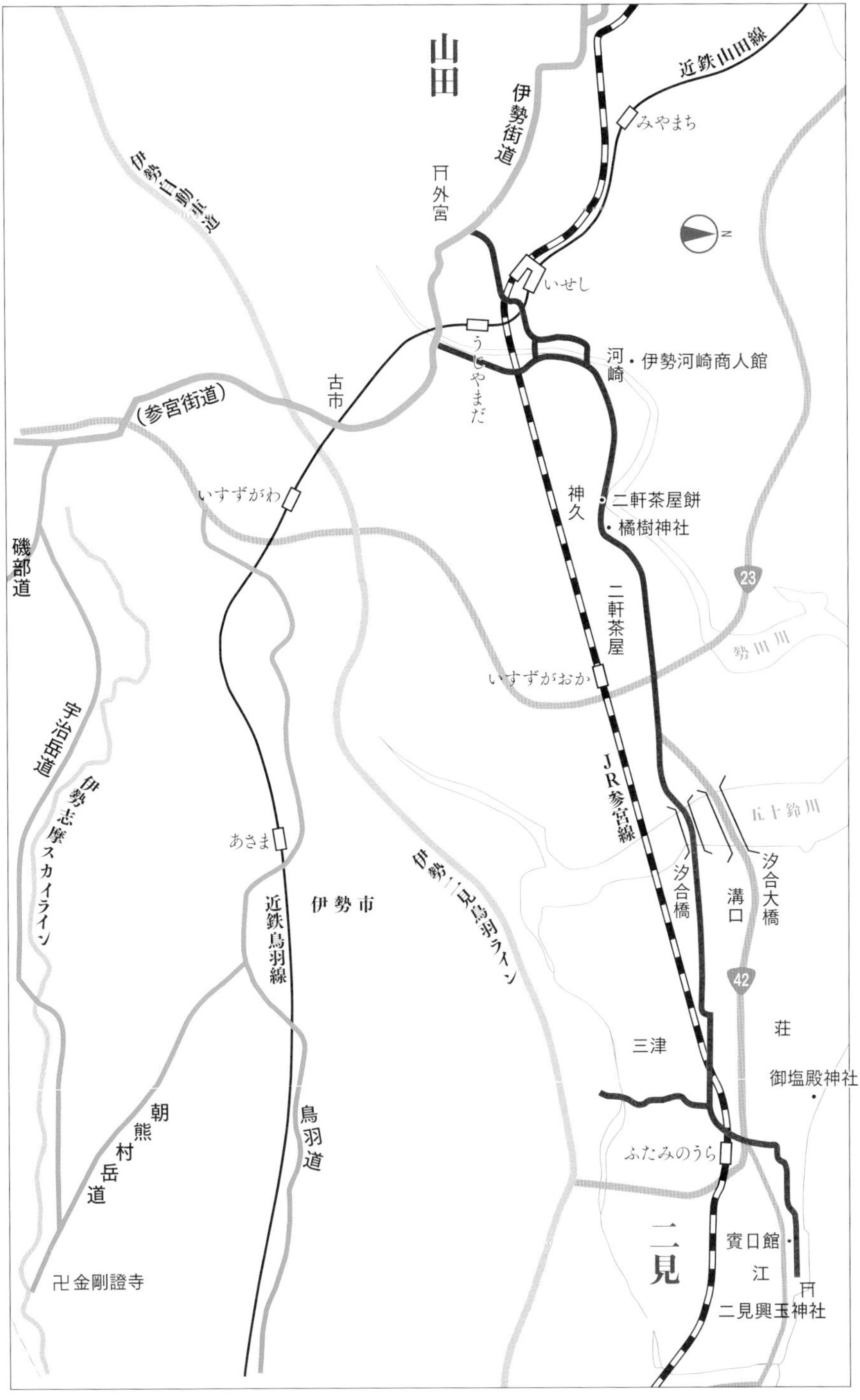
山田
伊勢街道
近鉄山田線
みやまち
外宮
伊勢自動車道
いせし
うじやまだ
河崎・伊勢河崎商人館
古市
(参宮街道)
いすずがわ
神久
二軒茶屋餅
橋樹神社
磯部道
二軒茶屋
23
勢田川
いすずがおか
宇治岳道
JR参宮線
五十鈴川
伊勢志摩スカイライン
あさま
汐合橋
溝口
汐合大橋
近鉄鳥羽線
伊勢市
伊勢二見鳥羽ライン
42
荘
三津
御塩殿神社
朝熊村岳道
鳥羽道
ふたみのうら
二見
賓日館
江
卍金剛證寺
二見興玉神社

かれ、右手が古道である。北側の一色町内には、月の輪堤や中堤といった江戸時代に築かれた堤防がある。汐合《しわい》川を越えるといよいよ二見に至る。二見は、もともと五十鈴川とその派川に囲まれた山地が続く島状の地形で、その北麓西側に土砂の堆積が進み、実に4条もの浜堤（砂洲）が形成され、今の二見を形作った（図2）。

　汐合川は、現在の五十鈴川《いすずがわ》河口付近の呼称である。もともとは五十鈴川派川が本流であったが、明応7年（1498）の大地震で流れが現在の河口に変わったとされている。神宮御薗《みその》を右手に溝口《みぞぐち》を抜け、東に進むと山田原《やまだはら》、そして三津《みつ》に至る。三津は、神宮徴古館所蔵の『伊勢新名所絵歌合』に「三津湊」として描かれており、良港であったことが知られている。

図3　賓日館

図4　二見浦立石崎（夫婦岩）

　そして、街道は三津から北東方向に進み、茶屋の街を進むと、賓日館《ひんじつかん》（図3）が右手に見えてくる。神宮周辺の近代化を推し進めた神苑会《しんえんかい》によって、明治20年（1887）に皇族などの賓客をもてなす施設として創設された。賓日館から夫婦岩表参道をさらに東へ進むと、終点である二見浦立石崎（図4）に到着する。

塩の道

　船で河崎から今一色に渡り、徒歩で二見の海岸線を東に進む道もあった。その道中の荘には、内宮所管社の御塩殿《みしおでん》神社という伊勢神宮の祭典に用いられる堅塩を作る神社がある。二見道は、この堅塩を伊勢神宮に届ける道でもあるため、別名御塩道とも呼ばれている。堅塩を二見山田間の2里を運び続けることは、容易でないため、黒瀬町の橘神社には、堅塩の入った唐櫃を置く受石がある（図5）。

図5　橘神社　唐櫃受台

神仏習合の道

朝熊山の岳道

文／山本翔麻

宇治岳道と朝熊岳道

標高555mの朝熊《あさま》山の山頂へ至る登山道で、朝熊山岳道《たけみち》の名で呼ばれ、各岳道上には、丁数（距離）を示した町石や道標などの石造物が多数存在している（図1）。

宇治岳道は、内宮近くの神宮司庁裏手から通ずる登山道で、高低差は比較的少なく、途中で合流する朝熊岳道と並んで登山者が多い岳道である。登りはじめて30分、40分程度で楠部峠との分岐点である開けた平坦地に出る。ここは江戸時代、参宮者のための茶屋があり、最盛期の様子は、寛政9年（1797）の『伊勢参宮名所図会』の「楠部峠《くすべとうげ》」の挿絵で見ることができる。そこから15丁ほど進むと、一宇田《いちうだ》峠に着く。以前はここにも茶屋があった。

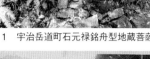

しばらく進むと、舗装された勾配のきつい坂道が現れ、登り切った左側の崖下に朝熊登山鉄道のケーブルカー跡がある（図2）。そこから平坦な道を少し進むと、朝熊村から続く朝熊岳道との合流点に着く。ここには、朝熊山唯一の旅館であったという「とうふ屋」跡がある（図3）。さらに数百m進むと、山頂付近を紹介した案内板がある。

図1　宇治岳道町石元禄銘舟型地蔵菩薩

図2　朝熊山ケーブルカー

図3　とうふ屋

朝熊山経塚群・金剛證寺

経塚《きょうづか》とは、平安時代末期に広まった末法思想のもと、仏教の経典であるお経を埋納し、後世に伝えることで極楽往生などを祈る仏教的施設である。朝熊山経塚群（図4）では、昭和37年（1962）に発掘調査が実施され、その結果約40基の経塚が確認された。経筒の線刻から荒木田神主など神宮神官が経塚造営に携わっていたことがわかり、平安時代から

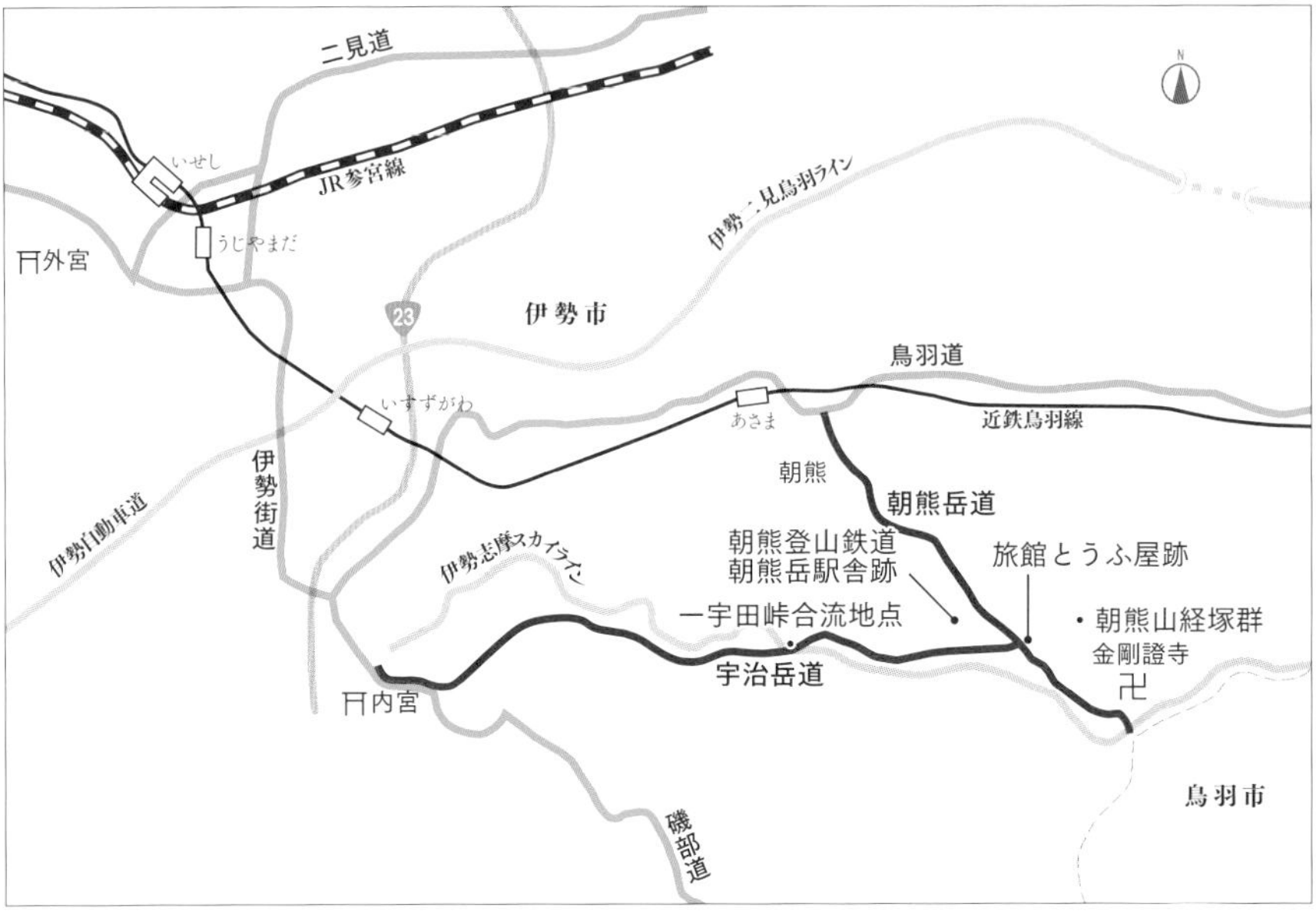

図5　金剛證寺　本堂

図4　朝熊山経塚群

鎌倉時代における神宮の仏教信仰の在り方を物語る資料として貴重である。

経塚群より、数百m下ると朝熊山岳道の終着点、伊勢神宮の鬼門を守護する金剛證寺《こんごうしょうじ》（図5）に到達する。草創は古く、飛鳥時代の欽明天皇の頃、暁台上人《ぎょうだいしょうにん》が朝熊山に明星堂を建てたのが始まりと伝えられ、その後、天長元年（824）に空海によって中興され、真言宗における重要な修行場のひとつに数えられた。応永年間（1394～1427）に再興された際に禅寺に改められ、現在は臨済宗南禅寺派の特例地である。本尊は虚空蔵菩薩で、慶長年間（1596～1614）に建造された重要文化財の本堂の中に安置されている。また、奥院に通ずる山道には、長大な卒塔婆が列を成し、室町期の五輪塔など貴重な石造物を見ることができる。奥院からは、伊勢湾を見渡すことができ、運が良ければ富士山を望むことができる。

志摩と伊勢をつなぐ道

磯部道／鳥羽道 青峰道

文／縣 拓也

磯部道――志摩と伊勢をつなぐ

磯部道は伊勢の内宮周辺、宇治から旧伊勢国—旧志摩国間にまたがる逢坂峠《おうさか》を越えて、内宮別宮である伊雑宮《いぞうぐう》（所在は現・志摩市磯部町上之郷）へと至る街道である。伊雑宮や神宮へ参る信仰の道であり、住民たちの生活の道であり、旧志摩国でとれた新鮮な海の幸を、大消費地であった伊勢へと運ぶ魚の道でもあった。

伊雑宮へ参った旅人が残した多くの道中記を紐解くと、逢坂峠から南下する途中、物見遊山の目当てにしたスポットは、何といっても天の岩戸とおうむ岩（どちらも現・志摩市恵利原）である（図1、2）。天の岩戸は、天照大神《あまてらすおおみかみ》が一時なかに籠ってしまったために、世界が暗闇に覆われたとされる史跡であり、おうむ岩は「語り場」と呼ばれる地点にて出した声や音が、少し離れた「聞き場」でこだまのように聞こえる霊岩として有名だった。現在、麓から徒歩で上がる山道はあるが、車ですぐ横までつけることができる舗装道路もある。19世紀初め、文政期にここにあった茶屋の主人は、茶代1人12文で浄瑠璃《じょうるり》を語って聞かせており、巨岩に自慢ののどが響く様子は、なんとも哀愁《あいしゅう》と趣《おもむき》のある情景であったことだろう。

図1　神話の舞台となった天の岩戸（恵利原の水穴）

図2　声がオウム返しで聞こえるという巨岩の名所、おうむ岩

おうむ岩からのどかな田園地帯を通って伊雑宮周辺まで至ると、伊雑宮の神官であり、布教活動や旅人のもてなしもした御師家が、町に多数軒を連ねていた。1871年（明治4）の御師制度廃止後である1879年の調査記録「伊雑宮旧神職旧檀家取調簿」によると、幕末期には狭い範囲に14の

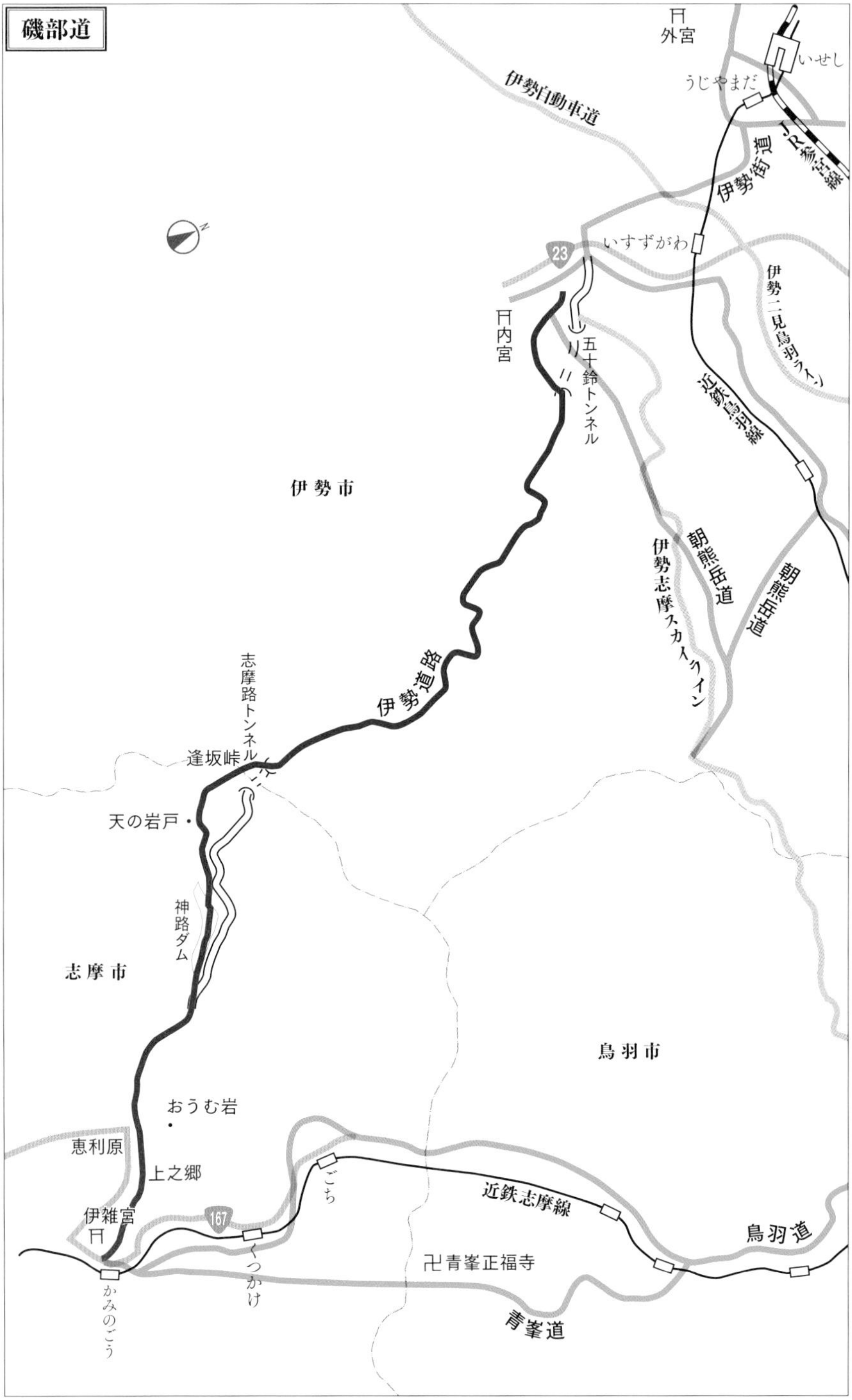

磯部道
外宮
いせし
うじやまだ
伊勢自動車道
伊勢街道
JR参宮線
いすずがわ
23
伊勢二見鳥羽ライン
内宮
五十鈴トンネル
近鉄鳥羽線
伊勢市
朝熊岳道
伊勢志摩スカイライン
朝熊岳道
伊勢道路
志摩路トンネル
逢坂峠
天の岩戸
神路ダム
志摩市
鳥羽市
おうむ岩
恵利原
上之郷
伊雑宮
167
ごち
近鉄志摩線
鳥羽道
くつかけ
青峯正福寺
かみのごう
青峯道

伊雑宮御師家がひしめいていたことがわかる。神宮御師と同様に、こちらでも周辺の観光案内に余念はなく、1775年（安永4）に広島から来た伊勢参宮講の一行を近隣の安乗という漁村まで船で連れてゆき、海女漁見学でもてなした事例もある。

　本街道の終着地である伊雑宮の隣には神田がある。天照大神を伊勢までお連れした皇女・倭姫命《やまとひめのみこと》が大神の食事（神饌）の材料を求めて行脚するなかで、この地において一羽の真名鶴が稲穂をくわえていたとの神話が伝わっている。毎年6月24日には日本三大御田植祭に数えられる伊雑宮御田植式が執り行われ、この一部として大きなゴンバウチワを泥田に倒し、男衆がこれを奪い合う（かつては漁師がこの役を担った）竹取神事があるが（図3）、ウチワには「太一」と書いた帆を掲げて米を積んだ船が描かれる。神宮の祭神に捧げる供物は、大きく帆に書かないまでも「太一御用」の幟を立てた船により、各地から伊勢へ集結してきた。神宮へと至る陸の街道とともに、神宮の祭儀、信仰を維持する上での、海の街道の重要性も見逃せないことを最後に申し添えておきたい。

図３　伊雑宮御田植式の竹取神事

鳥羽道――陸から、海から楽しむ街道巡り

　鳥羽道は伊勢の内宮と鳥羽、志摩市磯部町の伊雑宮を結ぶ街道である。伊雑宮側から見ると、まず上之郷地区から北上して山田・沓掛の集落を抜け、今の鳥羽市―志摩市間の境界にあたる五知《ごち》峠を越える。伊勢から伊雑宮へ向かうにあたり、朝熊《あさま》山の金剛証寺を経て五知に下り、鳥羽道を南下するルートもあった。五知集落の奥には、朝熊山上へ向かう途中の「四丁」と刻字した町石地蔵がある。幕末の尊王派志士であった清河八郎は道中記「西遊草」のなかで、朝熊から五知へ下るにあたり「近頃まれなる労」をして、道の険しさは住民が「熊野路にもまれなる険道」と評するほどだとしている。

　五知峠を越えて鳥羽市に入り、白木・松尾地区を過ぎると、次第に船津川沿いを通行することになる。船津地区にはかつて船着き場があり、鳥羽城下や二見まで乗船することができ

鳥羽道 1
N
42
伊勢二見鳥羽ライン
道標
竪神
堂坂峠
JR参宮線
とば
日和山
鳥羽
なかのごう
近鉄鳥羽線
いけのうら
伊勢市
伊勢志摩スカイライン
しまあかさき
赤崎神社
船津
167
ふなつ
（朝熊村岳道）
朝熊岳道
岩倉
庫蔵寺
鳥羽市
かも
松尾
白木
まつお
しらき
近鉄志摩線
（青松尾峯道）
五知峠
朝熊山への町石
五知
ごち
志摩市
沓掛
くつかけ
磯部道
青峯道（磯部道）
パールロード
上之郷
伊雑宮
かみのごう

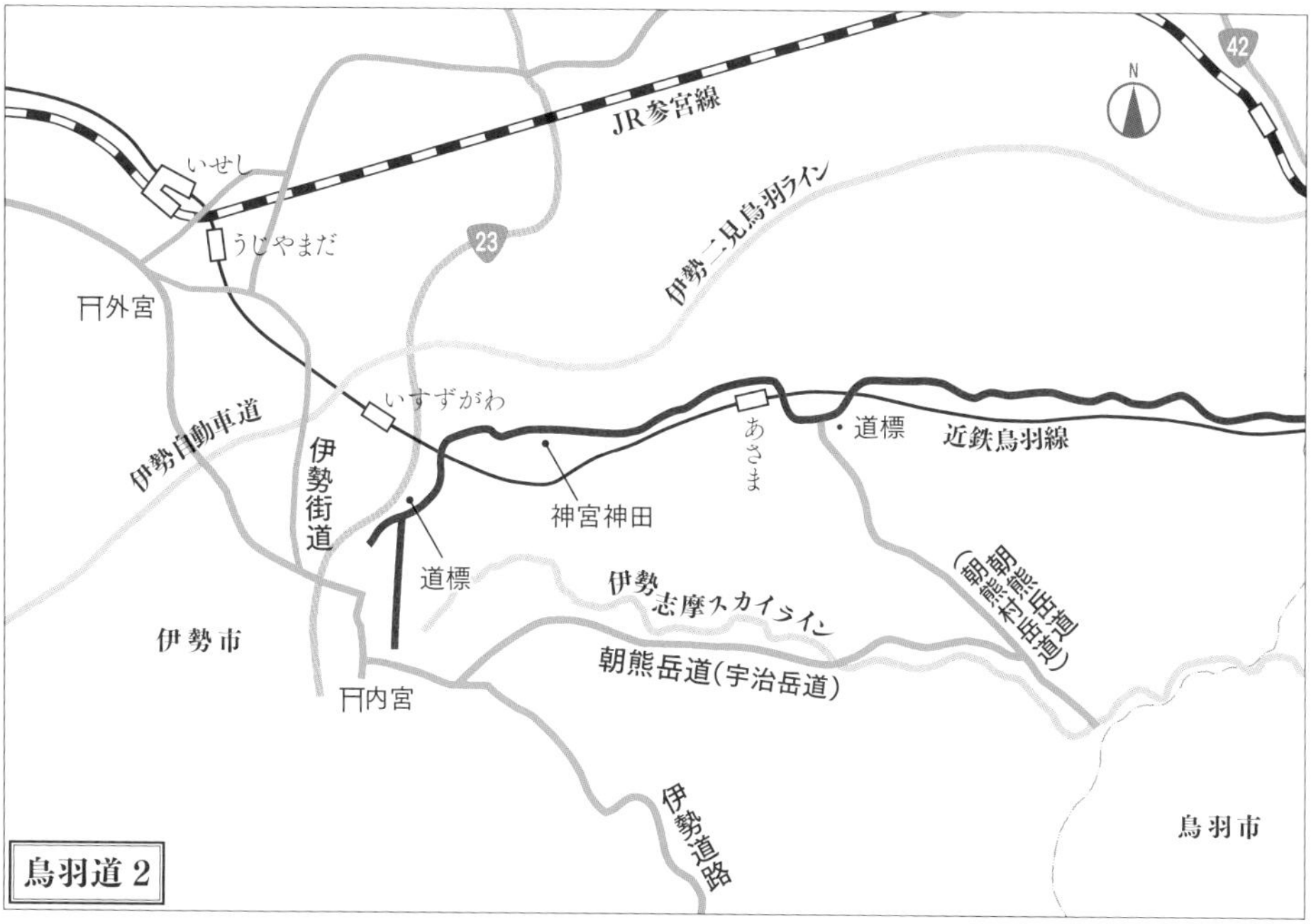

鳥羽道 2

た。例えば、1833年（天保4）に新潟から来た一行は1人100文で小舟に乗り、一旦鳥羽城下に着けて観光した後、再び乗船して二見への船旅を楽しんでいる。

陸路を使った旅人たちは、赤崎神社あたりから小山を越えて城下に入り、いまも旧街道の名残を若干残す街なかを抜ける（図4）。村上水軍を破り、信長の本願寺攻めを助けて日本一の水軍大将となった九鬼《くき》嘉隆《よしたか》らが整備した鳥羽の街と湊を見た旅人は、一様に往来・出入りする船の多さと大きさに感心し、「日本一の舟付」と称賛している道中記もある。

城下町を出てのどかな集落をしばらく行くと、近鉄池の浦駅の横で街道の分かれ道に至り、「右いせ参宮二見ヶ浦道、

図4　街なかの旧街道

図5　鳥羽道と二見道の分岐にある道標

左朝熊道」の道標が立つ（図5）。江戸時代の中期から後期にかけて活躍した、蘭学者で画家の司馬江漢《しばこうかん》は、1788年（天明8）に伊勢志摩を訪れている。二見見物の後、時には老婆と子どもの2人連れの後ろについてゆきながら池の浦、鳥羽へと歩き、日和山から眼下の海と島々の眺めを堪能してから、鳥羽で船に乗り、朝熊山、二見の夫婦岩を海から見て楽しんだ後、伊勢へと戻った。地形的に入り組んだリアス海岸や大小の島々と海とが織りなす風景は、伊勢湾を見てきた旅人にも、また異なる感動を与えたことであろう（図6）。

図6　六十余州名所図会　志摩　日和山鳥羽湊
国立国会図書館蔵

　さて、池の浦から鳥羽道を西進し堂坂峠を越えると、鳥羽市から伊勢市へと入り、伊勢市朝熊の集落で金剛証寺へ上る朝熊道と交わる。その少し手前にはケーブル川と呼ばれる小川があるのだが、この通称は1925年（大正14）から1944年（昭和19）まで、楠部～平岩は平坦線、平岩～朝熊山上はケーブルカーで運行した朝熊登山鉄道が、この川に沿うようにあったことに由来し、駅などの遺構も残っている。鳥羽の日和山エレベーター跡なども併せて、鳥羽道沿線にある近代観光遺産を巡るのも、旅の移り変わりを体感できて楽しいのではないだろうか（図7）。

図7　鳥羽の日和山にあった展望エレベーター

　朝熊からさらに西進すると五十鈴川にぶつかり、左手にゆけば終着・起点となる内宮はまもなくである。

青峯道――海民たちの祈りの道

　標高336mの青峯山《あおみねさん》山頂に鎮座する正福寺《しょうふくじ》は、730年（天平2）の開基とされ、縁起によれば、現・鳥羽市相差《おうさつ》

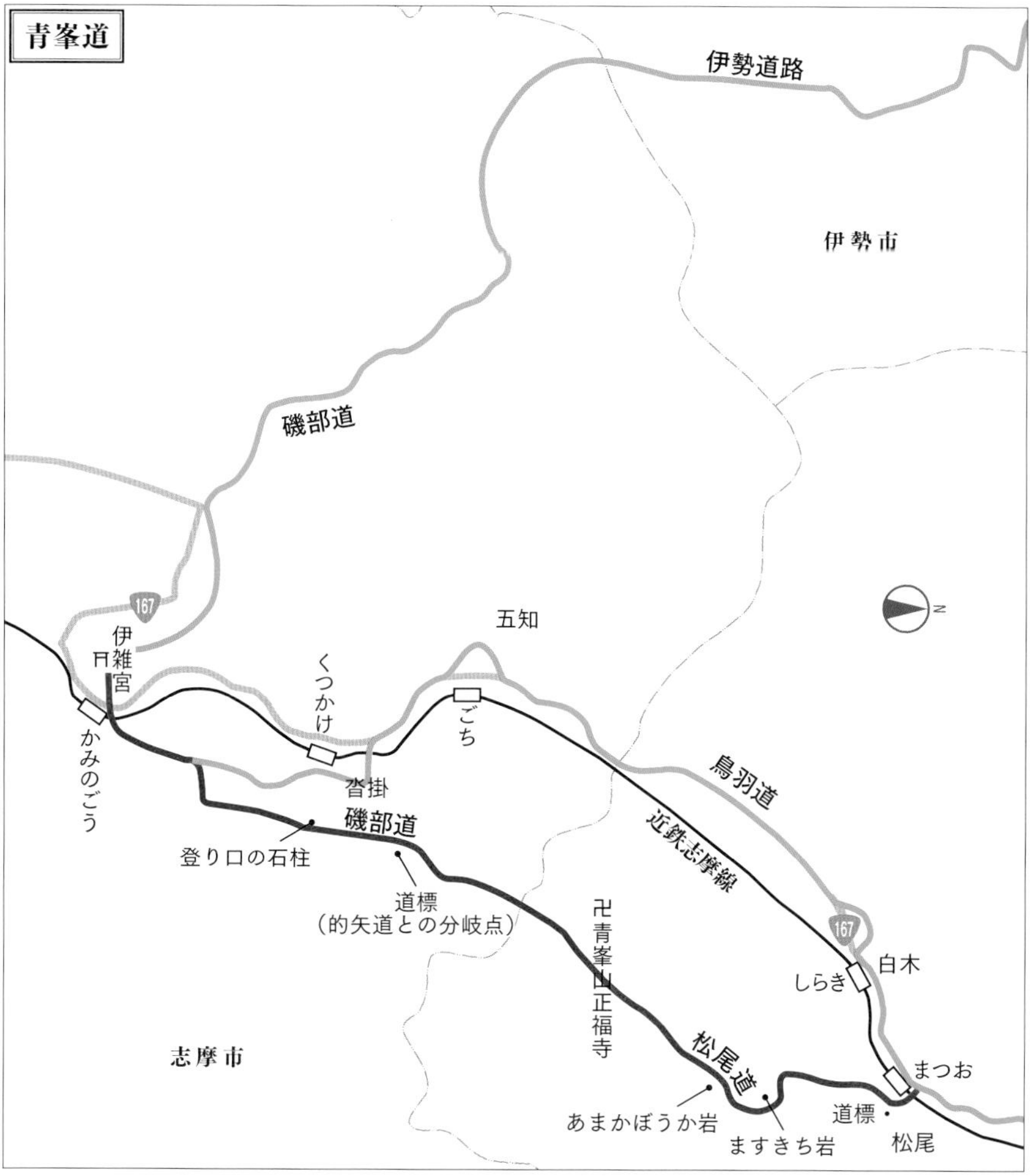

青峯道

地区にあがったクジラの背に乗っていた十一面観音像がご本尊となった（または胎内仏として宿されている）とされる真言宗の寺院である。志摩半島はもちろん、全国の船乗り・漁師から信仰を集め、往時は沖を航行する船が、方角などを知る目印にもなった。旧1月18日におこなわれる御船祭では、境内を色鮮やかな大漁旗が埋め尽くし、一円の漁師や海女たちが、海上安全の祈願のため来寺する（図8、9）。かつては前夜から寺を訪れて、堂に籠ることも珍しくなかったという。

この古刹《こさつ》を目指す参詣道が青峯道であり、山上へ向かうために鳥羽市松尾を起点とする松尾道と、志摩市磯部町上之郷を起点に沓掛を経る磯部道（沓掛道《くつかけみち》）がハイキングルートとしても知られるが、

図８　多くの大漁旗がたなびく、正副寺の御船祭

図９　鳥羽市相差の天王祭で担ぐクジラ神輿　鳥羽市提供

実際は正福寺を中心として、松尾・沓掛・山田・的矢《まとや》など周囲の村々とを結ぶ古道があり、各地に「青峯道」を指し示す標石が点在している。

鳥羽道の項であげた群馬からの一行は、磯部から約５㎞を歩き、正福寺を拝して「二王門彫物見事」と感嘆した後、３㎞弱を下りて松尾から鳥羽へと向かっている。沓掛の登り口から山上までは１９７１年（昭和46）に建てられた新しい町石があり、松尾道側にはもう少し古い町石が、一部欠損しながら立っている。松尾道町石の施主は多くが旧三河国の船主たちで、現・愛知県西尾市平坂が多い。国道37号から松尾集落に入った後、青峯道へいざなう道標は１８９６年（明治29）に建立されており、その少し前から大阪―熱田間の航路に参入し、激しい顧客獲得争いをしていた日本共立汽船（その後大阪商船が買収）の市口氏が発起人となっている（図10）。

図10　日本共立汽船建立の道しるべ（鳥羽市松尾地区）

松尾道の途中にある船の先のような形をした〝ますきち岩〟（図11）には、江戸時代に桝吉という人物がオオカミに襲われた際、上に乗って難を逃れたとする説話が伝わっている。もう少し登れば、昭和中頃には海女たちが石を投げ、岩の上に乗れば男、落ちれば女ということで産まれてくる子の性別を占ったという巨岩〝あまかぼうか岩〟がある。さすが海民の信仰する霊場へ続く道には、伊勢志摩に根付いた海洋文化を強く感じられる見どころが多数ある。

図11　ますきち岩
船の舳先に見えますか？

美濃街道／濃州道

桑名を起点に美濃へつながる道

文／石神教親

美濃街道

東海道から分岐し、美濃国へと向かう美濃街道。今も、沿線には寺社が多く点在し、史跡や石造物も豊富に見ることができる。古代における最大の内戦、壬申《じんしん》の乱において大海人《おおあまの》皇子《みこ》が桑名から不破関《ふわのせき》へと向かったルートでもあった。

桑名城下町の出入り口にあたる三崎見附を抜けてすぐにあるのが、宝暦治水薩摩義士の墓所がある海蔵寺《かいぞうじ》である（図1）。そこから少し進むと、三叉路になり左へ進むと桑名藩主松平家の墓所がある照源寺《しょうげんじ》がある。街道は右へと続き、丘陵部の裾を通るように北へと向かう。この道は、多度大社《たどたいしゃ》への参詣道でもあったため、「多度道」とも呼ばれた。桑名駅から大垣駅へとつながる養老鉄道に沿うように道はある。そして、同じように並行して地中にあるのが養老断層とつながる桑名・四日市断層である。養老断層は、天正13年（1585）の天正大地震の震源地と考えられている。

丘陵部には堺城跡（図2）など長島一向一揆で信長と戦った地方領主の居城跡も残る。旧多度町域に入るすぐに徳蓮寺《とくれんじ》がある（図3）。真言宗の古刹で、本堂には鰻や鯰の絵を描いた小絵馬（県指定文化財）が所狭しと掲げられている（図4）。寺が地震によって倒壊した時に、埋まっていた本尊が鰻と鯰に守られて見つかったという伝承がある。そして、見つかった時にその場所が光っていたことから、今も光田《こうでん》という地名が残っている。徳蓮寺のすぐ北側に野志里《のじり》神社があり、垂仁天皇《すいにんてんのう》の御代に倭姫命《やまとひめのみこと》が天照大神《あまてらすおおみかみ》をお祀りする場所を探して大和国出て各地を巡る過程で4年間滞在した野代宮《のしろのみや》の跡とされ

図1　海蔵寺 薩摩義士墓所

図2　堺城跡遠景

図3　徳蓮寺

図4　徳蓮寺の絵馬

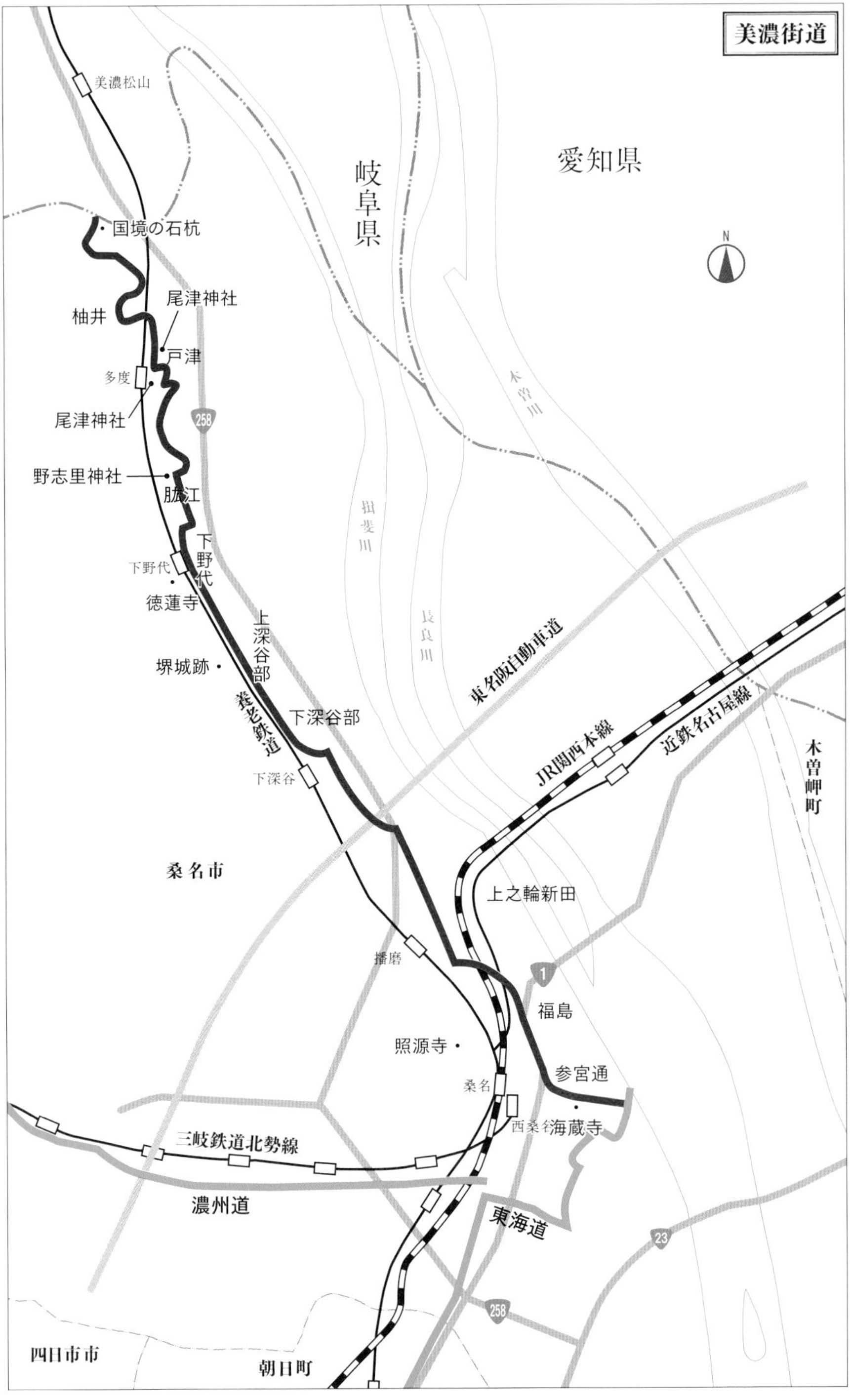
美濃街道
美濃松山
愛知県
岐阜県
国境の石杭
尾津神社
柚井
戸津
多度
尾津神社
258
木曽川
野志里神社
肱江
揖斐川
下野
代
下野代
徳蓮寺
上
深
谷
部
長良川
東名阪自動車道
堺城跡
養老鉄道
下深谷部
JR関西本線
近鉄名古屋線
下深谷
木曽岬町
桑名市
上之輪新田
播磨
1
福島
照源寺
桑名
参宮通
西桑名
海蔵寺
三岐鉄道北勢線
濃州道
東海道
23
258
四日市市
朝日町

図5　野志里神社
千人塚

図6　多度山

ている。境内には、長島一向一揆で亡くなった人を弔う千人塚もある（図5）。

肱江《ひじえ》川を渡ると、多度山（図6）が目の前に聳《そび》え、多度祭の際に神輿が渡御する御旅所となる船着《ふなつき》神社があり、横の馬場で流鏑馬がおこなわれた。その先の集落内に、二つの尾津《おづ》神社があり、戸津地区の尾津神社には日本武尊の歌碑がある。尾津神社の脇を抜けて、多度川を渡ると多度大社への参道が分岐する。街道は、北へ多度山の麓を通り、美濃国との国境へと至る。国境となる山除川には、堤防の高さを定める石杭が残る。

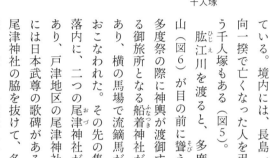

濃州道

濃州道は、桑名市三ツ矢橋から西へと向かい、美濃国へとつながる街道である。国内で3本しか残っていない、極端にレール幅の狭い特殊狭軌を使用する三岐鉄道北勢線が沿うように走る。桑名では員弁《いなべ》街道という呼び名の方が通りがいい。

図7　勧学寺

図8　安渡寺

始点の三ツ矢橋付近は、江戸時代には下級武士が生活するエリアで、その中には天保年間に『桑名日記』（県指定文化財）を記した渡部平太夫の家もあった。『桑名日記』に何度も登場する走井山勧学寺《はしりいざんかんがくじ》（図7）の周辺は、梅の名所で桑名の人々の遊興の地であった。今は桜の名所として知られている。寺の近くには、桑名で作刀した村正の屋敷跡があったと言われている。桑名の神社には多くの村正の刀が奉納され、今も大事に守られている。

濃州道沿いにはいくつもの地蔵堂が辻々に点在しているのが特徴である。員弁川を渡る坂井橋付近が桑名郡と員弁郡の境であった。嘉例《かれ》川を渡ると平安時代中期の作とされる聖

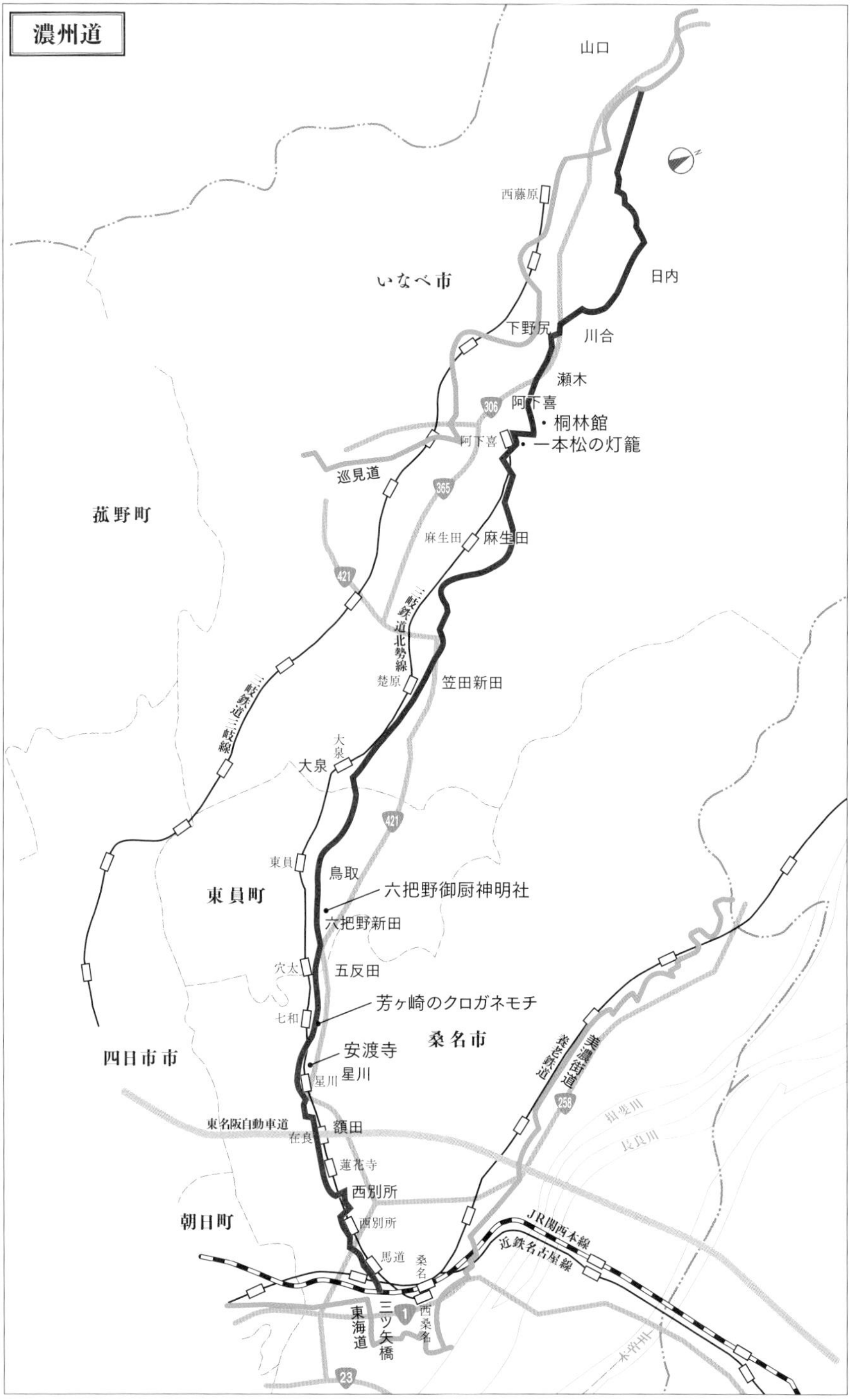
濃州道
山口
西藤原
いなべ市
日内
下野尻
川合
瀬木
306
阿下喜
・桐林館
阿下喜
・一本松の灯籠
巡見道
365
菰野町
麻生田
麻生田
421
三岐鉄道北勢線
楚原
笠田新田
三岐鉄道三岐線
大泉
大泉
421
東員
鳥取
六把野御厨神明社
東員町
六把野新田
穴太
五反田
芳ヶ崎のクロガネモチ
七和
桑名市
安渡寺
四日市市
星川
星川
美濃街道
養老鉄道
258
揖斐川
東名阪自動車道
額田
在良
長良川
蓮花寺
西別所
朝日町
西別所
JR関西本線
近鉄名古屋線
馬道
桑名
東海道
三ツ矢橋
1
西桑名
木曽川
23

観音菩薩（市指定文化財）を本尊とする安渡寺《あんどじ》（図8）、同じく市の文化財になっている芳ヶ崎のクロガネモチがある（図9）。そこからさらに西へ進み、弁天橋を渡ると東員町となる。

六把野御厨神明社《ろっぱのみくりしんめいしゃ》は、六把野井水《ゆすい》が完成したのを記念してつくられたと言われている（図10）。

六把野井水は、初代桑名藩主本多忠勝《ほんだただかつ》が建設を始めた、総延長12㎞にも及ぶ用水で、今も現役である。完成に35年余りの歳月をかけ、藩主は松平家の時代であった。段丘上で水を得ることがむずかしい地域を、460町歩の水田に変えた一大事業であった。

図9　芳ケ崎のクロガネモチ

図10　六把野御厨神明社

図11　桐林館（旧阿下喜小学校）

図12　阿下喜の町並み

北勢線の終点になっている阿下喜《あげき》は、員弁郡の中心地として栄えた。ここにある桐林館は旧阿下喜小学校の建物で国の登録有形文化財になっており（図11）、今はカフェなどに利用されている。阿下喜は、古い町並みが今も見られ、往時を偲ばせる（図12）。また、員弁川を行き来する船着き場にあった一本松の灯籠があり（現位置ではない）（図13）、桑名と員弁が陸路だけでなく、川路でもつながっていたことを知ることができる。

濃州道は、阿下喜から北へと向かい、沿道には各村々に神社が存在する。そして、いなべ市藤原町山口で鈴鹿山地沿いを北上してきた巡礼道と合流して、美濃国へと通じている（図14）。

図13　一本松の灯籠

図14　巡見道との合流点

幕府から派遣された巡見使が通った道

巡見道

文／奥田恵造

『巡見道』とは

「巡見道」とは、江戸時代に幕府が諸藩の政情や民情の視察のため全国へ派遣した役職である「巡見使」が通ったことが由来で、東海道亀山宿より北上し、鈴鹿山脈の山裾を経て中山道関ヶ原宿へと至る街道で、現在の国道306号線とほぼ同じルートである。記録によると巡見使は、享保元年（1716）、天明8年（1788）、天保9年（1838）の3回この道を通っている。

水沢から菰野へ

江戸時代を通じて菰野《この》町の大半を桑名藩（幕末の頃は忍藩《おし》）と菰野藩が治めていた。現在の四日市市水沢《すいざわ》地区も菰野藩領であった。そこで、鈴鹿市と四日市市との市境で、水沢の端にあたる三鈴《みすず》橋から歩き始めて行きたい。

三鈴橋へは近鉄鈴鹿線平田町駅から鈴鹿市コミュニティバスに乗り、東名阪道鈴鹿インター近くの長沢まで行き、そこから国道306号線を2・5㎞ほど歩いた。筆者が歩いた時期は冬で、鈴鹿の山々の頂は雪を冠っており、それを左手に時には前方に見ながらこの先進むこととなる。

　三鈴橋は、国道306号線上にある。この道は日本の物流を支えるトラックが頻繁に走る重要な道である。巡見道も巡見使のみならず、一説には神宮への参詣道でもあった。昔もそれなりに人々の往来があったのだろう。

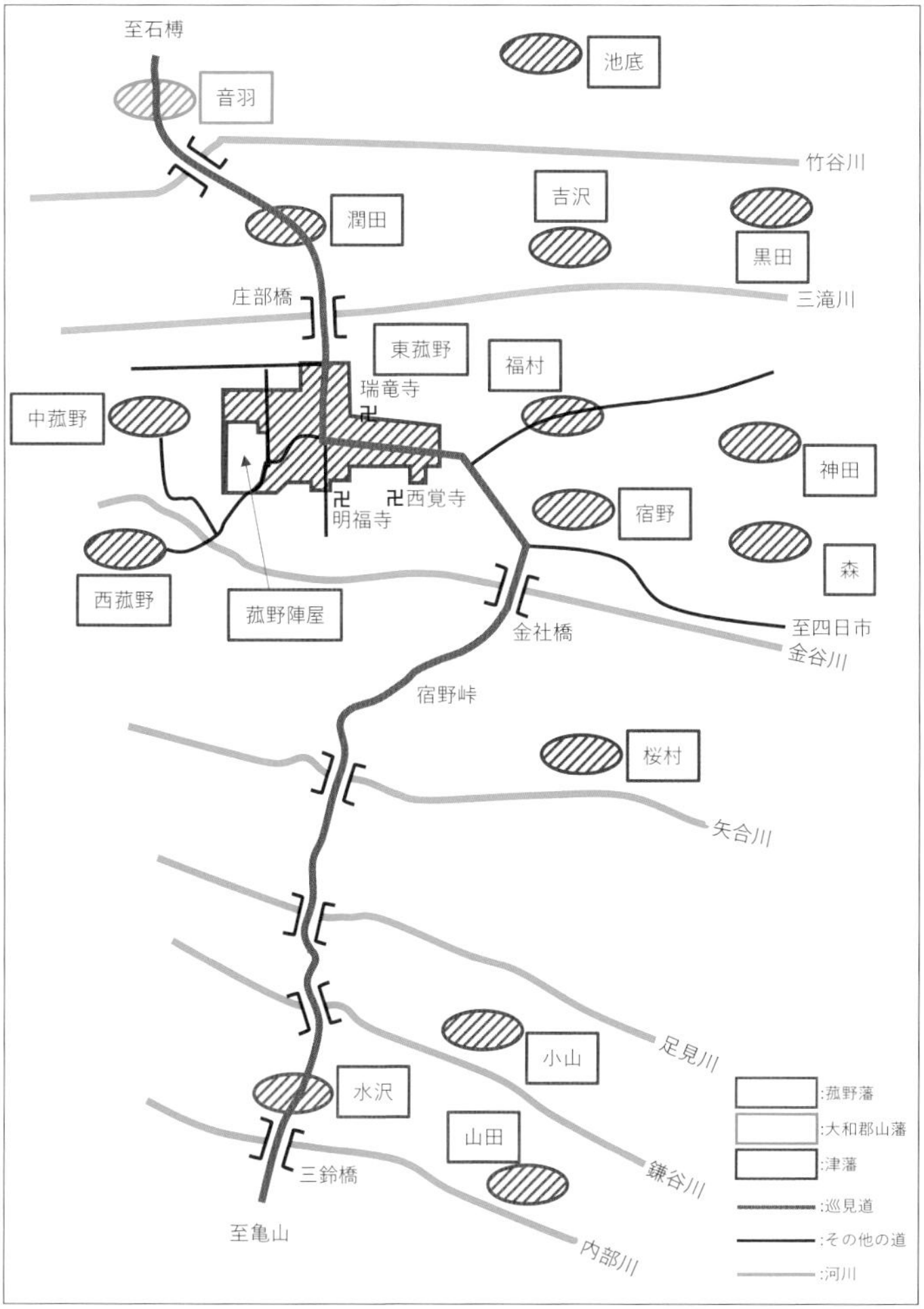

図1　巡見使通行図（「菰野町史」所収の図を参考に著者作成

図2　四ツ谷橋下を流れる「まんぼ」

　三鈴橋を渡り2㎞ほど国道を歩く。途中鎌谷川（当時の呼称は青木川）を越え、ほどなく巡見道は国道から左へ分かれ、下り坂となり集落の中へと入る。

　この集落の中には足見《あしみ》川という川が流れ、巡見道は四ツ谷橋という橋でその川を渡る。ここには「まんぼ」と呼ばれる横井戸式の灌漑水路が川と並行して流れている（図2）。三重、岐阜、京都に多く見られ、昔の人々の水利への努力が偲ばれる。

　川を渡り上り坂で集落を抜けると再び国道と合流し、200mほど進むとまた左へ分かれる。ここから宿野峠が始まる。国道は２０１１年に新道が完成し、かなりの高低差で一気に峠を越え菰野へと向かうが、巡見道は旧国道でもあり、林の中の細い道を進んでいく。下り坂で林を抜けると乾谷の集落に入る。以前は茶畑であったであろう場所が、今は太陽光発電のソーラーパネルで埋め尽くされている。集落の中には矢合《やごう》川が流れている。巡見道はこの集落の中で本流と分流とを渡るが、橋の名前を見てみると、分流が「矢合妹橋」、本流が「矢合姉橋」であった。後で地図を確認したところ、国道の橋も分流が「矢合弟橋」、本流が「矢合兄橋」となっていた。

姉妹の橋を渡ると上り坂となり国道と合流する。ここが四日市市と菰野町との境となる。両側をゴルフコースに挟まれながら５００ｍほど進むと再び国道と分かれ巡見道は左へと進んでいく。ここから宿野の集落へと緩やかな下りとなる。峠の頂はこのあたりで、宿野の集落に入り巡見道は金渓川に架かる錦社橋を渡る。

ここまで巡見道は川を越える度に勾配を繰り返していたが、錦社橋を渡ってからは、ほぼ平坦な道となる。近鉄湯の山線の踏切を渡ると「宿野中」という交差点で国道４７７号線湯の山街道と合流する。湯の山街道は当時、菰野からは「四日市道」、四日市からは「菰野道」と呼ばれていた。菰野藩主の土方《ひじかた》氏は参勤交代の際、この道を通り桑名へ向かい、海路七里で熱田を経て江戸へと向かった。

図３　東町商店街の町並みと鈴鹿の山々。

宿野中交差点から５００ｍほど進むとＫ字路の菰野駅口交差点となり巡見道は国道４７７号線と分かれ左手へと進み、菰野へと入る。

菰野町菰野は、昔は東菰野、西菰野、中菰野と分かれており、その中でも東菰野は菰野藩１万２千石の中心地であり、現在も近鉄湯の山線菰野駅がある。距離として５００ｍほどの趣のある商店街（東町商店街、図３）となっており、中には格子戸のある旅館もあり、日常の生活の中に歴史を感じさせる町並みである。

菰野藩の藩庁である菰野陣屋は、東菰野の西端にあった。巡見道は札の辻と呼ばれる交差点を北へ曲がるが（図４）、そこから西へ５００ｍほどの場所にあった。現在は菰野小学校が建っており、その片隅に石碑があるのみである。

図４　札の辻。直進すると陣屋跡。巡見道は右へと進む。

石碑前に建てられた案内板に載せられていた江戸時代の地図と現在を比較すると、地割はそんなに変化はしていない。当時の子孫の方々が今も暮らしているのか定かではないが、それを比較して歩いてみるのも興味深いと思う。

菰野から福王山へ

札の辻を北に向かえば巡見道であり、南に向かえば湯の山温泉へ向かう湯の山道である。国道４７７号線と交差し、更に北へと進むと三滝川に架かる庄部

郵便はがき

料金受取人払郵便

名古屋中局
承認

6624

差出有効期間
2025年5月31日
まで

460-8790

101

名古屋市中区大須
1-16-29

風媒社 行

注文書◉このはがきを小社刊行書のご注文にご利用ください。

書名	部数

郵便振替同封でお送りします（1500円以上送料無料）

風媒社 愛読者カード

書　名

本書に対するご感想、今後の出版物についての企画、そのほか

お名前　（　　歳）

ご住所（〒　　）

お求めの書店名

本書を何でお知りになりましたか

①書店で見て　②知人にすすめられて
③書評を見て（紙・誌名　）
④広告を見て（紙・誌名　）
⑤そのほか（　）

＊図書目録の送付希望　□する　□しない
＊このカードを送ったことが　□ある　□ない

橋を渡る。庄部橋を渡ると潤田《うるだ》に入り、更に進むと竹谷川を渡り音羽へと入る。竹谷《たけたに》川までが菰野藩領であり、音羽は時代によって異なるが大和郡山藩領となる。今は新名神の高架橋が頭上を過ぎている。

　千草《ちくさ》に入り海蔵川を渡ると、巡見道は旧道と新道とに分かれる。そこには大正4年（1915）に建てられた里程標がある。旧道は新道よりも山側を通り、千草の集落を抜け尾高観音の近くを通り杉谷で新道と合流する。尾高観音は、飛鳥時代建立の古刹であり、針葉樹林の中を真っ直ぐに延びる参道の奥に本堂である観音堂が鎮座し（図5）、幽玄な世界を醸し出している。

図5　針葉樹林の奥に観音堂を望む。本尊の千手観音菩薩は4月上旬に開扉される。

　新道は福松を抜け、朝明《あさけ》川を渡る。渡る手前の山側には、朝明緑地が拡がり、周辺住民の憩いの場となっている。途中草里《そうり》野《の》というところで国道306号線と合流し杉谷へと向かう。草里野から1・5㎞ほど進むと巡見道は左に折れ、杉谷の集落へと入る。入って直ぐに旧道と新道との合流点がある。千草と同様にこの合流点にも大正6年（1917）に建てられた里程標がある。集落を抜けると程なく近江から北勢への最短ルートとなる八風道との交差点である田光《たびか》に入る。田光には高札場や市場が設けられていた。今も跡地は広場となっている。町並みも往時の賑やかさを思い起こさせる。田光を抜け国道と合流し、田口川に架かる稲荷《いなり》橋を渡る。ここから海側を見ると、とても開けており、遠くに四日市の工業地帯の煙突群を眺めることができる。稲荷橋を渡ると再び国道から左へと折れ、田口川沿いに巡見道は進んで行く。ここからは緩やかな上り坂が続いて行く。田口の集落の中も緩やかな上り坂で、昔の街道を思い起こさせる道である。集落の中ほどに開けた交差点があり、山側には鳥居が建てられている(図6)。ここが福王神社への登り口となる。筆者の歩きはここまでだが、巡見道はいなべ市大安町宇賀を通り、更に北へと進んで行く。

図6　福王神社の鳥居と常夜灯。福王神社へはここから更に2㎞以上山道を登る。

　毘沙門天を祀る福王神社は1000年以上の歴史があり、杉の巨木が生い茂る荘厳な雰囲気があり、京都の鞍馬山を思い起こさせる神社である。毎月3日、13日、23日に祈禱祭がおこなわれている。

　ちなみに巡見道と福王神社の登り口との交差点に「福王山」のバス停がある。菰野町コミュニティバス（かもしか号）と三重交通とが、それぞれ菰野駅と四日市駅とを結んでいる。便数は余り多くないので注意願いたい。

＊

　今回は巡見道を最初から最後までではなく、菰野町周辺を歩いてみた。巡見使が通り、旅人や商人が通った往時を偲ばせるものが少なからず存在しており、日本の長閑な景色を楽しむにはちょうどよい道であった。

伊勢と近江をむすぶ道

八風道

文／浅川充弘

八風《はっぷう》道、もしくは八風街道と称される八風越えの道は、八風峠を越え伊勢国と近江国を結ぶ交易路として中世より盛んに利用されていた。旧来の八風道は、桑名（桑名市）から員弁川沿いに上って梅戸（いなべ市）へ向かう。そこから西へ進路をかえて小島《おじま》・田光《たびか》（三重郡菰野《こもの》町）へ至る経路であった。

そして、この道を舞台として中世から近世にかけて活躍したのが近江商人である。永禄元年（１５５８）とみられる「枝村惣中申状案」（『今堀日吉神社文書』）には「其上日本国諸商人罷通、八風海道を当所商人迄をふせき候段不謂事」とあり、「八風海道」という名称が登場し、商人たちの往来とともに物流の賑わいぶりを伝えているものである。しかし、江戸時代に入ると街道の賑わいは、次第に寂れていくことになる。

江戸時代後期、文政６年（１８２３）に桑名藩主松平忠堯《ただたか》が幕府より武蔵国（現 埼玉県）忍藩《おしはん》へ国替えを命じられ、それまで桑名藩領であった朝明《あさけ》郡、三重《みえ》郡、員弁《いなべ》郡の72カ村が新しく忍藩領となり、大矢知《おおやち》（四日市市）に忍藩大矢知陣屋が設置された。その結果、八風道は朝明郡各村の年貢米が輸送される幹線としての役割を担い、富田一色《とみだいっしき》の港は米の積み出し港として発展していく契機となった。

このような経緯で、現在知られる八風道は中世とは異なる、富田一色を起点として、途中、蒔田《まいた》、大矢知、平津を経て朝明川南岸沿いを上って田光から八風峠を越えて近江（滋賀県）をむすぶこととなった。この道程の先は、八日市（滋賀県東近江市）へ続き中山道へたどりつく。そのため、近代以前における八風道は日常的な物流にも利用された。例えば富田で水揚げされた伊勢湾の魚を行商人が近江まで商いに赴いていた。他にも、近江側である愛知川沿いの山村は、峠を越えても距離的に近いことから伊勢側の田光に食料・衣類など日常生活品を求めた。このように峠を越えての往来が盛んであったことは、昔、菰野町の永井・田光などといった地域と八日市が通婚圏であったことにもあらわれていた。

八風道をゆく

富田一色町（四日市市）の出外れの運河にかかる海運橋がある。この橋から富洲原町を西へ延びた道路を進むと国道１

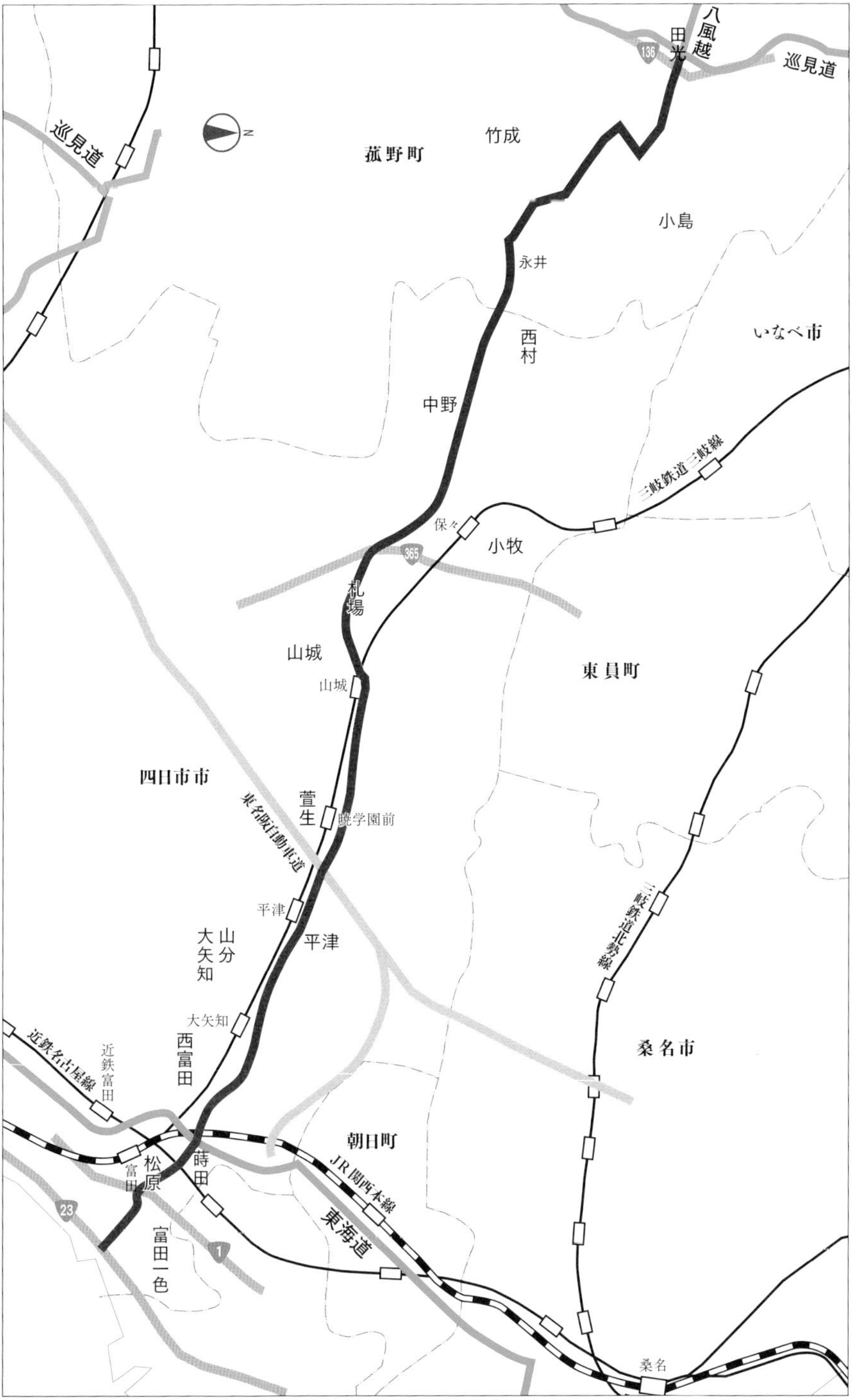
八風越
田光
136
巡見道
巡見道
菰野町
竹成
小島
永井
西村
いなべ市
中野
三岐鉄道三岐線
保々
小牧
365
札場
山城
東員町
山城
四日市市
萱生
暁学園前
東名阪自動車道
平津
山分
大矢知
平津
三岐鉄道北勢線
大矢知
西富田
桑名市
近鉄名古屋線
近鉄富田
朝日町
松原
富田
茂田
JR関西本線
東海道
23
1
富田一色
桑名

号線にたどりつく。そのやや手前からななめに入り、松原町を経て蒔田で東海道と交差し、そのまま進むと大矢知町に入る。

大矢知の四辻には、安政3年（1856）建立の道標が残っている（図1）。この場所は以前三叉路で、他の街道との接点であった。道標には西面に「右　四日市みち／左　くわなみち」、南面に「左　たどみち」、北面に「右　こものみち」とあり、各方面から訪れる人々を目的地へ導く役割をにない、その案内は、それぞれの街道の利用がどのようなものであったかを今に伝えている。ここは大矢知の中心で、道標から二百メートルほど南へ行ったところに忍藩大矢知陣屋が設けられていた。現在、この陣屋跡は大矢知興譲《こうじょう》小学校となっている（図2）。

陣屋の町をぬけ平津町から山城町にかけては朝明川堤防を川筋に沿って進むことになる。そのため、しばらくは街道の街並みを離れ、八風道と朝明川の並走する風景が続く（図3、4）。

山城町に入ると朝明川からやや離れ、現在のあさけが丘団地へ向かう坂を上って札場町に至る。この札場町のはずれには小牧神崎がある。五叉路となっているこの場所は、昔、保々、下野、県《あがた》の村境で江戸時代より地方道の分岐点であった。ここから八風道へ向かう入口は、宿屋や茶店があり旅人でにぎわっていたと伝えられる。現在も安政7年（1860）建立の両宮常夜灯が建ち、正面に「両宮　奉灯」、裏面に「安政庚申歳春三月」と刻まれている（図5）。

その先は工業団地となり旧来の道は消滅しているが、その外周道路から再び八風道へ戻ることになる。昔の面影を残すこの細道は、中野町の集落へ延び、その集落をぬけると三重郡菰野町永井である。菰野町内の八風道は、集落と田圃風景を交互にみながら永井から田光へ至る道のりとなる。永井の外れから八風橋を渡り右折する道程は、田光川沿いに田光

図1　大矢知の四辻と道標

図2　忍藩大矢知陣屋跡（大矢知興譲小学校）

図５　八風道と神崎の両宮常夜灯

図３ 平津の集落をぬけ山城へむかう八風道

図６　田光集落内の三叉路と道標（左が八風道）

図４　八風道と朝明川（左には三岐鉄道がはしる）

集落に入る。集落内の三叉路には、明治30年ごろに四日市道、桑名道が改修された際に設置された「右とみた四日市道」「左くわな道」の道標が残る（図6）。その先に行くと、多比《たび》鹿《か》神社へ通じる鳥居があり、ここは「札の辻」とよばれ、巡見街道と交差する場所であるとともに高札場も設置されていた（図7）。

　そのまま田光集落のはずれから徐々に登り坂になり、杉林に囲まれた山道の風景となる街道は、西へ進み八風越えとなる（図8）。

図７　札の辻にある多比鹿神社鳥居

図８　「札の辻」から西にむかう八風道

近鉄湯の山線から辿る

菰野道

文／福田久稔

菰《こ》野《も》町《の》と四日市市

三重県北部の菰野町は、鈴鹿山脈の主峰御在所岳（１２１２ｍ）の麓に湧き出る湯の山温泉で有名な町である。近年は多くの工場が進出したり、四日市市や名古屋のベッドタウンになったりして発展を遂げている。現在では４万余の人口がある。

一方、四日市市は三重県北部の工業地帯であり、三重県の商工業の中心と言ってよい。人口は31万余である。四日市市もまた、名古屋のベッドタウンである。

菰野道の役割と現在

菰野町は、交通の要衝でもあった。江戸時代は町の北部から滋賀に抜ける八風越えを利用して、桑名と近江を結んでいたことで栄えた。菰野城も築かれていた。菰野城は菰野藩１万２千石の大名土方《ひじかた》氏の代々の居城であった。

図１　四日市市立中部西小学校が陣屋跡

図２　東海道と菰野道が分かれる三滝橋南（正面が桑名方向の東海道）菰野道はここから左へ

四日市には陣屋（現在の中部西小学校が建つ場所、図1）が設けられており、この陣屋がある場所付近の東海道と菰野を結ぶ道として多くの往来があった（図2）。

菰野道は、四日市の陣屋があった四日市市北町から、三滝《みたき》川、金渓《かなたに》川に沿って久保田、大井手《おいで》、川島、高角《たかつの》、桜を通って菰野に通じていた。いまでも、菰野町と四日市市の結びつきは強く、往来は盛んである。

菰野道は、今日の国道４７７号に沿っている。したがって、ほぼ４７７号線が現代の菰野道と言えるだろう。国道４７７号線を地元の人は湯の山街道と呼んでいる。

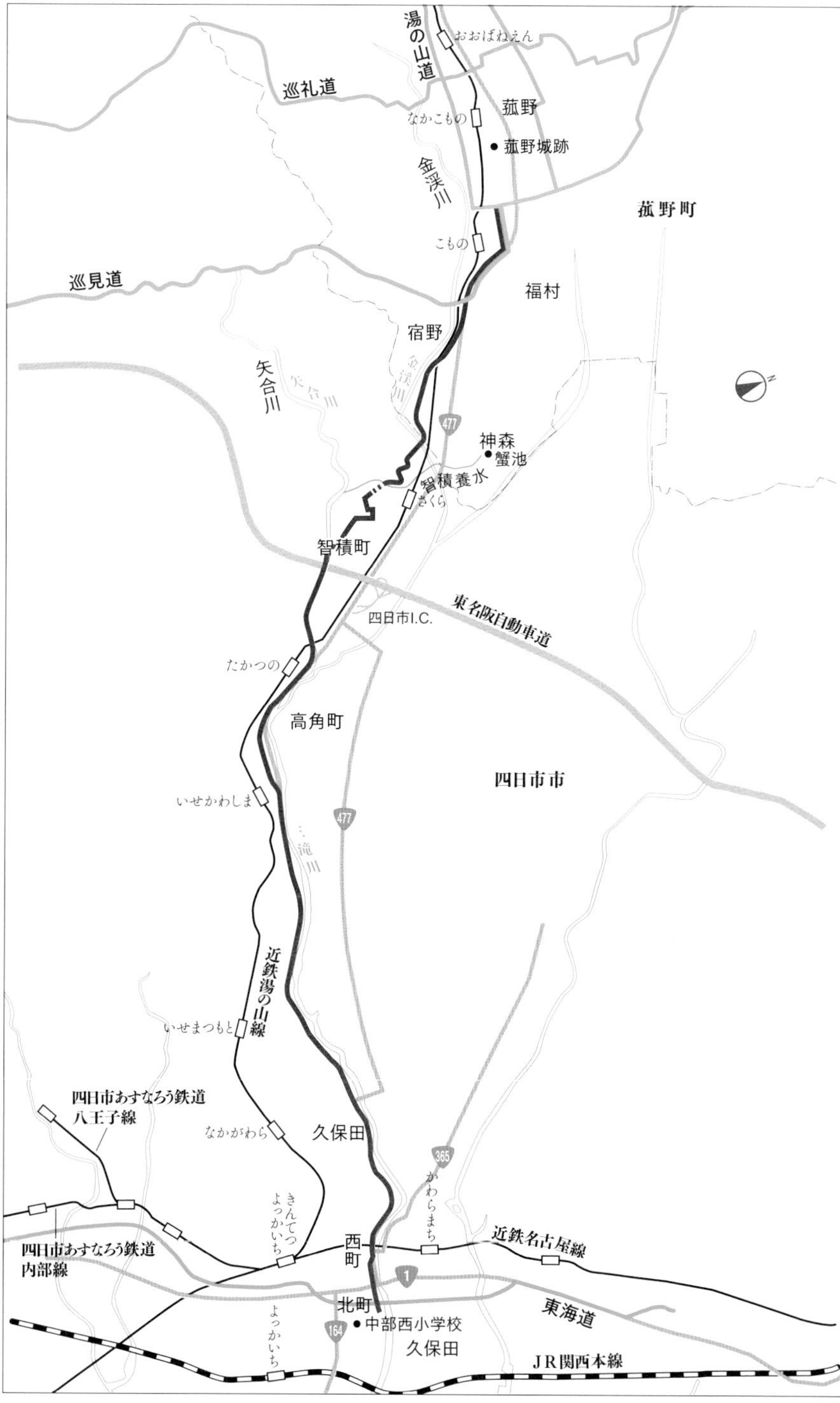
湯の山道
おおばねえん
巡礼道
菰野
なかこもの
菰野城跡
金渓川
菰野町
こもの
巡見道
福村
宿野
矢合川
矢合川
金渓川
477
神森
蟹池
智積養水
さくら
智積町
東名阪自動車道
四日市I.C.
たかつの
高角町
四日市市
いせかわしま
477
滝川
近鉄湯の山線
いせまつもと
四日市あすなろう鉄道
八王子線
なかがわら
久保田
365
かわらまち
きんてつ
よっかいち
西町
近鉄名古屋線
四日市あすなろう鉄道
内部線
1
北町
東海道
よっかいち
164
中部西小学校
久保田
JR関西本線

また、菰野道に沿って敷設された現在の近鉄湯の山線は、国道477号と共に、現代の菰野道の役割を担っている。

近鉄湯の山線の歴史

近鉄四日市駅は、現在の町の中心街であるが、菰野道の起点と考える北町からは南西に1㎞ほど離れている。もともとは四日市と湯の山温泉を結ぶ鉄道として大正2年（1913）6月に四日市鉄道の手で、途中の川島村（現在の伊勢川島）と湯ノ山（現在の湯の山温泉）の間で営業を開始した。同年9月には川島村から、諏訪（現在の近鉄四日市）まで延伸した。諏訪は当時の四日市の中心地で、陣屋のあった北町とはさほど距離がなかった。同5年（1916）3月には四日市（現在のJR四日市駅）まで延伸を果たし全通となった。その後、四日市鉄道は、幾度となく合併をくり返し、現在の近鉄湯の山線となっている。開通当初は線路幅762㎜（ナロー鉄道）で開通したが、昭和39年（1964）に近鉄名古屋線と同じ標準軌（1435㎜）に改軌されて、名古屋線から関西・中京の奥座敷といわれる湯の山温泉まで、特急電車が乗り入れていた。

近鉄湯の山線に乗って

近鉄四日市駅を出た湯の山温泉ゆき電車は、ほぼ菰野道に沿って終点を目指す（図3）。中川原駅までは高架が続くが、そこから先はカーブの連続で、余りスピードが出ない。二つめの伊勢松本駅を過ぎると、進行方向、向かって右側に国道477号が迫ってくる。菰野道も線路の傍を通っている。丘の麓を左右に揺られながら、団地開発がされた伊勢川島駅を過ぎると、湯の山線は国道477号線と三滝川に沿って進んで行く。高角駅を出発した電車はS字カーブを描いて、金渓川を越えるが、鉄橋の手前の踏切が菰野道で、国道477号線から少し逸れて、桜の町に至る。近鉄湯の山線も桜駅付近で線路の付け替えがおこなわれている。

図3　終点の湯の山温泉へ駆け上がる湯の山温泉ゆき普通電車（大羽根園－湯の山温泉）

桜付近の付け替えは、昭和39年（1964）の改軌時におこなわれた。それまでは、桜の町の中心部を走っており、菰野道の傍に桜駅があった。付け替えられた後は、矢合川を渡ったところからほぼ直線で現在の桜駅を目指す。鉄橋を渡り、桜駅の先にある元の線路に戻るところまで、ほとんどカーブはない。線路付け替え前の桜駅は痕跡すらないが、旧線と今の線路が交わるところは、旧線側にちょっとした保線の引き込み線になっている。そのまま、菰野駅に電車は滑り込む。近鉄湯の山線沿線には高校も多く、朝夕は高校生で賑わう。

次の中菰野との中間に、旧菰野町役場があり、その前に札の辻があった。ここで巡見街道と交わる。電車は更に進み、多少きつい勾配を登りながら、鈴鹿山脈の麓、湯の山温泉駅に到着する。全線単線の湯の山線は、昭和39年湯の山線の最後にできた大羽根園駅を除き各駅で列車の行き違いができる施設がある。多くの駅が駅員配置駅であったが、現在はほとんどが無人駅となっている。

余談であるが、桜、菰野、中菰野、大羽根園、湯の山温泉と、ひとつの線路で、一文字の駅から五文字の駅まで並ぶ珍しい路線でもある。

桜の町並みと智積《ちしゃく》養水

途中の桜は趣のある街である。菰野町にある蟹池から流れる智積養水は日本名水百選にも選ばれている（図4）。町並みを歩いてみると、菰野道によって栄えたことがよくわかる。

図4　桜駅徒歩10分ほどで、智積養水の起点となる蟹池がある

図5　西勝寺前の鯉が泳ぐ智積用水

図6　桜駅北側にある、智積養水記念公園

智積養水は、菰野町神森《かもり》にある湧水池である蟹池から、智積地区の灌漑《かんがい》を目的に江戸時代に設置された。現在はきれいに保全されており、桜駅南側の西勝寺の前の智積養水は鯉が泳いで、穏やかな流れになっている（図5）。日本名水百選に選ばれ、桜駅北側に「智積養水記念公園」が整備されている（図6）。

さて、略図をみると、三滝川などが流れているが、伏流水のため、川を流れる水が少なく灌漑の必要があった。また、三十三間筒で川の下を通している。

菰野の町並み

菰野もいまでは静かな佇まいを残している城下町である。駅も以前は有人駅であったが、今は無人駅で、ひっそりしている。私が子どもの頃は、駅前からキャンプ場へ向かうバスもあった。今は町営のコミュニティバスが発着している。

駅前から菰野道に出ると、静かな町並みが続く（図7）。今でも街道の雰囲気が感じられる。国道477号線沿いは大型のスーパーマーケットがあるなど、菰野道と対照的である。菰野道を進むと、小学校と近鉄湯の山線の間に菰野城址（薦野城址）の碑が出てくるが、ここが菰野道の目指した場所である。

図7　静かな佇まいの菰野町内の菰野道

図8　冬は積雪する御在所岳
頂上には三重県唯一のスキー場がある（四日市市内から）

菰野町には「宿野」という地名が残っているが、巡見道と菰野道が交わるところで、往時はさぞ賑わったことだろう。

大羽根園駅の近くには美術館が、大羽根園駅と湯の山温泉駅の間には、大規模な温浴複合施設ができて、多くの来場者で賑わっている。

菰野道は、菰野城址付近の宿野で巡見道と交わって終わるが、国道477号線は、御在所岳の山腹、武平峠を越えて滋賀県、京都府を通り、大阪府に至っている。国道477号線として大きく飛躍したと感じる。

近鉄湯の山線も急峻になる手前である、湯の山温泉駅まで延びている。御在所岳のハイカーや温泉観光客は減少したものの、いまでも、御在所岳・湯の山温泉の玄関口であることには変わりはない。

町のどこからも見ることができる御在所岳を仰ぎながらの菰野町の散策は、季節を問わず、清々しい気持ちにさせてくれる（図8）。

近鉄湯の山線に揺れながら、往時を偲ぶ旅も楽しいものである。ぜひ、訪れていただきたいと思う。

熊野街道

伊勢と熊野をつなぐ道

文／伊藤文彦

「熊野街道」「熊野古道」「熊野参詣道」

街道の名称としての「熊野街道」は、一般には「熊野古道」のほうが良く知られているかもしれない。一方、文化遺産としては「熊野参詣道」の名称が用いられる。実はこの三つの言葉は少しずつ意味が異なる。「熊野街道」は、ある場所と熊野を結ぶ街道の総称で、伊勢と熊野を結ぶ道だけでなく、京都・大阪から和歌山を経て熊野三山へ至る道も熊野街道である。また現代の道にも用いられ、高速道路でも「熊野街道」と表記されることがある。これに対し、「熊野古道」は紀伊半島の森林で囲まれた石畳のある古い道といったイメージを想起させる言葉であって、必ずしも熊野街道と一致する言葉ではない。「熊野参詣道」となると、熊野三山へ参詣するために利用された道という利用目的が強調され、巡礼路の意味を帯びる。世界遺産に登録されたのは、巡礼路としての文化的価値に注目されてのことだった。

伊勢と熊野を結ぶ熊野街道は「伊勢路」とも呼ばれる。後白河上皇が12世紀後半に編纂した『梁塵秘抄《りょうじんひしょう》』には、「熊野へ参るには、紀路と伊勢路のどれ近し、どれ遠し、広大慈悲の道なれば、紀路も伊勢路も遠からず」という歌謡がみえ、「伊勢路」が平安時代には存在したことが知られる。この伊勢路を多くの人々が旅するのは、主に江戸時代のことである。当時、伊勢へ参宮した人々の中には、引き続き西国巡礼の旅を続ける者がいた。彼らは伊勢路を経て、西国一番札所の那智山を目指したのである。こうした巡礼者の数は最盛期で約2万人程度だったと推定されている。明治時代に入り、近代交通が整備されていくなかで徒歩巡礼者は急速に減少していった。しかし200年以上にわたり、伊勢路は伊勢から熊野へ向かう巡礼路として利用されたことで、この道には「巡礼路らしさ」が刻まれていった。沿道には巡礼に関係する寺院や石仏、道標等が整備され、奇岩奇勝には、人々に異世界への旅路を実感させる伝承が付与されていった。このような巡礼路としての特徴は、今日もなお、その痕跡をたどることができる。

旅立ちの区間――伊勢から柳原へ

伊勢から熊野への巡礼旅は伊勢山田から始まる（図1、

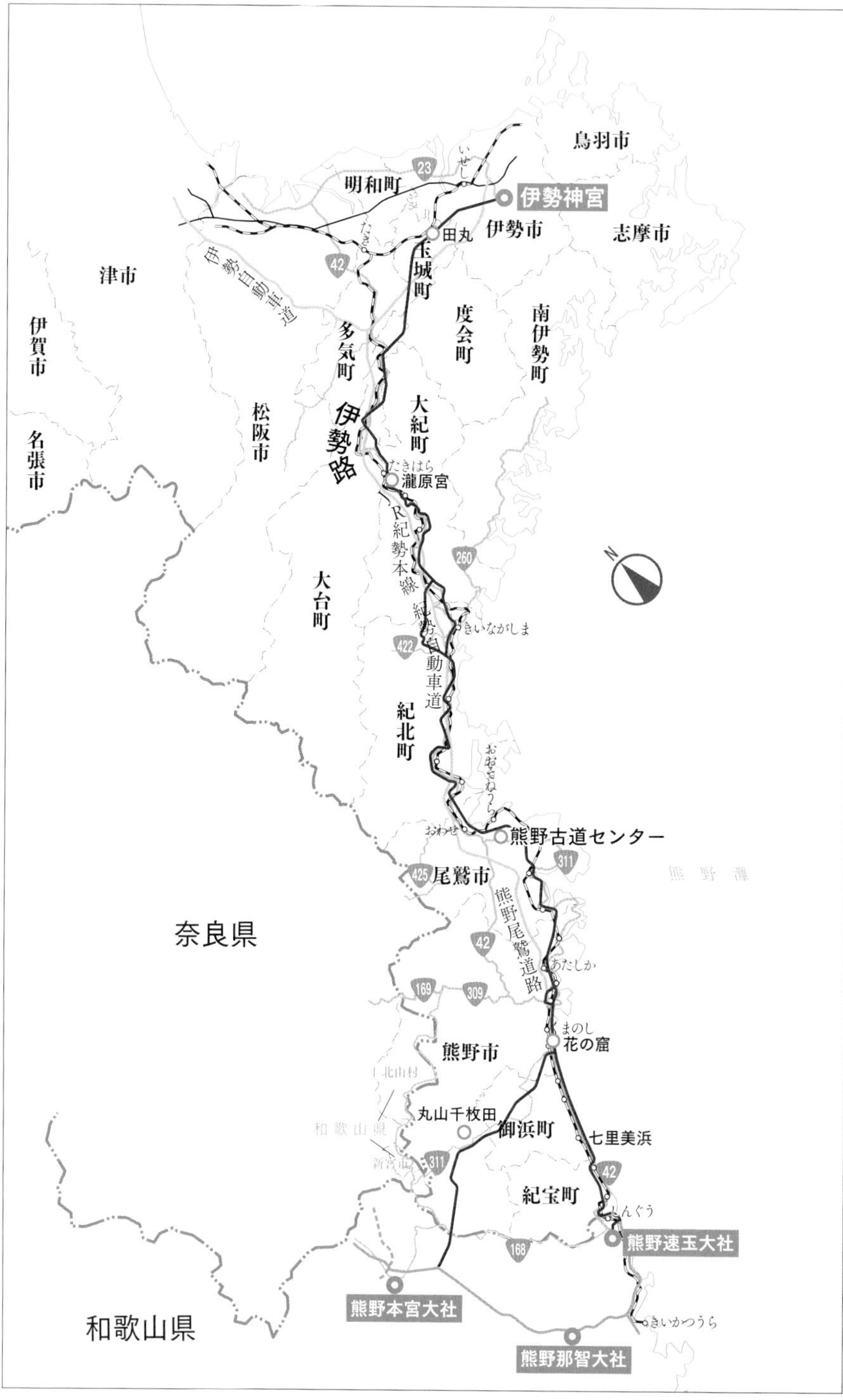

鳥羽市
明和町
伊勢神宮
田丸
伊勢市
志摩市
玉城町
津市
伊勢自動車道
度会町
南伊勢町
伊賀市
多気町
松阪市
大紀町
伊勢路
名張市
瀧原宮
JR紀勢本線
大台町
紀勢自動車道
きいながしま
紀北町
熊野古道センター
尾鷲市
熊野灘
奈良県
熊野尾鷲道路
あたしか
花の窟
熊野市
北山村
丸山千枚田
御浜町
和歌山県
七里美浜
新宮市
紀宝町
熊野速玉大社
熊野本宮大社
和歌山県
熊野那智大社
きいかつうら

図5　田丸の道標

図3　田丸の町中は今は静か

図1　外宮

図6　野中の道標

図4　石垣が残る田丸城跡

図2　山田の出口、筋向橋

2）。柳の渡し場で宮川を渡り、川端、湯田野を経て、田丸へ着く（図3）。紀州和歌山藩久野家の城下町で、現在でも田丸城跡には堀と石垣が残る（図4）。田丸では笈摺《おいずる》や弁当箱など、巡礼旅で必要な道具類を購入できた。田丸の町中には「左よしのくま乃みち」と記された道標が立つ（図5）。原へ進むと、左手に三十三体観音石仏を祀った小堂がある（図7）。ここが石仏庵で、天保年間出版の道中案内には、「西国札所始まり」と記されていた。進んで野中の集落には天保年間造立の道標が立つ（図6）。「左さいこく道」と記され、那智山への道を示す。最初の山越えである女鬼《めき》峠をこえ（図8）、しばらく行くと柳原の無量山千福寺に着く（図9）。

図7　石仏庵の三十三体観音石仏

図8　女鬼峠の如意輪観音

図９　無料山千福寺

ここの本尊は聖徳太子の御作と伝わる観音菩薩で、「順礼手引」の標柱が現在も見られる。このように、山田から柳原までは伊勢路の中でも旅人を巡礼旅へと誘う、いわば旅立ちの区間であった。

宮川・大内山川沿い歩む―柳原から荷坂峠へ

図10　川から明治の煉瓦橋を望む

柳原、栃原を過ぎると「馬鹿曲がり」に差し掛かる。谷沿いに大回りを強いられたことからそう呼ばれた。神瀬《かみぜ》の集落を過ぎ、坂を下り歩いて川を越える。明治40年（1907）竣工の煉瓦造の神瀬橋が見える（図10）。台地へ上がり、再び土道がある。途中、殿様井戸という井戸跡や、安政年間の供養塔がある。これを抜けるとしばらく、街道は茶畑の中を進む。下楠《しもくす》、粟生《あお》を過ぎ、坂瀬峠入口の道標地蔵には、台座に「左従是西国一番那智山廿八里」の文字が見える。天保年間に地元集落の住民が村中安全を祈願して造立した。峠を越えると三瀬。往時はここから船で対岸へ渡ったが、明治以降船木橋ができて渡河地点が上流の佐原へ移った。近年渡し船が復活している（図11）。船を降り、多伎原神社を過ぎて三瀬坂へ（図12）。ここは土道が良く残っている。峠には宝暦年間造立の地蔵が祀られ、向かいには茶店跡がある。峠に石仏と茶店がセットで置かれることは多く（図13）、物心両面で巡礼者を支えた。坂

図11　宮川の渡し

図12　三瀬峠の地蔵

図14　瀧原宮

図13「三瀬嶺」
『西国三十三所名所図会』国文学研究資料館蔵

を下ると伊勢神宮別宮の瀧原宮《たきはらのみや》（図14）。往時鳥居前に神宮寺があり、三十三体観音像を祀る堂があって、西国巡礼ゆかりの霊場だった。ここから街道は蛇行する大内山川を繰り返し渡っていく。不動野には川の手前に一里塚の跡が遺る。間弓《まゆみ》を過ぎると、道は荷坂《にさか》峠とツヅラト峠への分岐点へ。近世の巡礼者は主に荷坂峠を越して南へ向かった。

熊野灘を眺めて——連続峠越え

「峠より向うを眺望《のぞめ》ば東南の滄海渺々《そうかいびょうびょう》として、紀の路の浦々遠近に連なり長嶋二江なんど眼前にありて風景言語に絶す」嘉永6年（1853）に出版された『西国三十三所名所図会』は荷坂峠からの景色をこのように描写している（図15、16）。ここから松本峠までは、海沿いの集落をつなぐ峠越えを繰り返す区間になる。

　荷坂峠を下ると

図15「荷坂峠」『西国三十三所名所図会』国文学研究資料館蔵

図16　荷坂峠の現在

図17　始神峠から望む紀の松島

図18　はまぐり石

長島。続いて一石峠を越えて古里。今は温泉もある宿泊地だが、往時は宿1軒ばかりの小集落だった。古里から道瀬《どうぜ》へは、鋸《のこぎり》坂と呼ばれる峠越えがあったが、今は旧街道筋をたどるのは難しい。さらに三浦峠、始神《はじかみ》峠と峠越えが続く。始神峠から望むと、紀の松島とも呼ばれる多島海の風景が美しい（図17）。冬の朝には富士山が見えるという。下ってしばらく平坦な道を進む。相賀にある真興寺には観音像が彫出された「はまぐり石」がある。もとは銚子川堤防にあって、旅人は渡河の安全を祈った。次いで、石畳が印象的な馬越峠への坂道にかかる。峠には上州岩船山ゆかりの岩船地蔵を祀る堂があって、向かいに茶店があった。下ると今も昔も変わらず繁華な尾鷲の市街地である。

八鬼山を越えて熊野へ

尾鷲の町を出ると、街道中最大の難所にして伊勢路の代名詞でもある「八《や》鬼《き》山《やま》越え」へとかかる。坂道には天正年間造

図19　地蔵が並ぶ八鬼山越え

図20 「往時の八鬼山荒神堂」『西国三十三所名所図会』国文学研究資料館蔵

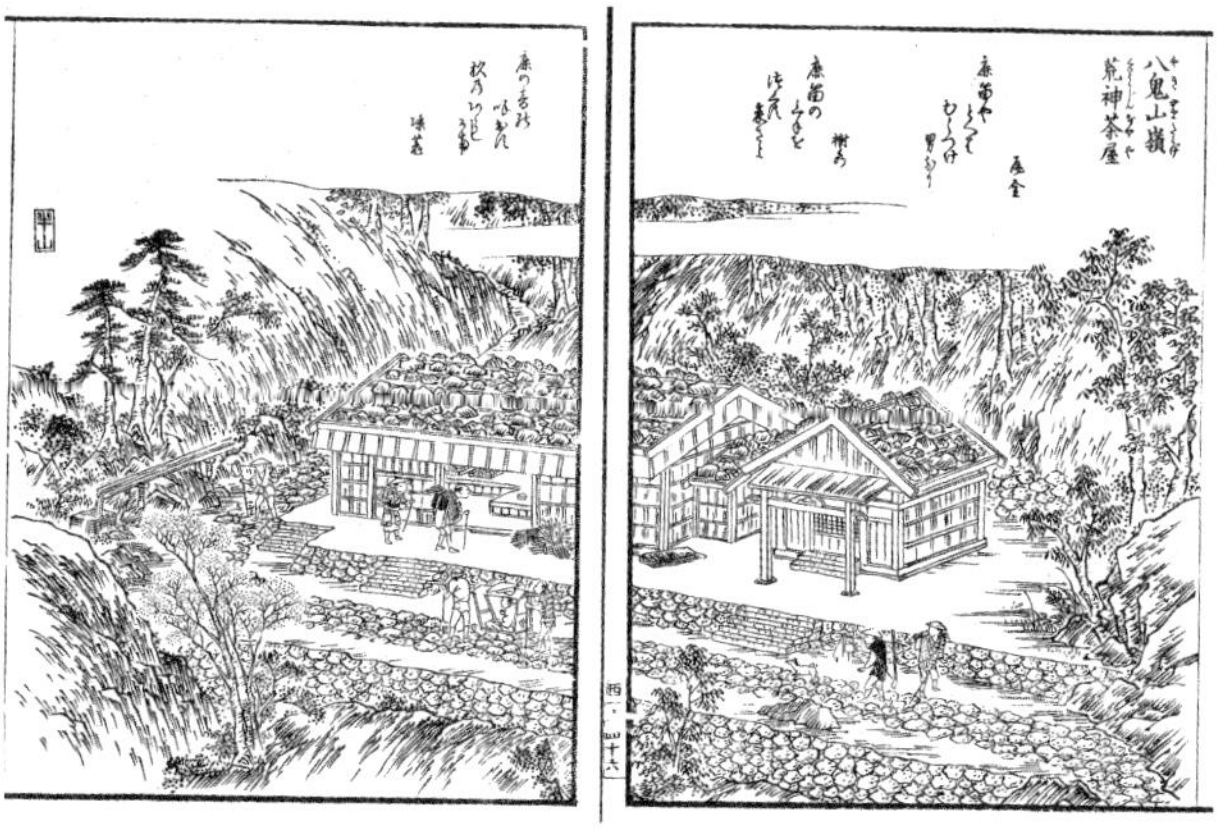

図21　八鬼山日輪寺荒神堂

図24　松本峠展望台から臨む七里御浜

図22　清水寺跡

図23　松本峠の地蔵

立の町石地蔵が並び（図19）、45丁目には八鬼山日輪寺荒神《こうじん》堂《どう》が立つ（図20、21）。本尊は三宝荒神、脇に、阿弥陀如来、薬師如来、観音菩薩が並ぶ。脇の三尊は熊野三山の本地仏で、熊野三山へ向かう道であることを示している。ここには宿泊もできる茶店があって、修験者が堂守と店主を兼ねていた。八鬼山を下ると三木里《みきさと》。ここから曽根へは内海を船で渡った。陸路だと三木峠と羽後峠を越える。さらに曽根次郎坂太郎坂、二木島《にぎしま》峠、逢神《おうかみ》峠を越えて新鹿へ。この辺りには伊勢と熊野の境界を示唆する地名が多い。新鹿《あたしか》から波田須《はだす》へ。波田須の入口には西行松と呼ばれた松の巨木があった。波田須には徐福の祠がある。大吹《おおぶき》峠を越えると大泊《おおどまり》。ここの北側の山中に清水寺があった(図22)。坂上田村麻呂創建という伝承を持ち、西国札所の京都清水寺ゆかりの寺院とされていた。今は磐座《いわくら》に千手観音石仏が祀られている。松本峠が新宮までで最後の峠で、展望台からは弓なりに続く七里御浜の砂浜が見える(図24)。紀州藩の代官所所在地であった木本を過ぎると、左手に獅子巖がある。手前の鬼ケ城とともに、伝説をまとった名所だった。続いて、

図25　花の窟

図26　有馬の道標

図27　熊野川を渡ると三山の一座熊野速玉大社

花の窟は巨大な磐座である(図25)。現在は神社だが、江戸時代までは仏教的な聖地と考えられていた。少し進むと有馬の道標で「右ほんくう近道　左しゅんれい道」とあって、右は熊野本宮へ、左は新宮を経て那智山へ(図26)。巡礼者は多くが左へ向かった。七里御浜に沿って熊野灘の絶景を眺めながら歩き、熊野川を渡れば、ついに三山の一座、熊野速玉大社である(図27)。

熊野街道の複数ルート

熊野街道には複数の経路が存在する区間がある。宮川右岸を進み七保《ななほ》峠をこえて滝原へ合流するルートは熊野脇道とも呼ばれる。また大内山で分岐しツヅラト峠、島地峠を経て加田へ至る経路や、有馬で分岐して直接本宮へ向かう本宮道も良く知られる。本宮道には土道や石畳道の残る区間も多く、沿道の石仏や鉱山遺跡なども遺っており、実際に歩けば、往時をしのぶことができるだろう。

II 近世三重の城郭図・城下図を読み解く

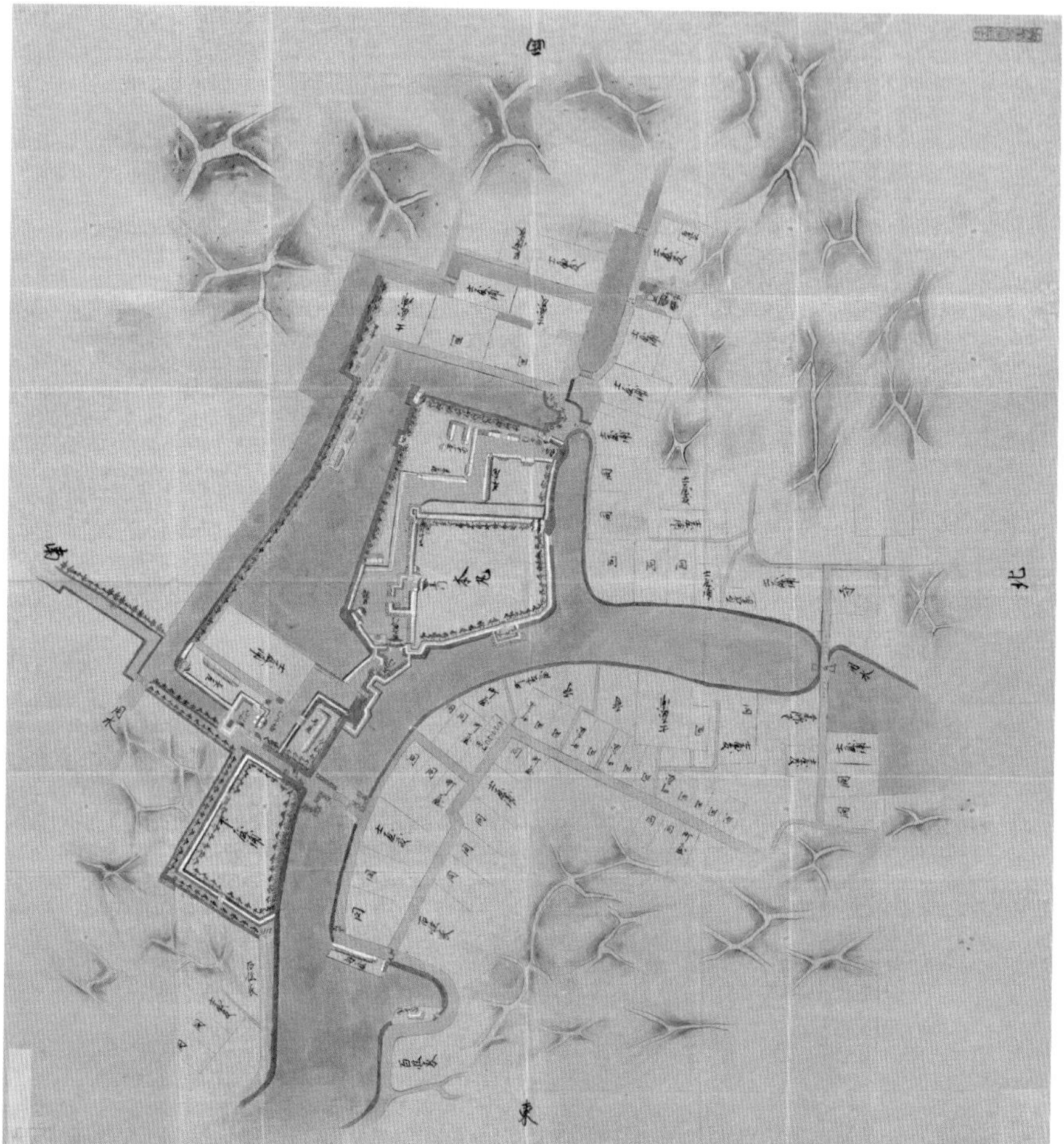

図３　日本古城絵図　東海道之部（1）19　勢州長嶋城図　国立国会図書館蔵

城周辺を詳細に描く。長島を東西に通る往還は、当初は大手門内側の城内を通っていたが、寛永12年（1635）に松平定政が城主となると、橋を付け替え大手枡形を整備した。他にも櫓の増築など城の大改修を実施しており、寛永期に至り近世城郭・長島城の基本はほぼ固まったと考えられる。

図４　桑名市指定文化財　旧長島城大手門

長島城は明治維新の際に廃城となるが、大手門（桑名市指定文化財）が長島町又木の蓮生寺山門として現存しており、往時の面影を残している。絵図と照らし合わせるに街道に面した大手一ノ門であろう。

一向一揆の地・長島に浮かぶ“輪中の城”

長島城

文／杉本 竜

長島城は、木曽・長良・揖斐川の木曽三川河口部の輪中地帯に位置し、伊勢の安濃郡・奄芸郡に勢力を誇った長野（工藤）氏の一族である伊藤重晴が文明 14 年（1482）に城館を築いたのが創始と考えられている。

のち長島は一向一揆勢力の拠点となるが、織田信長の伊勢侵攻により壊滅し、配下の滝川一益が長島城に入った。以下短期間で城主が変遷するが、関ヶ原の戦い後の慶長 6 年（1601）、菅沼定仍《さだより》が長島城主となり、長島城の本格的な整備が始まる。

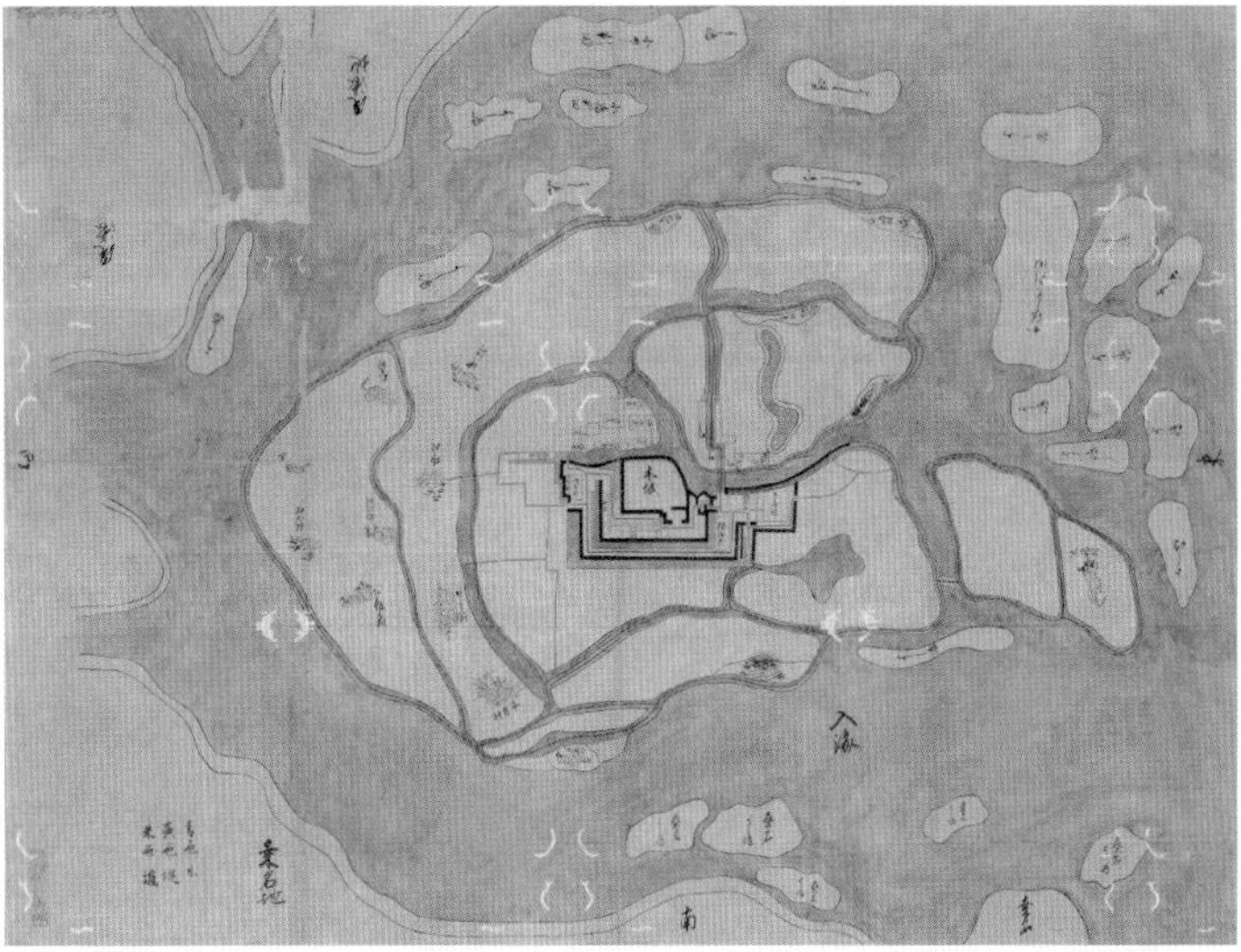

図 1　日本古城絵図　東海道之部（1）18　勢州長嶋城図　国立国会図書館蔵

長島広域における城の位置図である。

本丸を中心に二重三重の天然の水堀が張り巡らされており、河口部の地形を巧みに利用した城であることがうかがえる。

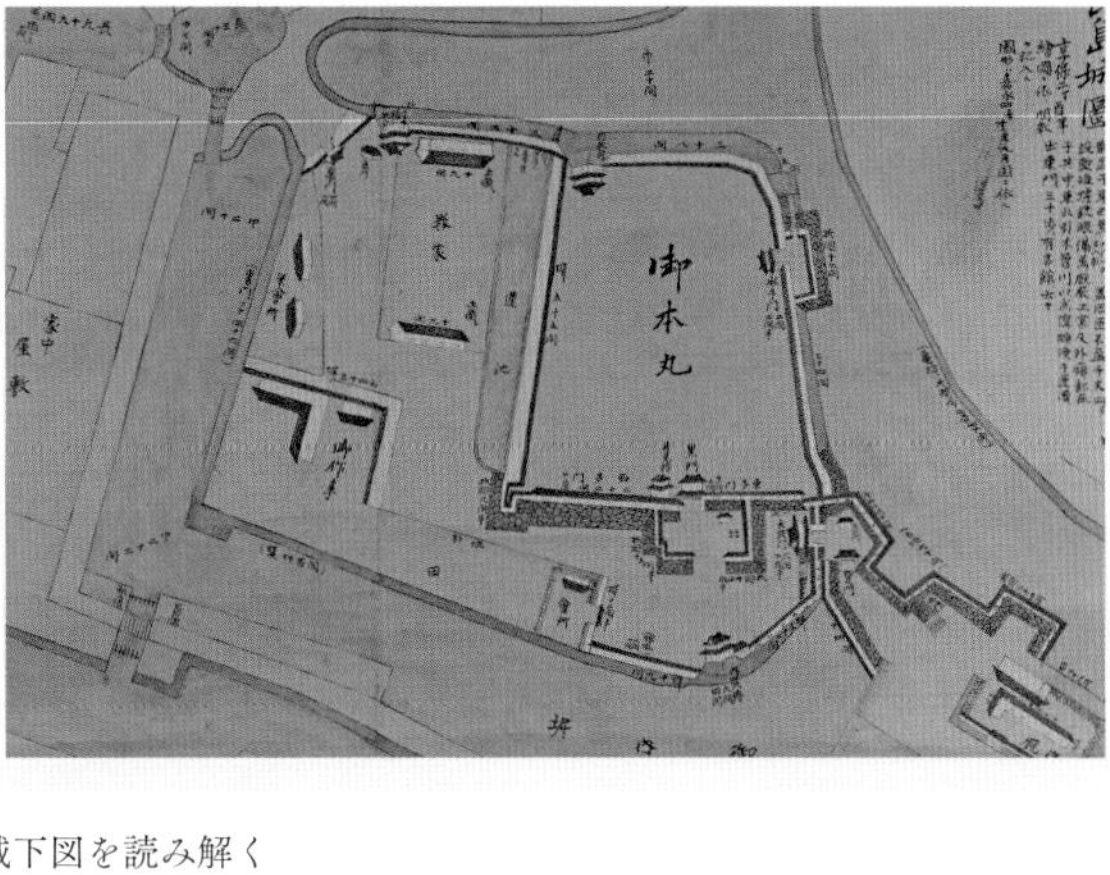

図 2　長島城図　桑名市輪中の郷蔵

幕末期の図面を大正 7 年（1918）に筆写したもの。精緻に書き込まれており、櫓などの位置もよくわかる。寛永 18 年（1641）には細川越中守家の江戸屋敷から書院を譲り受け本丸に移築し、藩主別邸である下屋敷には小書院を建て庭園を整備した。

また、桑名城はその立地から洪水などの水禍に見舞われることも多く、火災も頻繁に生じている。元禄 14 年（1701）には町屋から出火した火が桑名城まで及び、城内のほとんどの建物が焼失。武家屋敷や町屋約 1500 軒が焼けた。桑名藩は幕府から一万両を借りて修復するも天守は復元されずに天守台が残り、その後は独立した三重の辰《たつ》巳《み》櫓《やぐら》が天守の代わりとされた。

なお、戊辰戦争の時に桑名藩は幕府方に付いたため、桑名城開城の際には降伏の印として辰巳櫓が焼かれ、城の石垣や礎石は四日市港築港の資材となった。その後、桑名城跡地は伊勢神宮内宮・外宮外苑を設計した旧桑名藩士小沢圭次郎（1842 ～ 1932）が携わり、昭和 3 年（1928）に九華《きゅうか》公園として整備され、現在に至る。

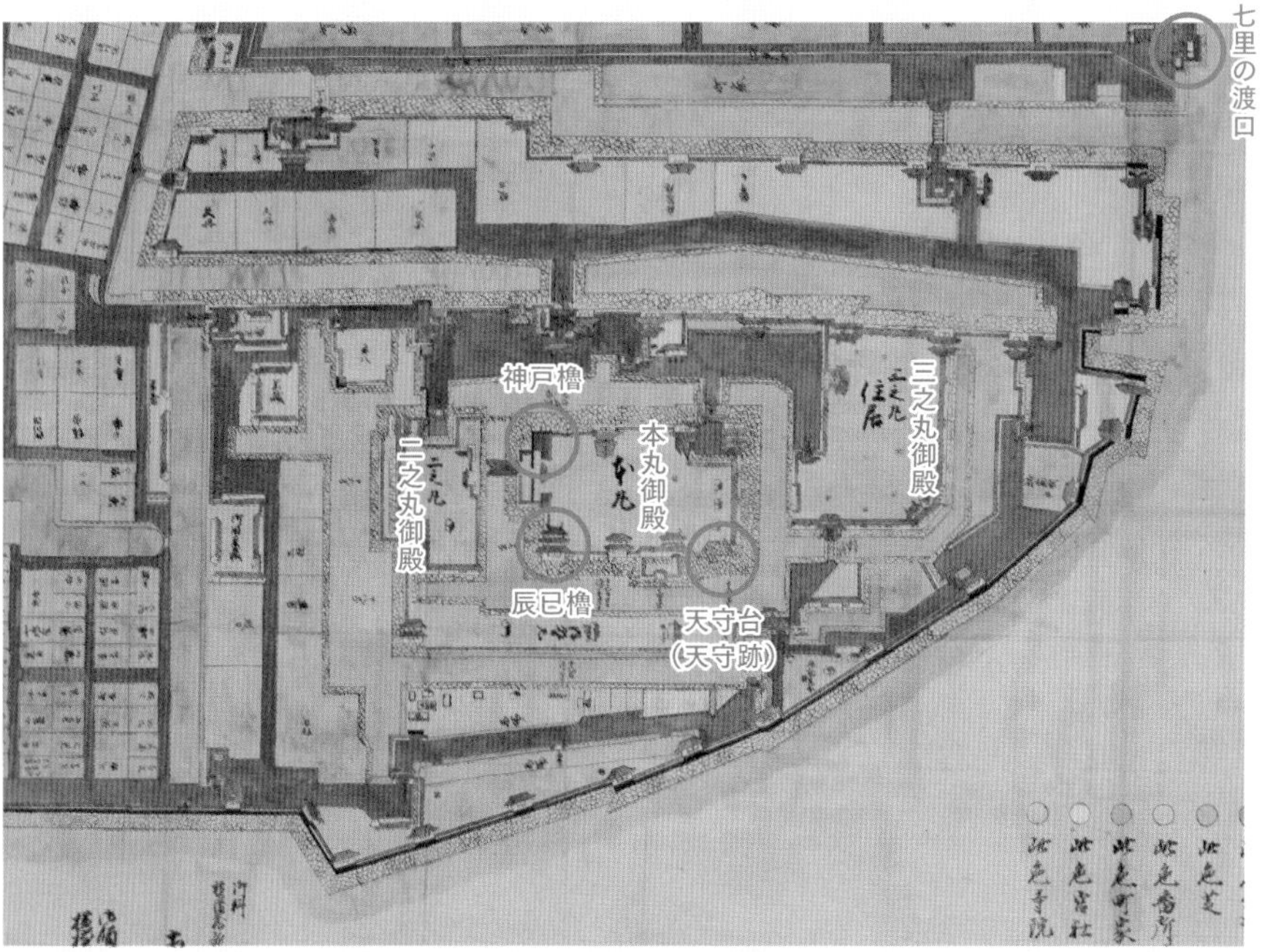

図２　文政年間桑名市街之図（本丸部分拡大）桑名市博物館蔵

桑名城は本格的な近世城郭として構築され、縄張は本丸と二之丸・三之丸が一列に並ぶ「連郭式」であった。本丸には付櫓を伴う四層六階の天守があり、他の三隅には三層の櫓を配置。特に西南角にある三重櫓は戦国時代の伊勢神戸城《かんべじょう》からの移築で神戸《かんべ》櫓《やぐら》と称された。天守は元禄 14 年（1701）に焼失し、その後の城下町絵図には天守台のみが描かれている。

徳川四天王の一人・本多忠勝が築いた海上の名城

桑名城

文／鈴木亜季

桑名城下は、慶長６年（1610）に入封した初代藩主本多忠勝（1548～1610）により町割がおこなわれ、近世城下町へと大きな都市整備が実施された。この町割が基礎となり現代にも続く桑名の街並みが形づくられた。

慶長の町割では、町屋川と揖斐川の流れを利用して堀を四重に巡らし、寺院を城下西側と南側に移転させるなどの大規模な整備がおこなわれた。また東海道沿いに設置された３カ所の見附は大きな門をもつことから「御門《ごもん》」とも呼ばれ、桑名藩から番人を派遣して旅人や通行人の監視に当たるとともに、防御の拠点として城下町の警備を固めた。

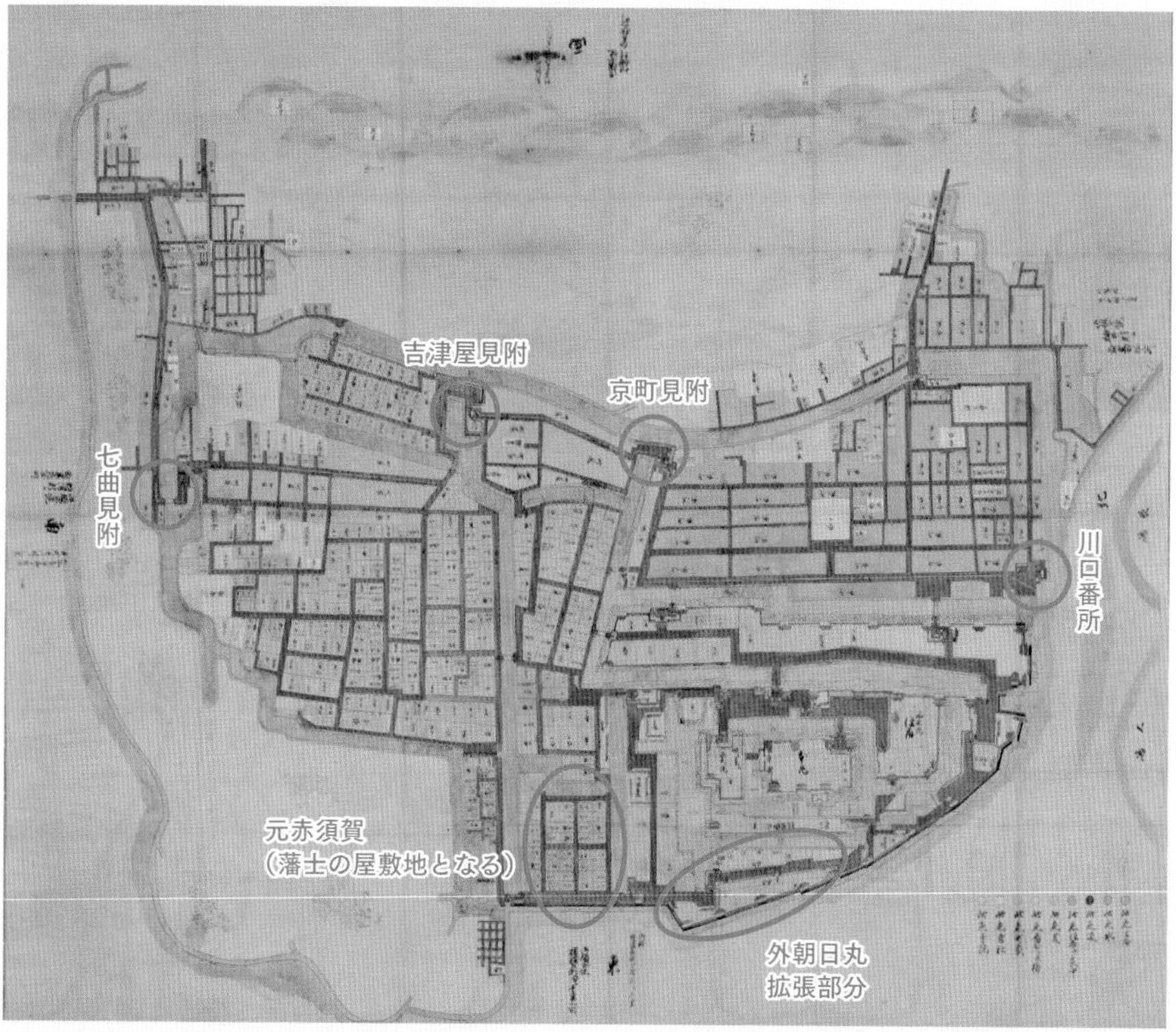

図１　文政年間桑名市街之図　桑名市博物館蔵

文政年間（1818～1829）の桑名城下を描いた地図。桑名城は揖斐川の西側河口部に堆積した砂州の上に築かれ、北東の川の流れが広大な防御の役目をなした。その姿はさながら海に浮かぶ城のようであり、扇を広げたような形から「扇城」とも呼ばれた。本多家が姫路へ国替えとなると、家康の異父弟松平定勝が桑名に入封し、吉之丸を増築。また、定勝の三男松平定綱が藩主を務めた時代には、外朝日丸を海側に増築した。さらには猟師町赤須賀を移転させて藩士の屋敷地とし、城下町周辺を拡大して桑名城下が完成した。

本多忠統は、幕府より１万5000石に加増され、築城を許可された。工事は延享３年（1746）から２年にわたっておこなわれ、江戸から大工や石工、とび職などを呼び寄せ、二重櫓や隅櫓、太鼓櫓大手門を造営した。この大改修は本丸を中心として、二之丸・三之丸・西曲輪・南曲輪を悌郭式に配置する神戸信孝時代の縄張りを踏襲したものとされている。

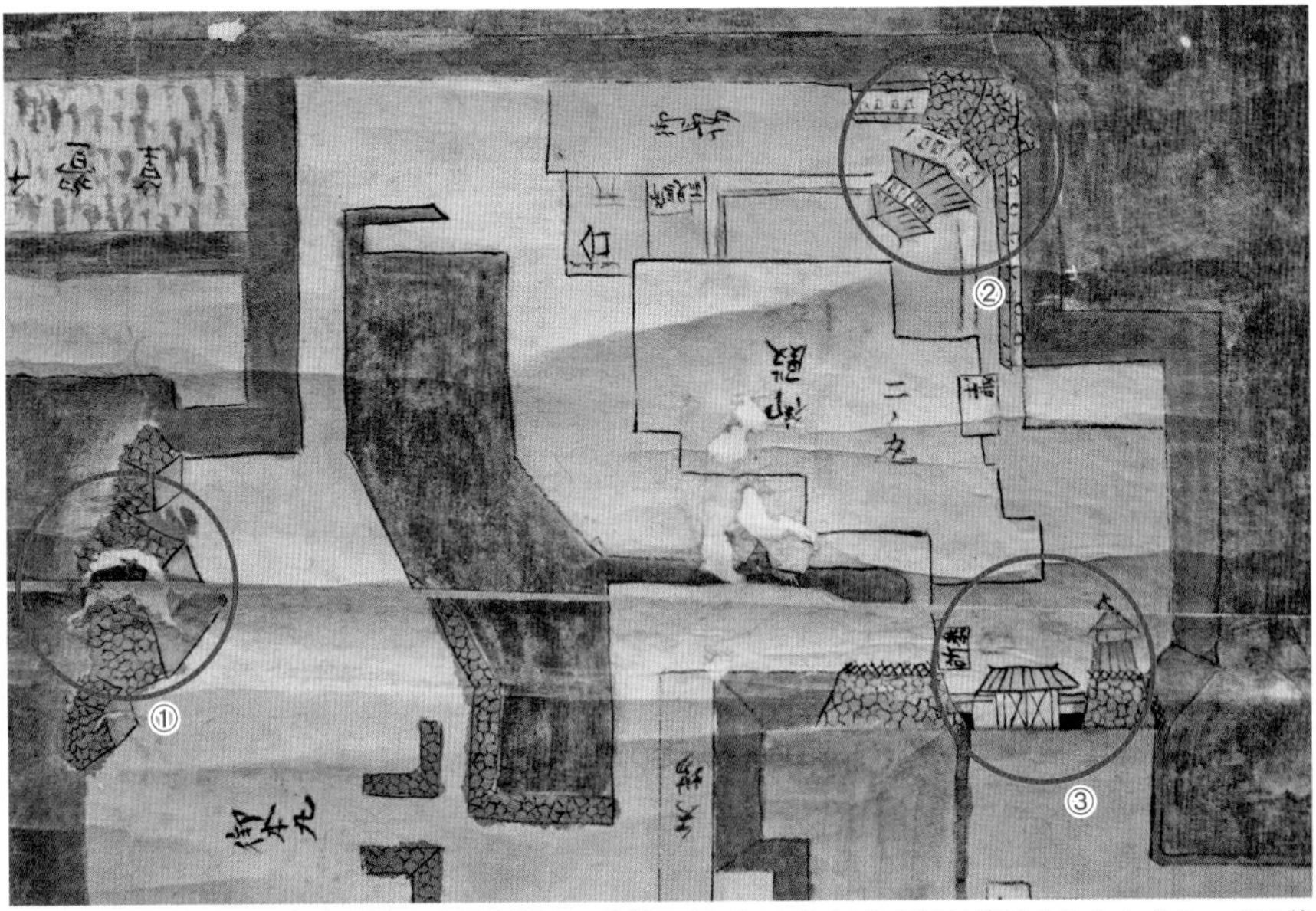

図２　①天守台：神戸信孝が築いた天守閣は、文禄４年（1595）に桑名城に移築されたとされ、その後江戸時代を通じて天守の石垣の上に建物が建つことはなかった。
②二重櫓：二の丸の二重櫓は天守に代わるものとして神戸城のシンボル的な存在であった。二重櫓は現存しないが、その鯱は鈴鹿市役所のロビーに展示されている。
③大手門と太鼓櫓：太鼓櫓は現存し、鈴鹿市玉垣地区の蓮花寺に移築されている。

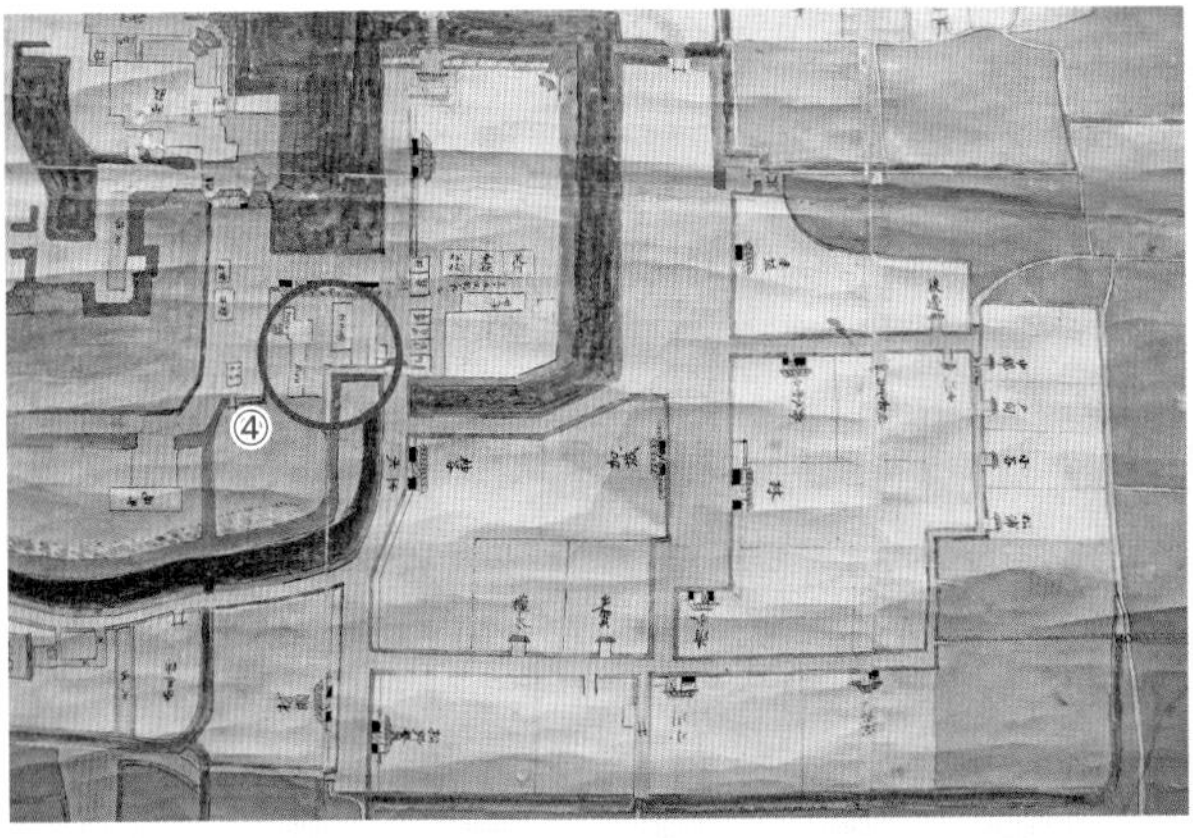

図３　城の周辺は武家地で、特に大手門の南は有力な藩士の屋敷が並んでおり、区画も大きい。各屋敷地に藩士の名字が記入されている。④は神戸藩校・教倫堂《こうりんどう》のことで、現在は三重県立神戸高等学校の敷地内に当たる。

五層の天守閣があったと伝わる

神戸城

文／代田美里

織田信長の三男・神戸《かんべ》（織田）信孝によって天正８年（1580）に五層の天守閣が築かれたと伝わる神戸城。その後、一柳直盛、石川氏などが城主となり、享保 17 年(1732)に本多忠統《ただむね》が入部。明治維新に至るまで七代にわたって本多氏が神戸藩を治めた。本図は江戸後期の神戸城下町の様子を描いたもので、道は黄色、堀や川は青、家屋のある土地（家地）は白、畑は桃色、田は灰色に色分けされている。町人地は城の北方に広がり、城の周囲は武家地である。神戸城とその周りの武家屋敷は特に詳しく描かれており、城の北側の武家屋敷の区画は、現在もよく残されていることがわかる。

図１　勢州河曲　神戸之城図　文久４年（1864）写　197㎝× 144㎝　鈴鹿市蔵

図２　亀山城本丸部分

歴代の亀山城主にとって、城の建物を維持することは経済的に課題であった。本丸御殿は、徳川三代将軍までは、上洛の往復において旅館に充てる建物であったが、以後は使用の機会もなく朽ちるのみであった。「御殿残」と記され、二つの棟に描かれているが、本来は一体の御殿であった。江戸時代中、本丸御殿の部分的な取り壊しは、幕府の許可を得て各大名がしばしばおこなっていた。修繕ではなく危険な箇所を取り壊すことによって維持していた。

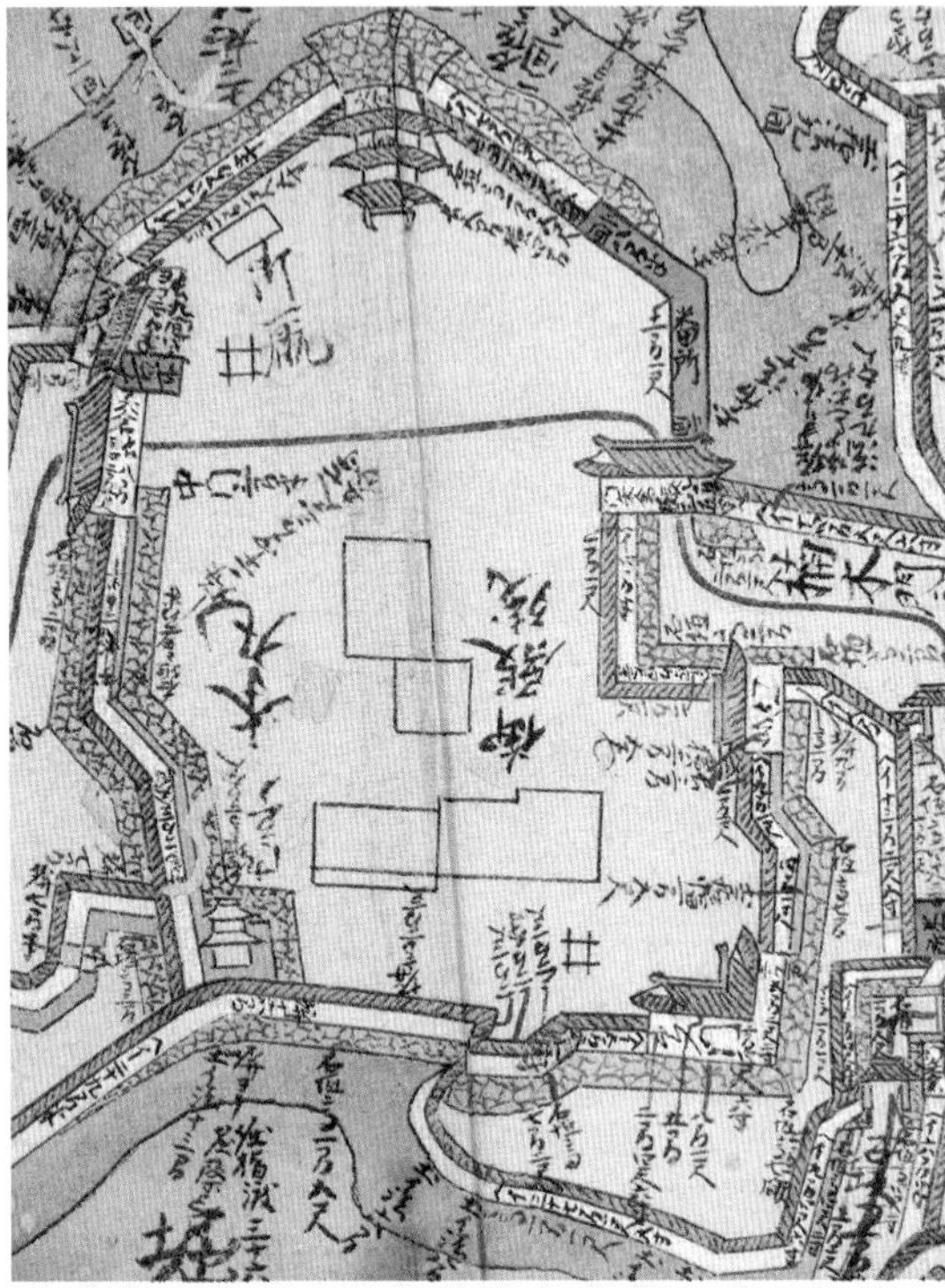

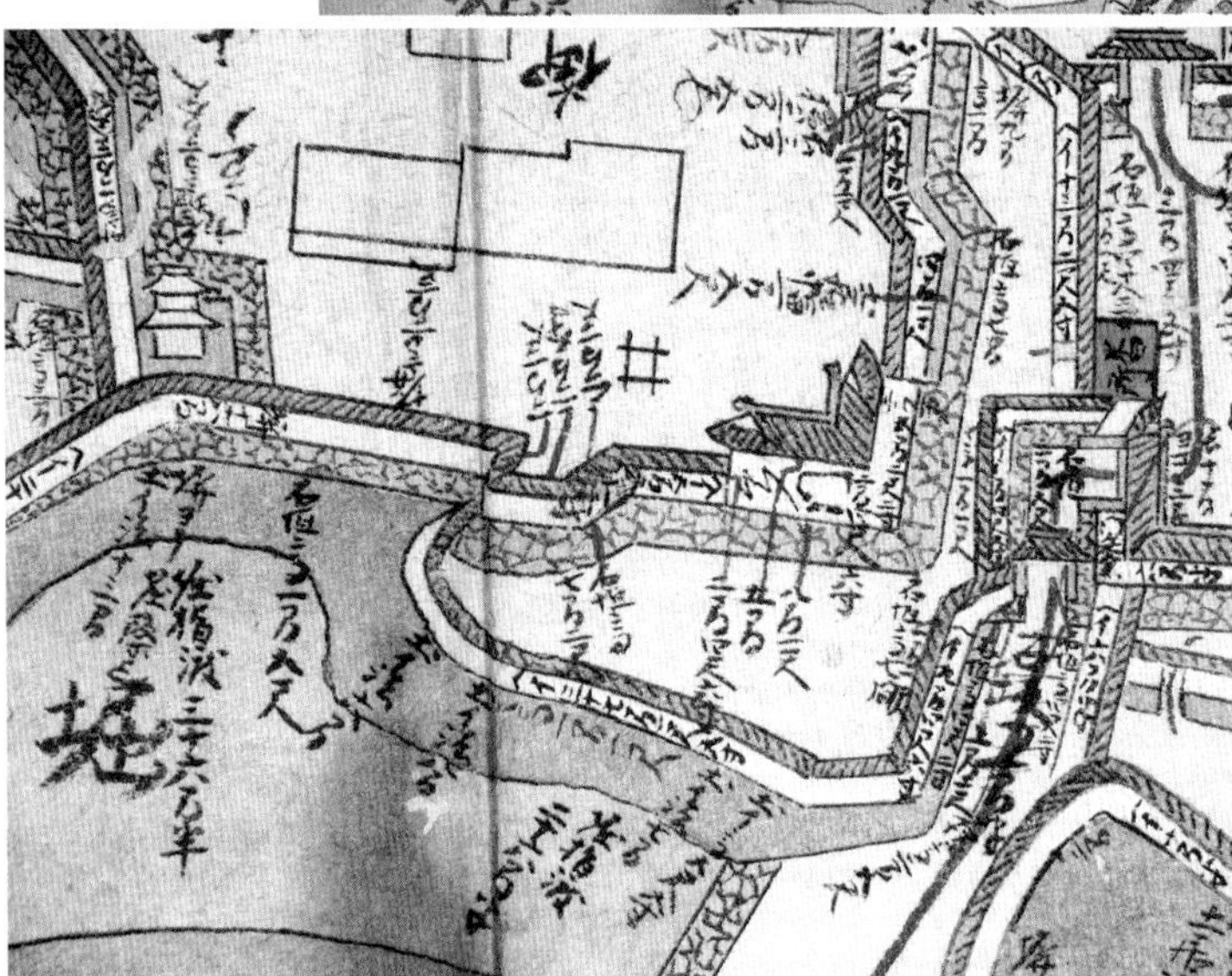

図３　現存多門櫓部分

「多門」と記し描かれた平櫓は、亀山城の武具蔵の一つであった。この多門櫓は、三重県で唯一江戸時代からの城郭建造物として現存している。現在は、指定名称「亀山城本丸東南隅櫓」（県指定有形文化財〔建造物〕）として広く知られている。

多門櫓は三重県で唯一江戸時代からの城郭建造物

亀山城

文／小林秀樹

宝永７年（1710）２月26日から享保２年（1717）11月１日まで、亀山城主であった松平乗邑《のりさと》（大給松平家）の、亀山入部に伴って作成された絵図で、亀山城と家中や移動する大名菩提寺の屋敷割を描いている。亀山市歴史博物館で収蔵する家中屋敷割絵図は、この「勢州亀山惣絵図」の他に、慶安４年（1651）に入部した石川昌勝時代の一点と寛文９年（1669）と享保２年（1717）の入部で作成したとみられる板倉家時代の二点がある。これらを比較すると、城については西之丸と三之丸は、上級家臣の住宅地でもあることから屋敷割として描かれるが、御殿や蔵が建つ本丸、二之丸、三之丸、西出丸の曲輪は描いていないものもある。このことから、所替に伴って作成される家中屋敷割絵図には、屋敷割に必要な曲輪以外は、必ずしも描く必要はなかったようである。

こうしてみると、松平乗邑時代の「勢州亀山惣絵図」は、屋敷割の描画はもちろんだが、亀山城の曲輪や建物も書込と共に詳細に描いており、家中屋敷割絵図の範疇で捉えながら、この時期の亀山城の現況を知る今のところ唯一の絵図でもあるといえる。

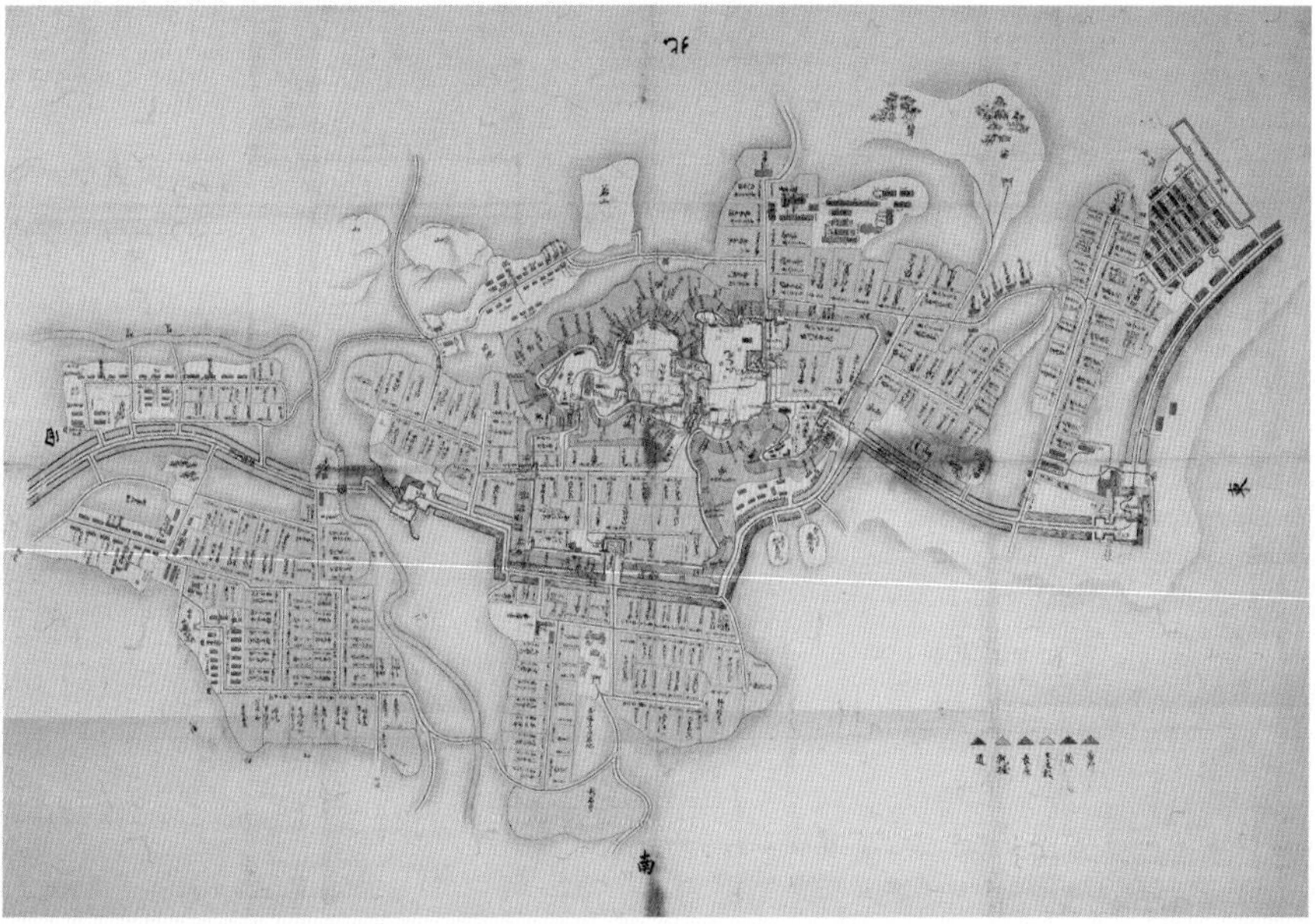

図１　勢州亀山惣絵図（年代不詳、宝永７年か）　105㎝×145㎝

図２　津城下町の南側の町並み。津城下を通過した参宮客は、約６kmの長大な切れ目のない町並みを目の当たりにした。しかし、碁盤の目状の町があるのはその３分の１程度で、残りは一本筋の町で裏手は田や畑だったことも重要である。なお、北側の町並みは京からの参宮客と江戸からの参宮客が合流する江戸橋まで続いた。

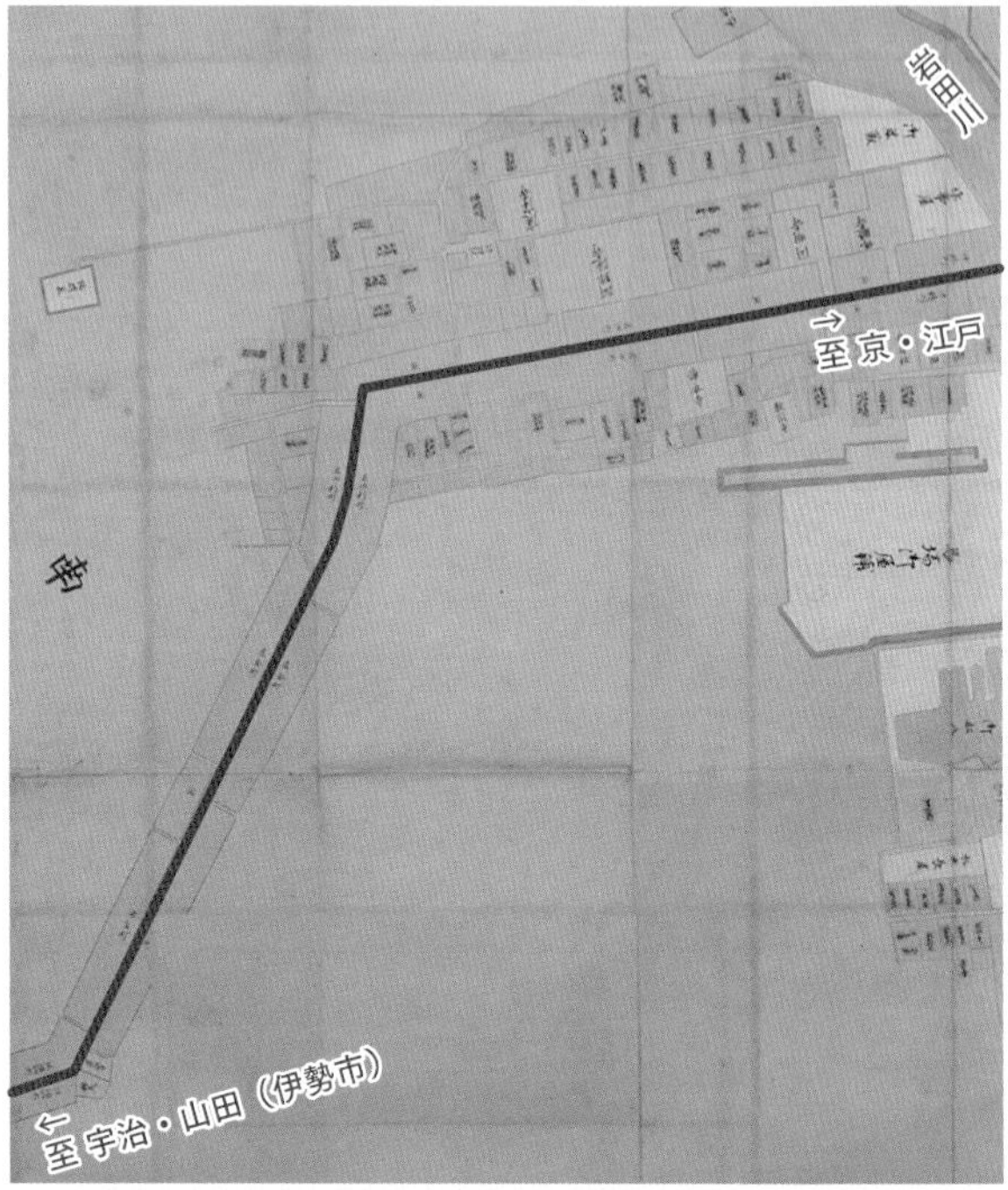

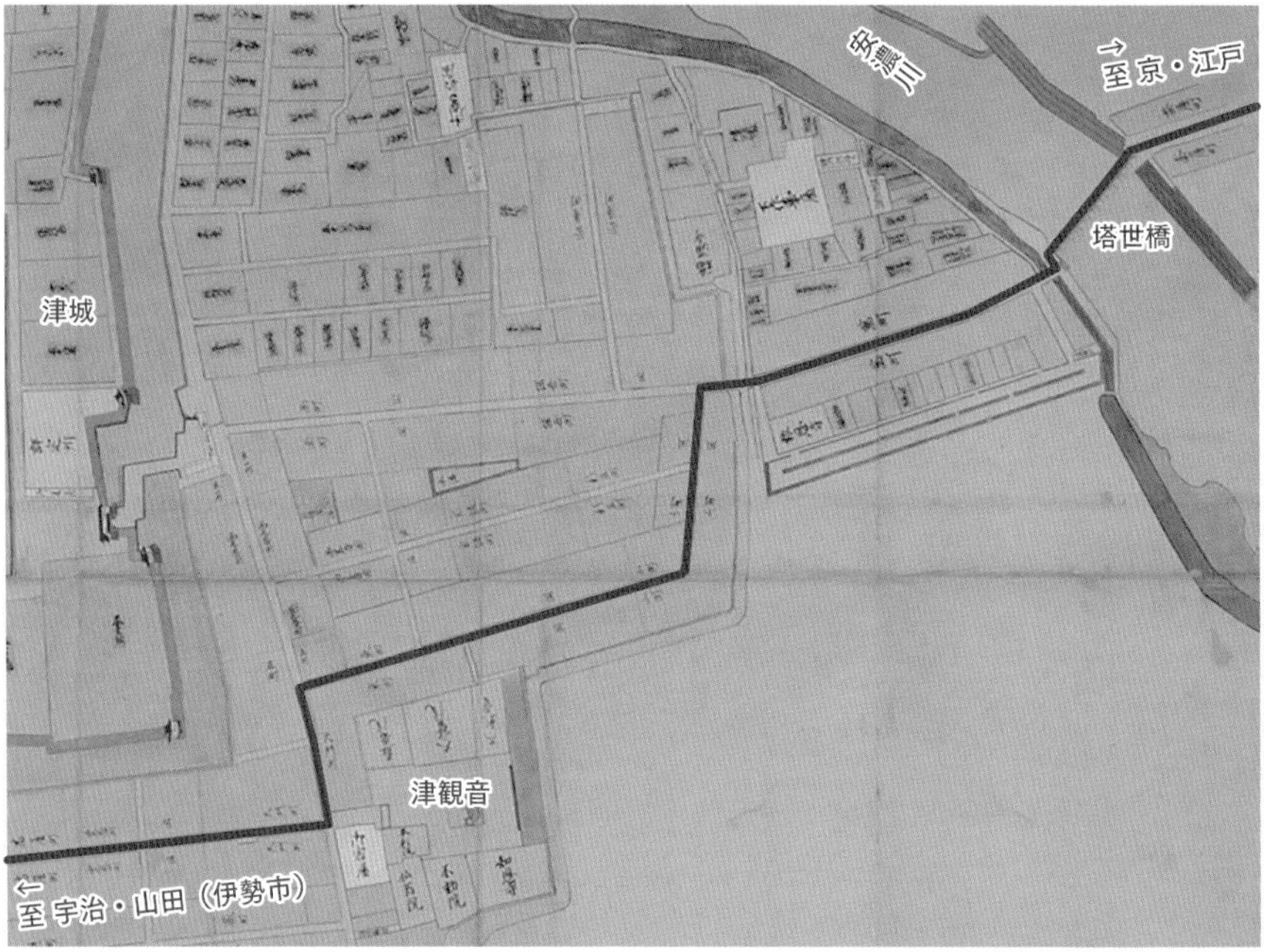

図３　塔世橋と津城北側の城下町　津藩藤堂家は、伊賀一国と伊勢、大和、山城の分領を支配しており、途中伊賀街道を経て津から山城国まで、自領のみを通行し到達することができた。伊賀街道は津の西側（地図の上側）の八町、古河村を経て、武家地の北側の堤を大回りし、塔世橋南詰に至った。

2つの川に挟まれた城と城下町

津城

文／太田光俊

慶長13年（1608）、津に入った藤堂高虎は城を拡幅。大手門を東側から北側に変更し京口門とし、海寄りを通り抜けていた伊勢街道を城下町に引き込んだ。とはいえ、町の基本構造が完成したといえるのは、2代藩主藤堂高次の時代。高次は、川を越えた町の南側に八幡宮を勧請し、2つの川で挟まれた城と城下の中心地だけではなく、川を越え南北にのびる街道沿いの町形成を促す保護策を打ち出した。

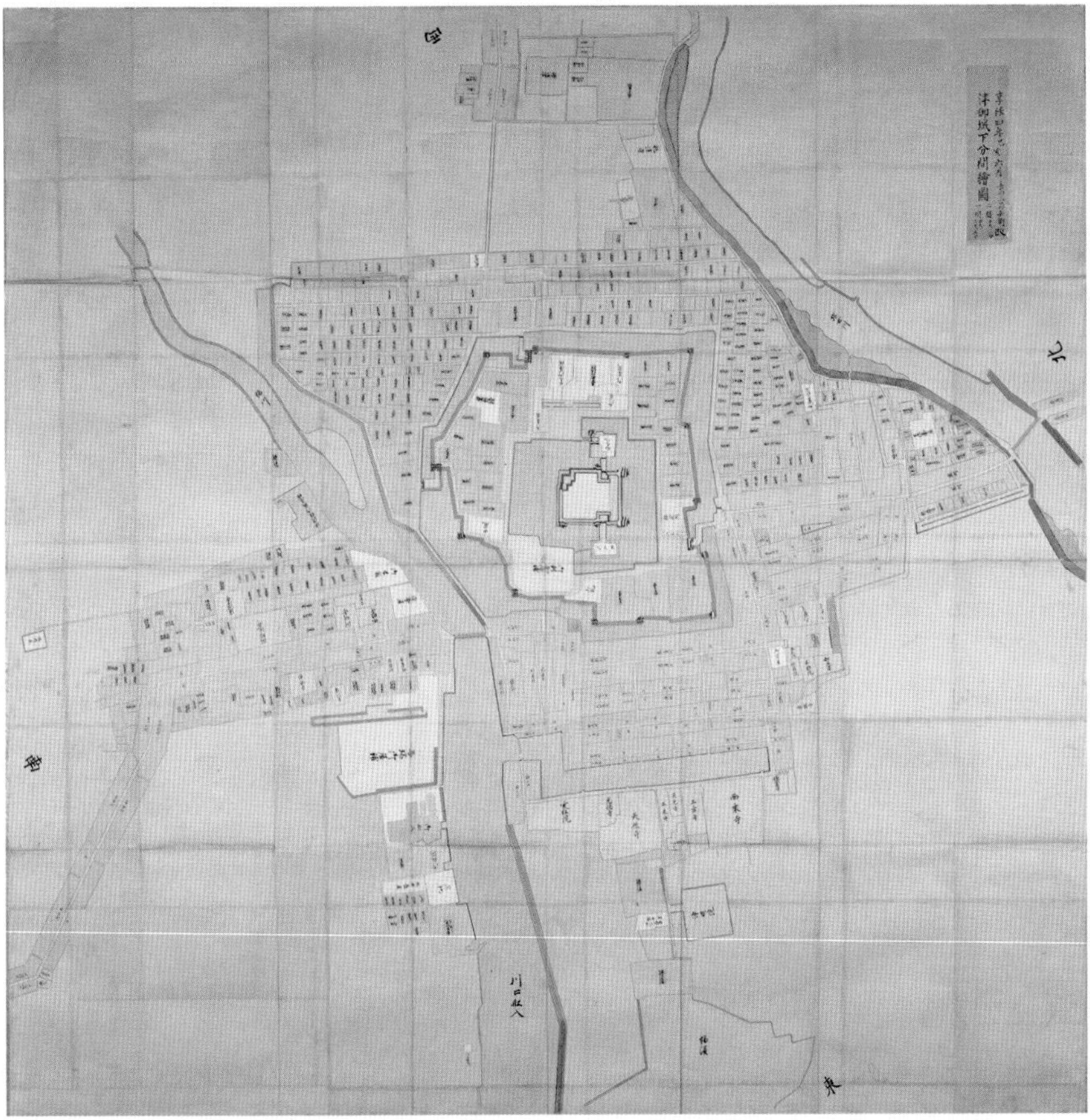

図1　享保4年長田三郎兵衛改津御城下分間絵図　177.4㎝×178.9㎝　三重県総合博物館蔵

北側（右側）安濃川にかかる塔世橋と南側（左側）にかかる岩田橋が描かれている。更に北側にある江戸橋、更に南側にある八幡宮は描かれていない。

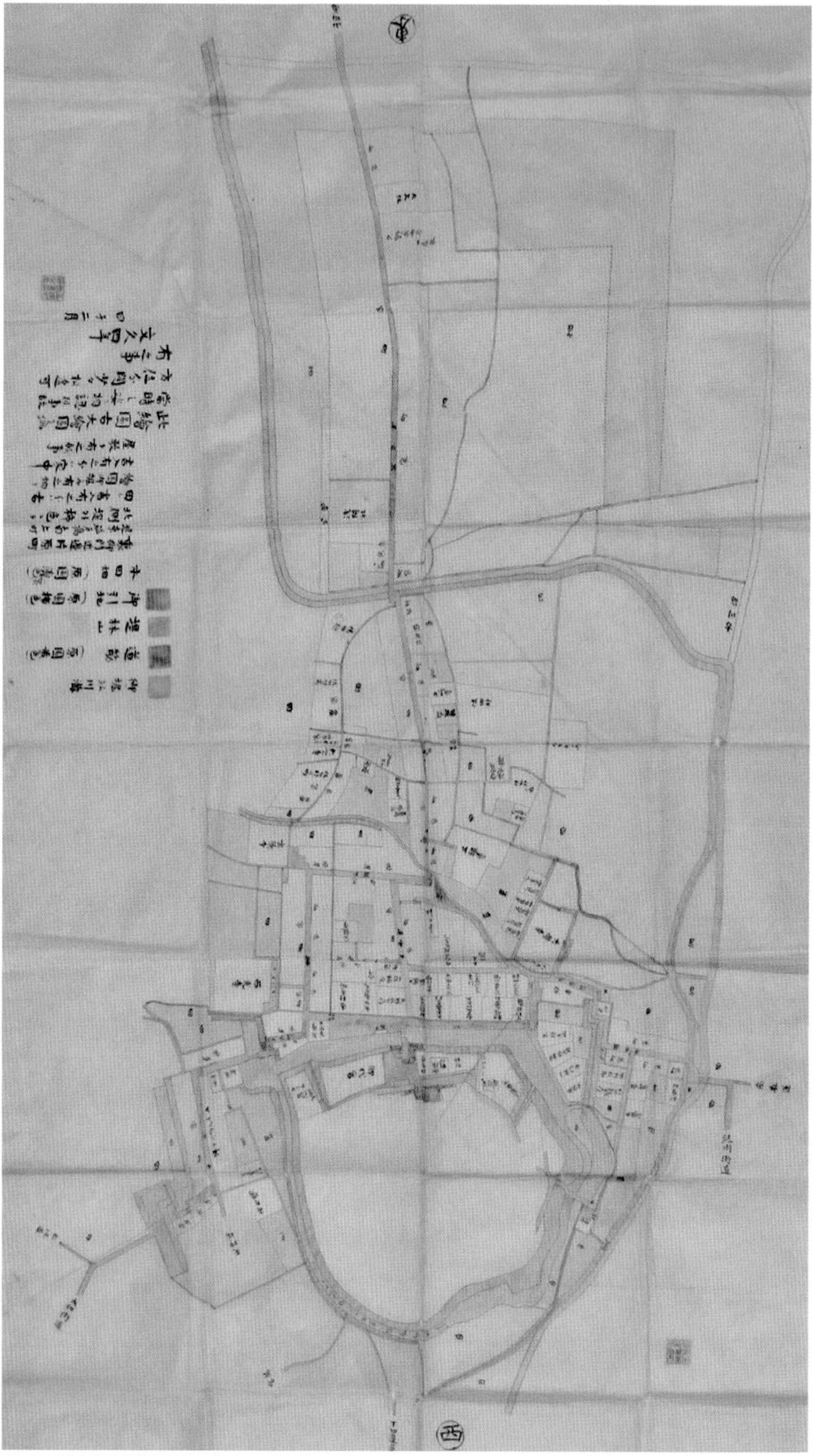

図1　田丸城下大絵図　文久4年（1864）　149㎝×77㎝　玉城町教育委員会蔵

南北朝時代に築かれ近世に城下が整備された城

田丸城

文／田中孝佳吉

田丸城は南北朝時代に北畠親房《きたばたけちかふさ》を大将とする南朝軍が砦を構えたことに始まる。城下町は田丸城に織田信雄《のぶかつ》が入城してから整備された。寒川《さむかわ》（現在の外城田川）の流れを変えて湿地を埋め立てて城下町をつくり、その川を町の外堀とする惣構えの城下町であった。また城から東西に延びる直線の道を中心に町が広がる縦町型であった。

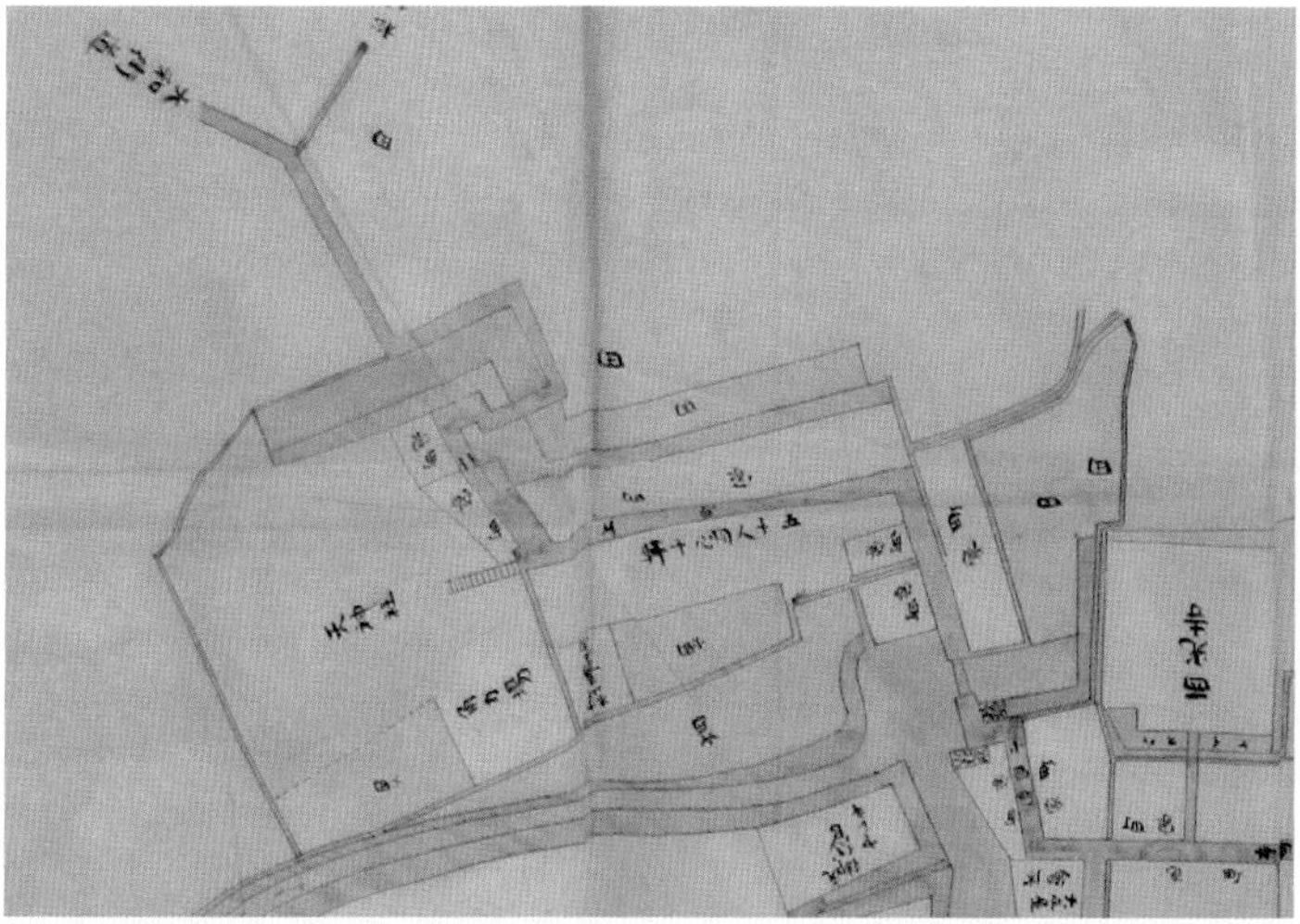

図２　城下町の北は伊勢本街道へ通じる。そこには土塁や水堀でできた桝形があり、防御を固めた。現在は道路が通り撤去されているが、一部土塁の跡を見ることができる。

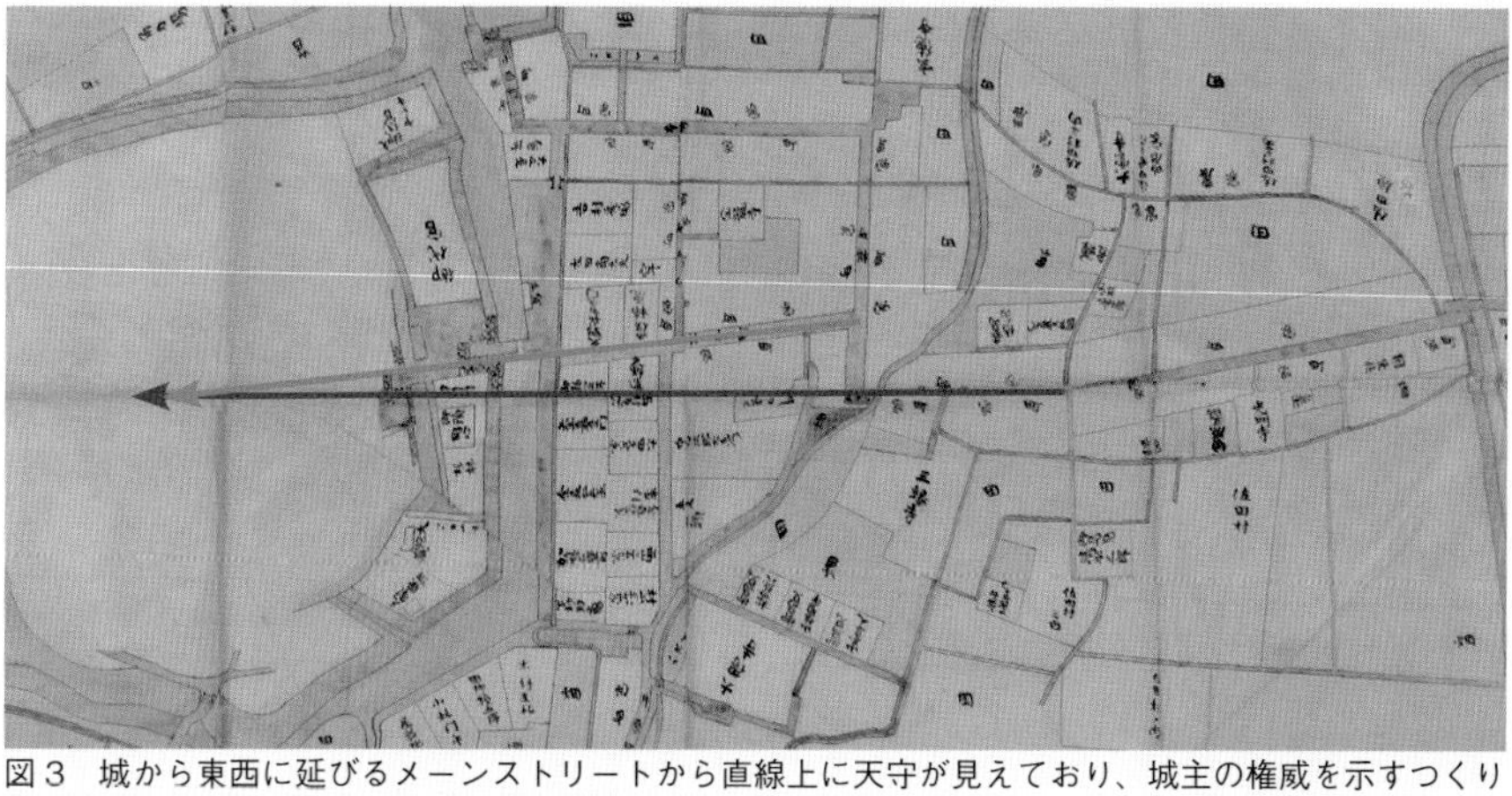

図３　城から東西に延びるメーンストリートから直線上に天守が見えており、城主の権威を示すつくりになっていた（矢印）。また、通りには武者隠しと呼ばれるジグザクしたつくりが今でも道路に残っている。

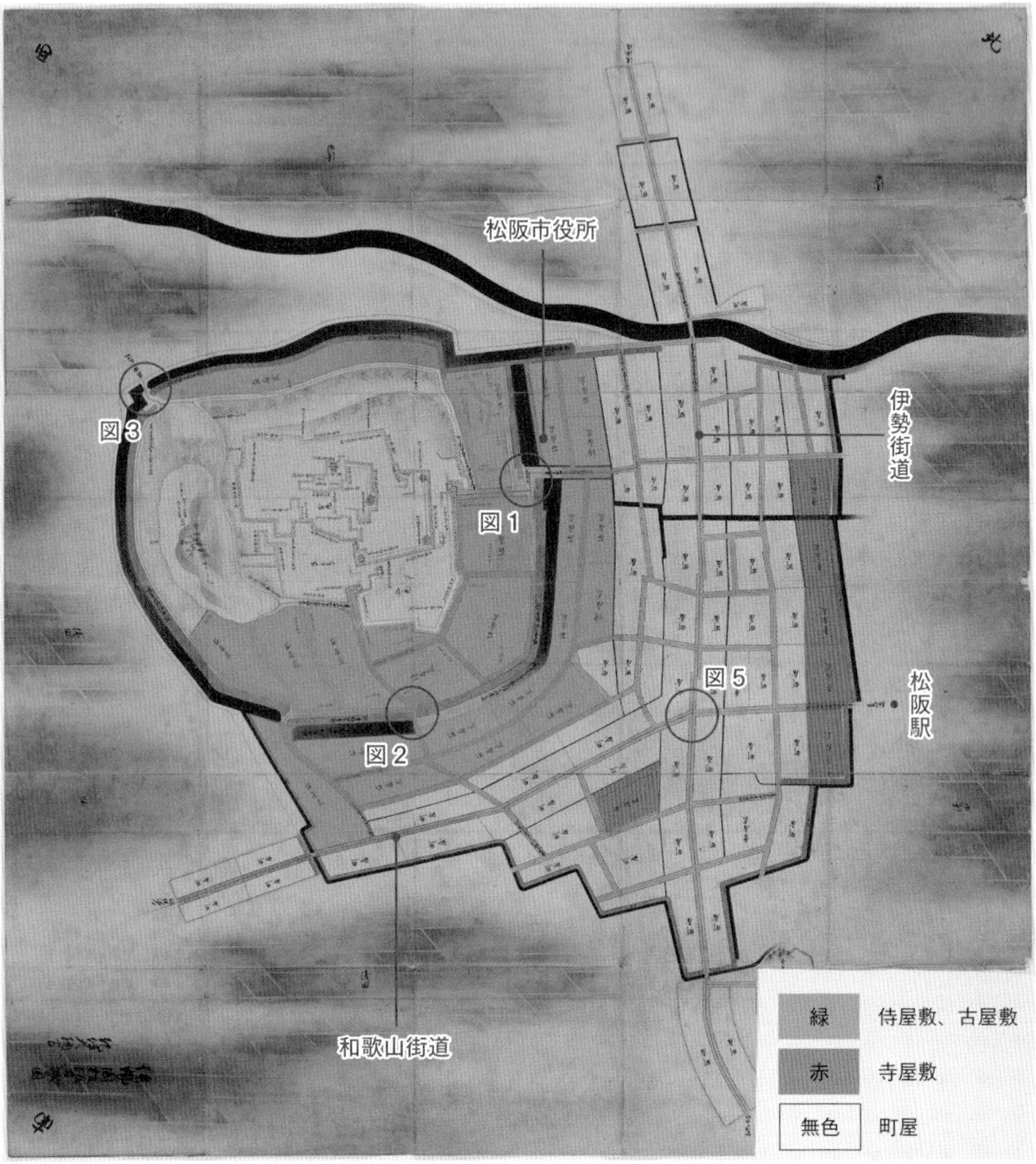

図４　伊勢国松坂古城之図（正保城絵図）東西 230cm ×南北 251cm
国立公文書館蔵
　侍屋敷や古屋敷、町屋、寺屋敷の文字がみえ、都市プランを明確に読み取れる。
城を囲む堀や堤（土塁）には規模の書き込みもされ、城下の周囲を巡る総構の様子も良くわかる。総構の内側には堤と同色で表現されたラインがみえ、「田関」の文字がみえる。土塁よりも小規模な高まりを表現したものであろうか。

図５　日野町に残る道標
　元和５年（1619）、松坂は紀州藩領となり、新たに和歌山街道が整備された。和歌山街道沿いの新町は、氏郷の時代から存在していたものの、街道整備されて以降に発展した町となる。
和歌山街道と、伊勢街道は、現在の日野町の交差点で交わることになり、交差点の脇には「右　わかやま道、左　さんぐう道」と刻まれた道標が残る。

現代に残る城下の面影

松坂城

文／寺嶋昭洋

全国に名を馳せた三大商人の一翼を担った伊勢商人、その中心を成したのは松坂出身の商人であった。江戸時代に多くの有力商人を輩出することになる商都松坂の基盤を作り上げたのは、近江日野出身の戦国武将、蒲生氏郷である。氏郷は、天正16年（1588）に新たに松坂城を築城し、城下の建設にあたっては、ソフト面とハード面の整備により経済の振興を図った。特にハード面の整備をみてみると、松坂城を中心に武家屋敷を配置し行政地区とし、海岸部から付け替えた伊勢街道を軸に商業地区を設定し、職業別に町人を住まわせた。町に近江日野や伊勢大湊から有力な商人を移住させたことも有名である。そして、その外周には寺院を配置して宗教地区を形成して防御ラインとする、といったプランで城下町の整備が進められ、その姿は現在でも見ることができる。

図1　遠見櫓からみる四足御門跡

図2　竹御門跡

図3　五曲口跡

図1は追手門跡の、図2は搦手門跡の写真で、寛文12年頃の絵図にそれぞれ「四足御門」と「竹御門」の名がみえる。四足御門跡は、枡形の雰囲気を若干残し、竹御門跡は堀の痕跡である神道川を渡り、土塁痕跡との高低差を体感することで、かろうじて虎口であることを感じられるかもしれない。

図3は五曲口跡付近の写真である。付近に堀の痕跡となる水路はあるものの、五曲口を体感できるものは残っていない。

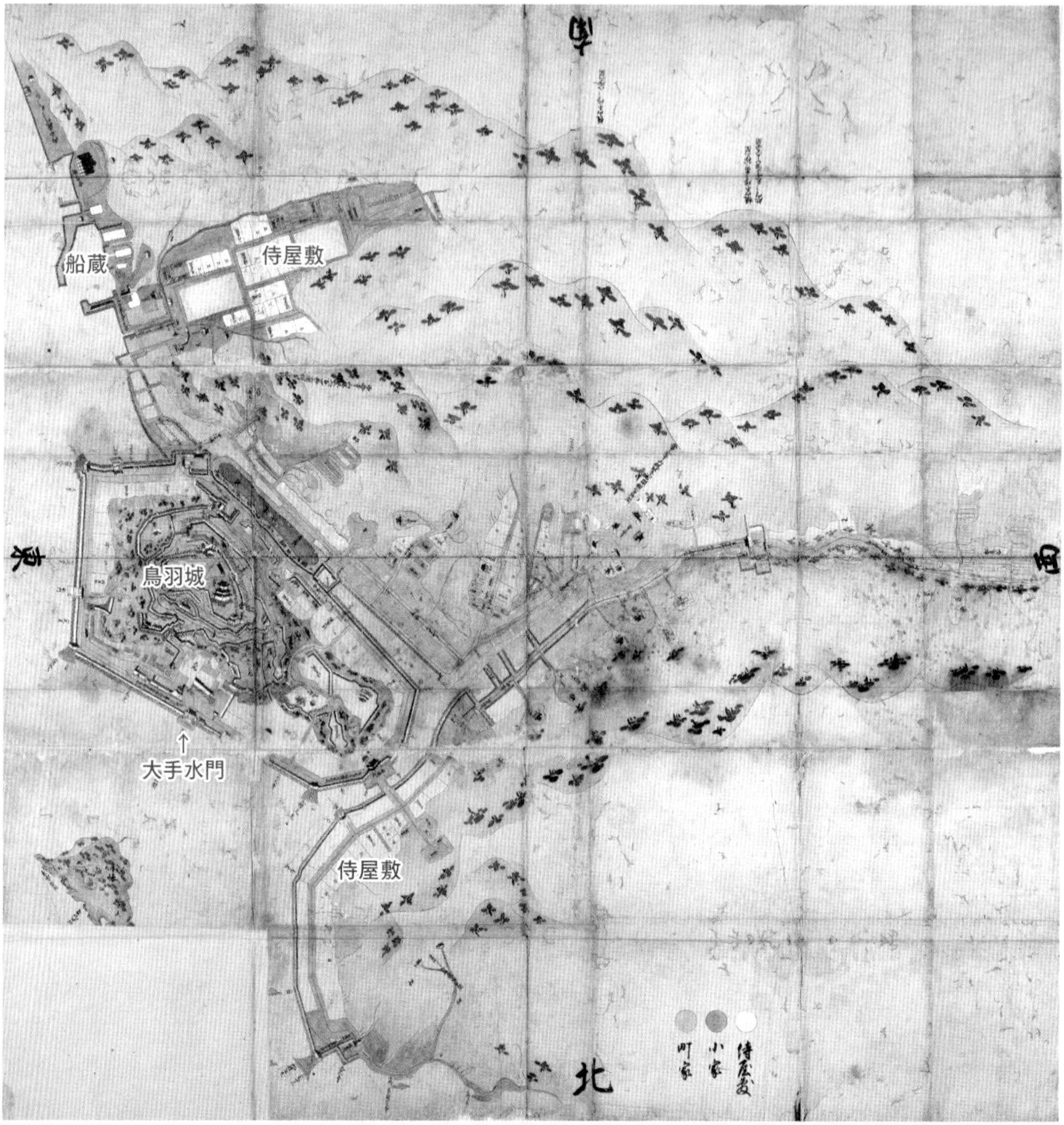

鳥羽城図　縦145㎝×横141㎝　鳥羽市立図書館蔵

絵図には製作年代の記述はないが、18世紀前半の板倉期のものとみられる三重県総合博物館蔵の絵図と同様の表現がみられることから、同じ時期に製作されたものと考えられる。白色が侍屋敷、朱色が町屋と色分けがなされており、城の北側の岩崎地区（現在の鳥羽一丁目）と奥谷地区（鳥羽四丁目）に侍屋敷、南西側には、鳥羽道沿いに町屋（鳥羽二・三丁目）が拡がっていた。また、城下町には寺社が点在しているが、九鬼氏の菩提寺である常安寺や、内藤氏の菩提寺の西念寺、稲垣氏の菩提寺である光岳寺など江戸時代から現在も現存する寺がある。

なお､城下町の南東部には｢船蔵｣が確認できる。侍屋敷の名称などの詳しい記述は記されていないが、四方を海や池にかこまれ、大手水門が海側に面して配されるなど、水軍の城に相応しい特徴を有していた。残念ながら大手水門などがあった城の海側は開発され、鳥羽水族館や国道、近鉄の線路になっているが、本丸跡周辺には九鬼氏の時代のものと考えられる石垣が残る。本丸跡からは多くの船が行き交う鳥羽湾が一望でき、この地が海運の要所として栄えた風情を感じることができる。

四方を海に囲まれた城

鳥羽城

文／豊田祥三

鳥羽城跡は織田信長や豊臣秀吉のもとで水軍として活躍した九鬼嘉隆によって文禄３年（1594）に築かれた城である。大手水門を海側に配したほか、船蔵を有するなど水軍の城にふさわしい城であった。九鬼氏が御家騒動により国替えとなった後、寛永10年（1633）に譜代である内藤忠重が城主となるが、延宝８年（1680）に内藤忠勝が江戸で起こした殺傷事件により領地没収となると、幕府直轄地を経て、土井―松平（大給）―板倉―戸田（松平）と城主の交代が相次ぎ、享保10年（1725）に稲垣氏が入封後は、ようやく安定し、幕末まで続くことになった。

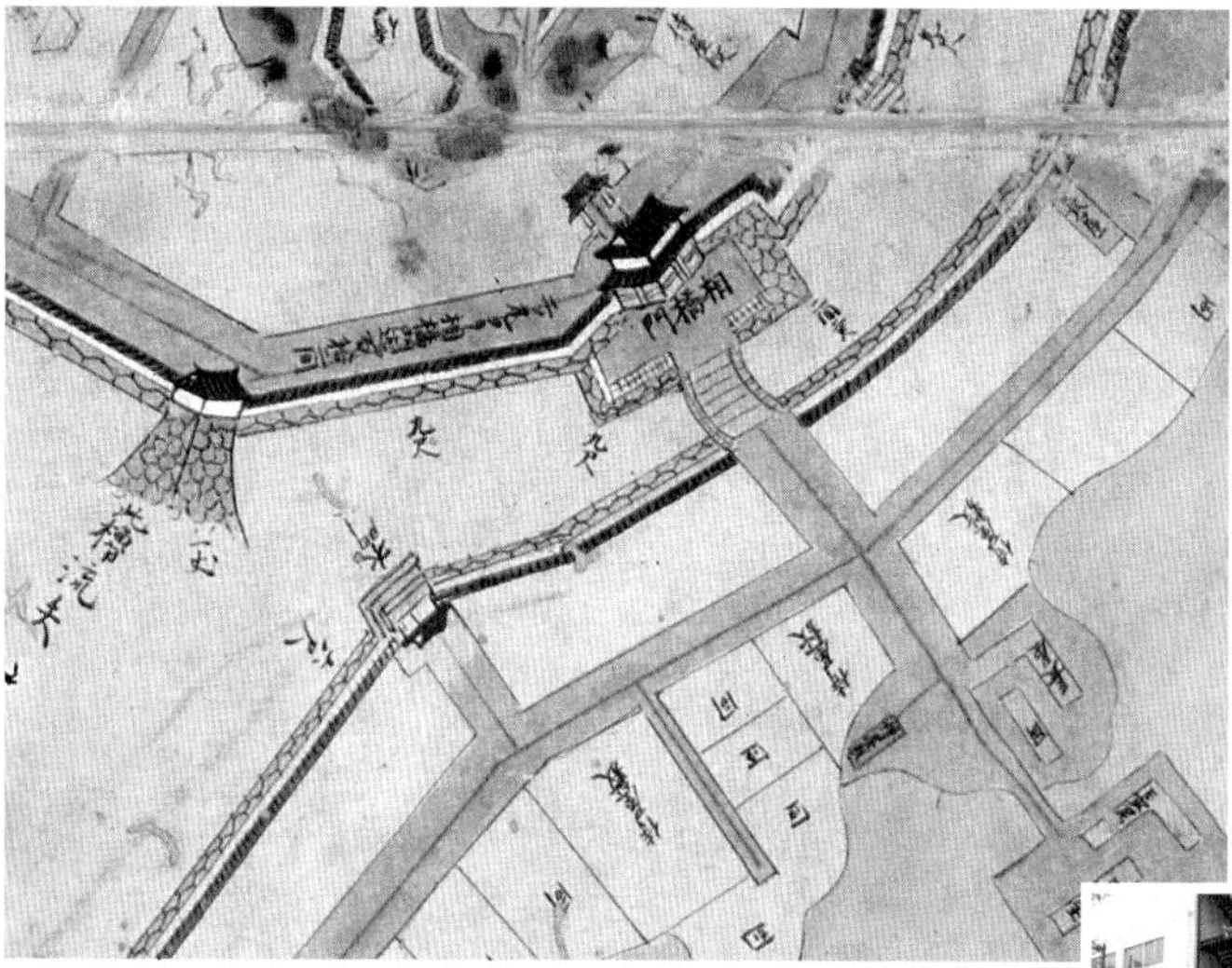

相橋周辺

「鳥羽城図」の一部である。城の北側には侍屋敷があり、城へは相橋を渡って城内へと入っていた。現在、相橋周辺は、城の堀の面影を残す唯一の場所となっている。

現在の相橋

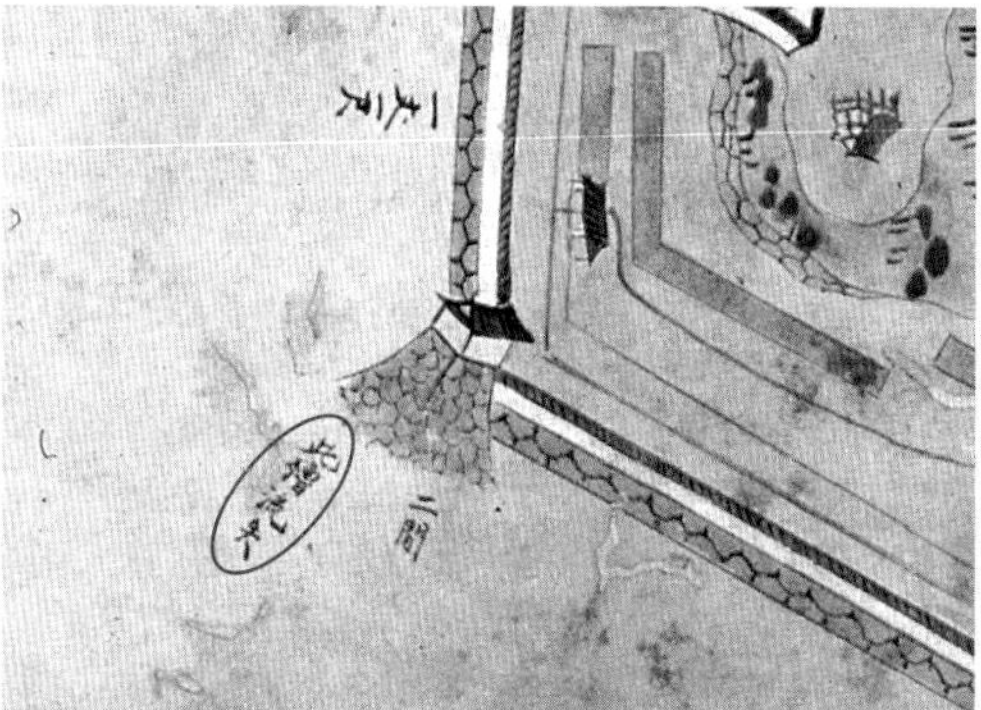

「鳥羽城図」の一部で、「流失屋敷」や「此櫓流失」といった書き込み（赤丸内）がみられることから、宝永４年（1707）の大地震による津波の被害で、それが完全に復旧していないことを示している。板倉重治が藩主であった宝永７年（1710）から享保２年（1717）の間の製作と考えられる。

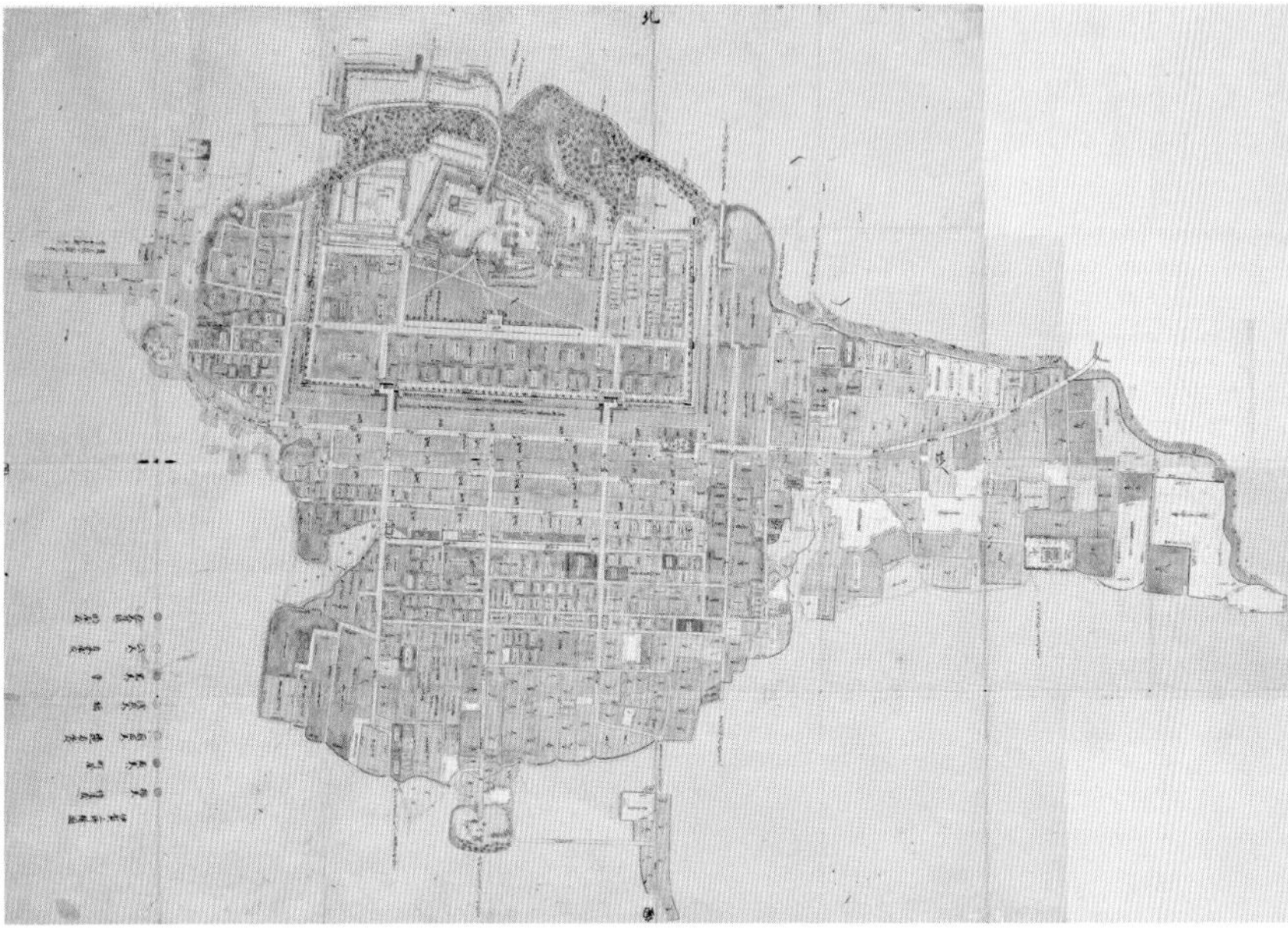

上野城下町絵図　正徳５年（1715）　縦 220㎝×横 150㎝　公益財団法人伊賀文化産業協会蔵
現在 80 枚程度が知られている上野城下町絵図のうち、正徳５年（1715）に成立したもの。上野城下町絵図は武家屋敷に藤堂藩士の名が記され、伊賀付・津付の異動を諸史料で確認することで、絵図の年代を推定することができる。近世中期以降、城下町が東へ拡大していく様子がよくわかる。

（上）は城下町東部の農人町・車坂町・赤坂町付近。左下交差点から北の赤坂町を経て北に向かうと大和街道佐那具宿、交差点から東に行くと伊賀街道平田宿。水色は、高禄藩士の「自分屋敷」を示す。
（左）は城下町南部の桑町。当初は出屋敷と呼ばれた。これらの町は三筋町に対して枝町と呼ばれた。城下町の入口に位置し、近世中期以降、城下町と村々を往来する人びとで賑わった。

街道の結節点として賑わった城下町

上野城

文／笠井賢治

上野城下町は、伊賀国と城和領（山城・大和国の藤堂藩領）の中心であり、伊賀・大和・阿保の各街道を介して大和国や伊勢国、国内各所に通じる経済・文化の拠点でもあった。

上野城下町絵図の町人地部分である。外堀の南側に、北から本町・二之町・三之町の東西３本の筋と、西之立町・中之立町・東之立町の南北３本の通で区画された長方形の街区が形成された。本町筋と中之立町通の交差点、札の辻を基点に東西にそれぞれ 120 間（約 240 m）、本町・二之町・三之町の筋の間隔は 40 間（約 80 m）で計画されていた。三之町筋の南には外馬場が設けられ、当初は惣構の堀が計画されていた。外馬場の南には忍町・鉄砲町などの中下級藩士の武家屋敷があった。

外堀の南東側に面する菅原神社（上野天神宮）の部分。大和街道を遮るように張り出して設けられた。城下町の産土神であり、現存する楼門は藩主より用材の寄進を受けて元禄 14 年（1701）に建立されたもの。

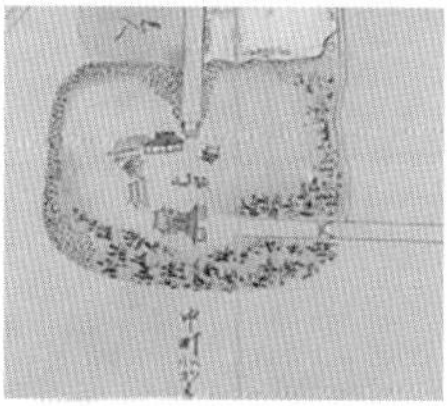

城下町の南端に位置する愛宕神社の部分。高台にあり城下町の南の備えでもあった。本殿は、元和２年（1616）に藤堂高虎が大檀那となって建立された。高虎の眼病平癒の祈禱もおこなわれた。

【コラム】『伊勢参宮名所図会』の挿絵を読み解く

寛政9年（1797）成立の『伊勢参宮名所図会《いせさんぐうめいしょずえ》』全8冊（本篇5巻6冊、附録1巻2冊）は、伊勢参詣に特化した道中案内記の決定版。作者は、秋里籬島・秦石田、作画は、蔀関月・西村中和とされ、特に秋里と秦は、他の「名所図会」をも手掛けた上方の文人という。非伊勢人が執筆した故の間違いもあるが、「名所図会」シリーズ初となる街道に沿った挿絵付きの叙述で人気を博した。現地調査により、挿絵を中心に情報が詳細であることが特徴の一つといい、現在でも挿絵の絵解きがなされている。本コラムでも、同書巻4「つゞら石《いし》」の挿絵から情景描写が絶妙なことを紹介すると、ここでは葛籠石《つづらいし》を主軸に間《あい》の山《やま》の名所が描かれている。まずは右側の絵解きをおこなうと、表題の真左に「出かわりの神わありてや葛籠石　麦林」と伊勢俳諧の麦林《ばくりん》の一句が詞書的に載る。その左には「御岩観音」①、またその左下には「つゞら石」②をはじめ、「いなり」（稲荷）③、さらに鳥居や絵馬掛④、反橋といった宗教関連施設の描写がある。次に画面左を解釈すると、左上にみえるのは「古市」⑤の芝居小屋⑥付近の街道の賑わい。その下に、スヤリ霞的表現⑦で距離感を取り描かれたのは下中之地蔵の街並み。そう判断したのは、冊子内の他の町屋表現とは異なる黒壁表現⑧と、高台（聚遠楼）の賑わいで描かれた町屋⑨が料理茶屋の麻吉《あさきち》。また、麻吉から南方にみえる三角が寂照寺《じゃくしょうじ》の経堂の屋根⑩であることによる（本書30ページ参照）。

今でも麻吉に南接する長階段付近⑪から周囲を見渡せば、葛籠石や「せんげん」（浅間）⑫といった階段下の情景は当時とは異なる一方、上段より見渡す麻吉の建物や寂照寺の経堂から往時の姿を彷彿でき、見事な構図に脱帽する筈だ。（千枝大志）

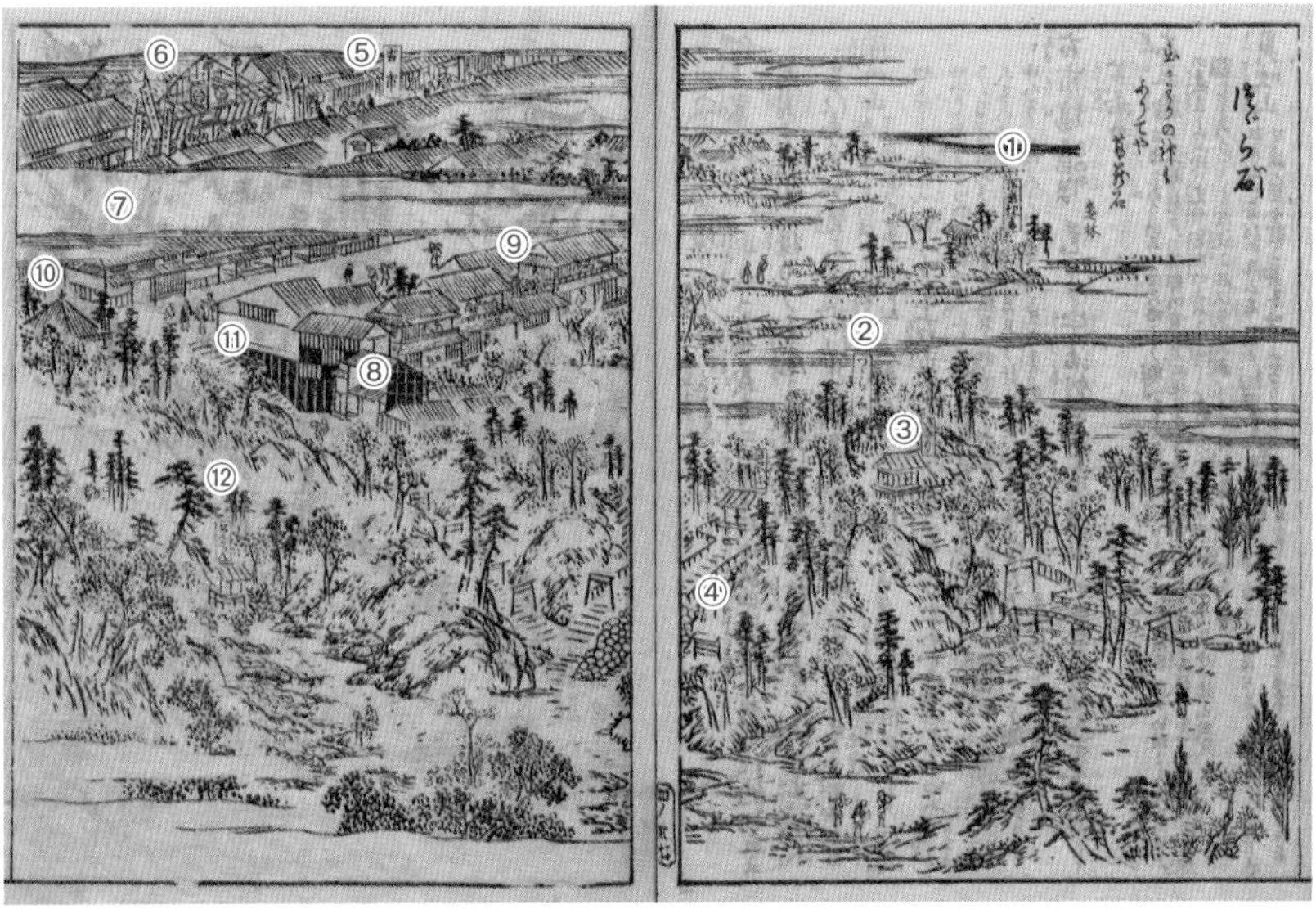

「つゞら石」『伊勢参宮名所図会』4巻　国立公文書館蔵

III お伊勢参り小咄

伊勢神宮へ向かう皇女の歩んだ道

斎宮につづく道

文／西村健太郎

鈴鹿峠の険しい道のり

三重県と滋賀県の県境にそびえ立つ鈴鹿山脈の南端に位置する鈴鹿峠は、古くから交通の難所として東海道を往来する人々に恐れられてきた。急峻な峠を貫くあまりにも危険なその山道は、古代東海道が仁和2年（886）の阿須波道の開通によって、京都から水口・土山（現滋賀県甲賀市）を経て坂下・関（現三重県亀山市関町）へと至るルートに変更された際に新しく設定された行路である。江戸時代に五街道が形成されると、京都と江戸を結ぶ要路として生まれ変わり、沿道の町は「東海道五十三次」と総称される宿場が置かれて発展した。現在の国道1号線はこの五街道の東海道に起源するが、鈴鹿峠を通る道は道路が舗装された今でも急勾配の坂道やヘアピンカーブが続き、交通事故防止の注意喚起が絶えない。

今を遡ること約1000年、ある一人の皇女が伊勢の斎宮《さいくう》を目指して京の都を出発した。その名も良子《ながこ》内親王。後朱雀天皇の第一皇女である。130㎞もの長い距離を人夫が担ぐ御輿に乗って移動する。彼女は意気揚々と目的地へと向かったが、峻険な鈴鹿峠がその行く手を阻んだ。起伏の激しい道に揺られて、数え年10歳の幼子は体力を消耗させていく。過酷な状況が続くなかで、良子はある大きな使命を命懸けで守り抜こうとしていた。

伊勢斎宮への旅

斎王《さいおう》―それは天皇の代替わりごとに伊勢に派遣され、天照大神の御杖代として伊勢神宮に仕えた、未婚の内親王または女王（皇孫以下の皇族）のことである。実在が確認できる最初の斎王は、七世紀後半の天武天皇の娘大来《おおくの》皇女《ひめみこ》であり、その後聖武天皇の時代に制度として確立し、南北朝期の消滅まで60名を超える斎王が誕生した。

平安時代の弘仁・貞観・延喜年間に編纂された、古代法典たる律令の追加規定の格と施行細則の式を集成した、いわゆる三《さん》代格式《だいきゃくしき》の一つである『延喜式』（延長5年［927］撰）には、100条にも及ぶ斎宮関係の式が列記されており、斎王の選定から伊勢に至るまでの流れが詳細に綴られている。以下にその内容を簡単にまとめてみよう。

天皇が即位すると、亀の甲羅を炙り、そのひび割れの状態を見て占う亀卜と呼ばれる方法で斎王は選ばれた。斎王となった皇女は、まず宮中に設けられた初斎院にて、翌年の秋まで潔斎生活を送り、次いで京外の野宮《ののみや》

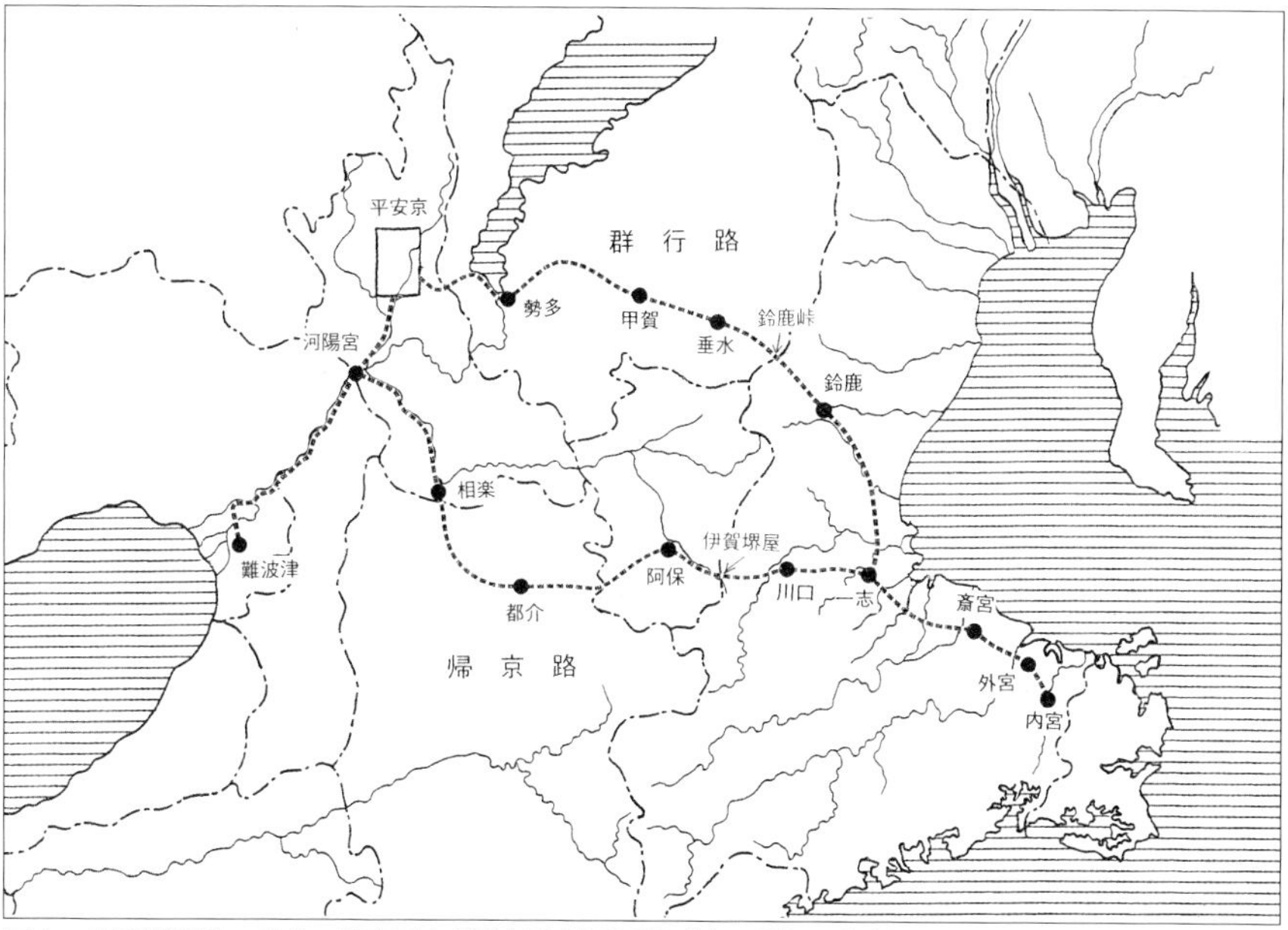

図1　斎王群行路　出典：斎宮歴史博物館特別展図録『斎王群行と伊勢への旅』

に移動し、そこでも身体の清浄化に1年を費やす。そして、卜占から3年目にあたる翌秋の9月上旬吉日に、伊勢神宮でおこなわれる神嘗祭《かんなめさい》に合わせて京を発つ。このとき、天皇と面会して額髪に黄楊の櫛を挿してもらう「別れの小櫛《おぐし》」なる儀式が催されていた（『西宮記』臨時五）。斎王には数百人もの官人・女官が同行して荘厳な行列をなし、5泊6日の行程で、近江国の勢多・甲賀・垂水、伊勢国の鈴鹿・一志に営まれた頓宮（仮設の宮）に泊まりながら、斎王の居所である斎宮が所在する伊勢へと向かった。この斎王群行とよばれる壮大なセレモニーは、現在も斎王まつりなどのイベントで再現され、大きな見どころとなっている。

　平安京↓近江↓伊勢の斎王群行路は（図1）、阿須波道の開通にともなって採用された戦慄の鈴鹿峠越えルートを経由するが、詳しい行程は次の通りである。

一日目　京↓白河↓山科↓会坂↓勢多川↓近江国府
二日目　近江国府↓井水↓甲賀川↓甲賀頓宮
三日目　甲賀頓宮↓垂水頓宮
四日目　垂水頓宮↓山口↓鈴鹿峠↓鈴鹿頓宮
五日目　鈴鹿頓宮↓鈴鹿川↓安濃川↓藤方↓雲出川↓一志頓宮
六日目　一志頓宮↓六軒↓下樋小川↓櫛田川↓多気川↓斎宮

　現在でいえば、関町までは国道1号線すなわち旧東海道、関町からは伊勢別街道を津に向かって南東に歩き、津からは国道23号線を海岸沿いに南下して斎宮に至るといった具合であろうか。群行の途中、白河・勢多川・甲賀川・鈴鹿川・下樋小川・多気川にて禊の儀式が執り行われ、斎王は段階を追って、聖性を帯びていく。長い旅路の果てに、国家祭祀の代行という務めを果たせる状態にまで近づいて、ようやく斎宮に入ることができるのである。

５カ所の頓宮のうち場所が特定されているのは、「頓宮《とんぐう》」という地名が付近に残る垂水（甲賀市土山町）のみであるが、鈴鹿と一志に関しても、斎王群行にまつわる伝承・史跡によっておおよその所在地が判明しており、前者が三重県亀山市関町新所または古厩周辺、後者が三重県松阪市嬉野宮古町または市場庄町周辺と推定されている。春の陽気に誘われて現地を訪ねてみた。

名古屋からＪＲ関西本線快速亀山行に揺られること一時間弱、亀山からさらにＪＲ紀勢本線鳥羽行を乗り継いで40分ほどで一志頓宮の古跡が残る六軒に着く。無人駅の六軒駅を出ると、良くいえば閑静な住宅街が広がっている。駅から国道23号線に沿って北へ歩くと、お伊勢参りの参宮道に由来すると思しき「左さんぐう道」と刻まれた古碑が目に留まり、さらに先に進むと、養和元年（１１８１）に一志駅家で頓死したと伝わる大中臣定隆（『吾妻鏡』同年十月二十日条）を偲んで建立された勅使塚にたどり着いた。碑の高さは３ｍほどある。住宅地の真ん中に民家を背にして立っており（図２）、近くでは下水道工事がおこなわれていた。定隆は源氏追討の祈願のために伊勢神宮に向かう旅の途中で急逝したのだという。古代の交通施設である駅家が斎王一行の宿泊の用に供することから、群行ゆかりの地と考えられてきたのではないだろうか。

図２　勅使塚

勅使塚から折り返してまた南へ歩く。近くの小学校の校庭では、春休みが目前に迫った子どもたちが騒いでいる。六軒駅を通過すると、伊勢街道沿いの住宅街に入る。宿場町六軒茶屋の面影を微かにとどめており、伊勢神宮に向かう人々で活気に満ちあふれていた江戸時代の趣を感じ取ることができる。そのまま直進すると、広い空き地の一角に掘られた小さな井戸がみえてきた（図３）。忘井と呼ばれるこの井戸は、12世紀初頭の天永年間に姰子《あいこ》斎王とともに伊勢宮に向かった女官甲斐が、一志頓宮に泊まった際に、都を思うがあまり涙を流しながら歌を詠んだ場所だという。

図３　忘井

別れゆく
都の方の恋しきに
いざ結びみむ忘井の水
（『千載和歌集』巻第八、羇旅）

井水はすでに枯れ果てており、石が四方に積まれている。

一志頓宮の往時の姿を語る二つの史跡は、人々の生活に溶け込んでひっそりと佇んでいた。

斎王群行の背景を知る

三重県の松阪市と伊勢市のあいだに位置する多気郡明和町は、古代から中世にかけて斎宮が存在していた場所である。昭和54年（1979）に国史跡に指定されたその遺構の傍らに、現在は斎宮歴史博物館が建っている。最寄り駅の近鉄山田線斎宮駅の北側に置かれた斎宮の10分の1の模型は、博物館を訪れた人であれば誰でも一度は目にしたことがあるだろう。宮都にならって、碁盤の目のように東西7列・南北5列に区画整理された斎宮全体の概観がビジュアル的に把握できるよう工夫が施されているが、斎王の住む内院はこの方格地割とよばれる区画のなかにあり、それに主神司・水部司・殿部司をはじめとする13の役所からなる斎宮寮が付設されていた。

斎宮寮は、8世紀初頭の律令制定の後に設置された歴とした令外官であり、聖武天皇治世下の神亀4年（727）からその翌年にかけて組織が整備された。群行の出発当日から、天皇の譲位や死去などの理由により、斎王が解任されて京に戻るまでの期間のみ機能するというその特殊性は、他の役所に例をみない。斎王の最も重要な役割は、伊勢神宮の三節祭（6月・12月の月次祭、9月の神嘗祭）に参加することであったが、斎宮でも白馬節会や端午節会といった宮中儀礼とまったく同様の行事が開催されていたほか、主神司によって臨時の祭祀が執り行われていた。主神司以外の一二司は斎王の生活・行政・警備などを担当する役所であり、こうした斎宮寮の構造は、祭・政をそれぞれ掌る神祇官と太政官が根幹をなす律令国家の統治システムとの類似性が指摘されている。さらに、財政面でも斎宮は国家との関係が深く、国の税収の一部が充てられていた。

このように、斎宮が様々な面で天皇と同じ方式を採用していたのは、離京に際して、国家祭祀に携る資格を分与するために黄楊櫛を額髪に挿す儀礼が催されたことからも明らかなように、斎王が天皇の分身ともいえる存在だったためであり、その運営組織たる斎宮寮は、いうなれば律令国家のミニチュア版だったのである。この点についてもう少し深掘りしてみよう。

壬申の乱に勝利した天武天皇は、中央集権国家の確立に向けて動き出す。このとき天武が掲げた政策の大綱は、中央・地方の豪族が大王から与えられた氏姓（ウジ名・カバネ）にもとづいて特定の職務を世襲し、人民・土地を所有するそれまでの古い体制を改め、天皇が全国のすべての民を支配し、個人の能力に応じて官人に登用するシステムへと移行することであった。官僚制・公民制という二つの柱で支えられた律令国家はこうして形が整えられていったのであるが、人事などの面では引き続き従来の氏姓制度が一定の機能を果たしていた。中臣氏・物部氏に代表される職を名に負った氏族、すなわち負名氏《なおいうのうじ》が下級官人として取り立てられている点にその特色はよく表れているが、斎宮跡からは「水部」・「水司鴨□」・「笠」と墨書された土器が発掘されており、斎宮においても一三司の官人に負名氏が採用されていたことが判明している。

天武天皇は律令国家の建設と並行して、伊勢神宮を頂点とする国家祭祀の整備にも力を注ぎ、新たな支配体制を体現する神として天照大神を位置づけることに成功した。斎王制度はこうした状況下で誕生したのであるが、おそらく負名氏の斎王に対する同行奉仕は、大来皇女の伊勢派遣まで遡り、聖武期の組織改革のときに体系化されたものだったのではないだろうか。天武は草創期の段階から斎宮＝国家機関の縮図というイメージを描いていたとみられ、その背景には、天皇（大王）の伝統的な権力と支配を、律令国家の象徴的存在である天照大神のもとで再現しようとする意志が働いていたと推察されるのである。

　実のところ、斎王制度と同じような強い政治性が斎王の群行に関しても認められる。一見、群行は斎王の伊勢下向を厳かに仕立てるための単なるセレモニーとみられがちであるが、近年の研究によって、天皇行幸との同質性が明らかにされている。すなわち群行中に奏される風俗歌舞は、行幸における国司（今でいう県知事）の歌舞の系譜を引くものであり、それはもとを辿れば、律令が制定されるよりも前の時代に、地方の首長が大王との支配関係を確認するために執り行った食物献上や風俗歌舞であったというのである。非常に興味深い指摘ではあるが、国司が斎王を出迎えたり、頓宮の造営や維持、雑器・食糧の調達にあたるなど、大役を務める決まりになっていたという事実も、こうした儀式の本質と関連づけて理解すべきなのではないだろうか。

斎王群行をめぐる貴重な史料

　小難しい話をしてしまった。とにかく、古代国家にとって斎王が重要な存在であったということだけお分かり頂ければそれでよい。その存在意義の大きさゆえ、当初は即位した天皇の娘が斎王に選ばれていた。ところが、平安時代の半ば頃から、天皇の娘ではなく異母姉妹や遠縁が選定されるケースが増えてくる。斎王を軽視する風潮の高まりが原因とみられているが、その流れを変える出来事が、嫥子《よしこ》女王が斎王在任中の長元４年（１０３１）に発生した。

　当時の状況を伝える『小右記』によれば、月次祭の最中に突如として神がかりの状態となった嫥子のもとに神託が下り、斎宮寮長官の不正行為を暴くとともに、今の天皇に敬神の心が無いことを非難したという。前代未聞のこの事件は、当代の後一条天皇を対象として、衰退傾向にある斎王制度の立て直しを求めたものであり、政府はこの要請に迅速に対処する必要に迫られたのである。

　由々しき事態にあって、斎王制度の再興を掲げる政府の期待を一手に背負って伊勢に派遣されたのが、最初に触れた良子内親王であった。彼女は託宣事件から間もない長元９年（１０３６）、父親の後朱雀天皇の即位に伴って卜定された。天皇直系の正統な斎王が再び誕生したのである。

　良子は潔斎の期間を経て、長暦２年（１０３８）９月下旬に京を発った。彼女の群行に関しては、幕末・明治期の国学者田中教忠の家に伝わり、現在は国立歴史民俗博物館に所蔵されている『春記』（『田中本春記』）に詳しい記録が残るが、実のところ、斎王や帯同者らの道中での様子を記したものはこの史料を除いて他になく、群行の実態を把握し得る唯一の手がかりとなっている。

　原点に立ち返り、天皇の娘を国家神に奉仕させるからには、『延喜式』などのルールに則り、斎王を介した天皇の示威行為でもある群行を壮麗に演出するのが政府の理想であったに違いない。しかし、理想は理想のままに終わった。大役を果たすはずの国司の失態が続いたのである。『春記』によれば、京から近江への移動は深夜から早朝にかけて敢行されたが、山城国司は足元を照らすための松明を用意していなかったという。近江に入ると、国司藤原隆佐が輿の担ぎ手の食事を提供したり、黒木を用いて垂水頓宮を優美に仕立て上げるなど、斎王一行は手厚いもてなしを受けたものの、橋の破損により水位の高い川の中を歩くという一幕もあった。そして、ここから地獄の鈴鹿峠越えが始まる。上りでは、険阻極まりない山路に耐えられず馬を下りて進む場面が幾度もあり、牛車の先導者でさえ全く対応できなかったという。頂上に近づいたタイミングで、有ろうことか近江国司が帰り、案内役がいない状態で山を下ることになる。当時の国司には権力者に媚びるものが多かったから、隆佐も自己の利益を優先させて体裁を取り繕っていただけなのかもしれない。高く険しい下りの道程で行列は散り散りになり、峠を抜けるまでに6時間以上を要したという。良子は御輿の中で恐怖に怯えていたようで、『春記』の筆者で同行者の藤原資房は、「騎馬の人々でさえ大変なのに、輿の中は尚更ではないか」と幼い斎王の身を案じながら、峠越えの凄惨さを伝えている。一行は命からがら鈴鹿頓宮に到着したが、またしてもアクシデントに見舞われてしまう。今度は伊勢守橘兼懐が乱暴被害を受けたと言い逃れして頓宮の雑用すらまともにしなかったのだ。資房は兼懐を愚か者と評して、彼を咎めても益がないとまで言い放っている。斎王制度の再興を託された良子は、斎宮へと続く道の上で、関心の低さゆえに国儀に加担しない、あるいは私利私欲のために表面上は協力する国守が存在しているという現実を突き付けられたのである。

　JR関駅の改札を出て少し歩くと、東海道五十三次47番目の宿場町関宿の賑わいを彷彿させる街並みが広がっている。優雅な景観に酔いしれながら、緩やかな坂道を上っていく。平らな台地の上に、鈴鹿頓宮の跡地に比定されている赤坂頓宮跡の位置を示す碑が建っていた（図4）。藤原広嗣の乱のときの行幸でも利用された場所らしい。命の危険からようやく解放された斎王一行は、ここでゆっくり羽を休めたことだろう。しかし、正統な斎王が天照大神に仕えるという国家の理想に徐々に近づいていく自分と、現地で直面した現実との狭間で、良子の心は大きく揺らいでいたのかもしれない。

図4　赤坂頓宮跡

室町殿の伊勢参宮をひもとく

室町時代における公家や武家たちの参宮の実相

文／桐田貴史

はじめに

毎年1月4日、日本の内閣総理大臣が伊勢内宮に参拝するため、宇治橋を渡る光景をテレビニュースで何とはなしに目にしたことがある読者は、案外多いかもしれない。

為政者による伊勢参宮。前近代にあって、最高権力者が伊勢神宮に参詣を遂げ、祈願を捧げたのは、室町時代をおいて他にない。また、その営為は庶民の参宮にも重大な影響を与えた。

ここでは、室町時代、幕府と朝廷の双方に君臨し、権力の頂点にあった足利将軍家の家長（「室町殿《むろまちどの》」と呼ばれる）の伊勢参宮に注目し、その意義と具体像にせまってみる。その上で、このころ盛んになった京都からの伊勢参宮の歴史を紐解きたい。

明徳・応永の乱と足利義満の参宮

建武3年（1336）足利尊《たか》氏《うじ》（室町幕府初代将軍）は後醍《ごだい》醐《ご》天皇と対立し、京都に新たな天皇（北朝）を擁立した。これに対し、後醍醐は大和国吉野に別の朝廷（南朝）を立て、いわゆる南北朝時代がはじまった。加えて、尊氏が創設した室町幕府の内部で政治抗争が多発したため、約半世紀もの間、日本列島は内乱状態に陥った。

この大乱を最終的に鎮めたのが、京都北山の地に金閣（鹿苑寺）を建てたことで知られる足利義満《よしみつ》（三代将軍）である。義満は幕府を掌握するとともに、北朝をもその手中に収め、公武（幕府と朝廷）にまたがる最高権力者へとのぼりつめた。

政権の基盤が整うと、義満は幕府に臣従した有力な大名の勢力削減を画策する。この標的にされたのが、山陰地方の山名氏と美濃・尾張を領した土岐氏であった。明徳元年（1390）閏3月、山名氏と土岐氏はそれぞれの本拠地で、同時に反乱を起こした。いわゆる明徳の乱のはじまりである。

この天下を揺るがした大乱に際し、義満は「官軍」、つまり天皇の軍隊として鎮圧に当たることを、伊勢神宮をはじめとする諸社に宣誓し、祈禱を捧げた。明徳の乱、および後述する応永の乱時に発給された告文《こうもん》（祝詞《のりと》）や関連文書を書き留めた史料『凶徒御退治御告文』が、公家で足利将軍家の神事を担った吉田家に伝来し、現在、天理大学附属天理図書館に所蔵されている。以下、この史料等に依拠しつつ、義満の伊勢参宮とその背景を探っていこう。

義満の危機感とは裏腹に、反乱は山名氏・土岐氏側の敗北ですぐさま決着を見た。しかし、そのあまりにあっけない幕切れゆえであろうか、義満は今回の勝利を神々の助けによるものと捉え、伊勢神宮に対し、朝廷からの捧げものや、神殿を建て替えるための費用を納めること、さらに翌年自身が参宮を果たすことを誓約した。

　その後も山名氏の乱は決着せず、山名一族の軍勢が京都に突入する。山名氏が義満率いる幕府軍と決戦に及んだ明徳2年（1391）12月の内野合戦《うちのかっせん》時、義満は、開戦の直前に伊勢神宮へ諸願成就の祈禱を実施し、今年は果たせなかったが来年こそは必ず参宮する、と改めて宣誓する文書を神宮に捧げている。

　だが、翌年は養母の死にともなう穢《けが》れにより参宮を断念せざるを得なかった。明徳4年（1393）4月、後円融《ごえんゆう》上皇の危篤を知りながら（当時の義満は左大臣で、朝廷の首班でもあった）、義満は「明日京都を出発し参宮を遂げる」との文書を残している。上皇の死という朝廷の一大事を目前に控えてなお、彼は参宮に執心したのである。

　右の文書が出された翌日、上皇が崩御し、またもや参宮は延期となる。義満がついに参宮を果たすのは、この年の9月であった。祈禱を捧げた神社であるとはいえ、なぜ義満はこれほどまでに伊勢参詣を重視したのであろうか。

　明徳の乱を退けた義満にふたたび危機が訪れる。応永6年（1399）10月、西国随一の大名である大内義弘《よしひろ》が鎌倉公方《くぼう》の足利満兼《みつかね》と共謀し、反乱に及んだ（応永の乱）。義弘が和泉の堺まで迫る中、義満は10月21日、管領の畠山基国《もとくに》をはじめ側近らを率い、伊勢参宮に出発した（「兼敦朝臣記」、『神事雑類抄』所収）。

　27日には義満の命により、京都の寺院で戦勝祈禱が開始されており、この参宮も戦勝祈願のために実施されたと考えられる。軍事的緊張感が天下をおおう中、義満が目指したのは他ならぬ伊勢神宮であった。これは、彼自らが主導する国家の守護神として伊勢神宮を位置づけたことを象徴する出来事であった。

　そもそも、天皇の祖先神である天照大神を祀る伊勢神宮に対し、天皇以外の者が自由に幣帛《へいはく》を捧げて祈願することは、律令国家以来原則的に禁じられてきた（『延喜式』巻第四）。いわゆる、私幣禁断《しへいきんだん》である。

　しかし、応永元年（1394）に将軍職を息子の義持《よしもち》に譲ったあとも、幕府と朝廷の双方の頂点に君臨した義満にとって、南北朝時代に国家祭祀の担当能力を失った朝廷に代わり、自らが神宮に祈願することは、政権の危機にあって義務として意識されたと考えられる。この後、義満は数度にわたって伊勢参宮を実施し、伊勢神宮への信仰をますます確かなものにしていった。

室町殿参宮の具体像

　義満が先鞭をつけた室町殿による伊勢参宮とその政治性は、その後の室町殿にも継承された。父義満の死の翌月、政権を受け継いだ四代義持は、初めて伊勢参宮を果たした。また、義満の伊勢参宮を契機として、これに同伴することもあった室町幕府を支える諸大名の参宮も盛んとなり、さらに大名に従う国人《こくじん》層にも広がった。室町殿を頂点とする幕府の機構によって、伊勢参宮は次第に全国の武士たちに拡大したのである。

以後、義持は応永35年（1428）に死去するまでの20年間に、都合20度もの参宮を実施しており、他の室町殿と比べてもその回数は群を抜いて多い。ゆえに、関連史料も多く伝わっている。義持の側近で、参宮に随伴した公家の広橋兼宣《かねのぶ》の日記『兼宣公記』に拠りながら、その具体像を見てみよう。

応永30年（1423）3月23日早朝、兼宣は義持に先立って自身の家司《けいし》らとともに京都を発した。後でふれるように、義持をはじめ大名や大勢の武士も付き従っての参宮であったため、一斉に移動を開始することは避け、時差を設けて出京し、伊勢を目指したのであろう。次に述べる宿泊所での大名の対応を考慮しても、兼宣がたどった道のりが、室町殿の伊勢参宮ルートであったと考えて差し支えない。

兼宣は瀬田の唐橋（滋賀県大津市）を越え、午《うま》の刻（11時から13時）には草津（滋賀県草津市）に到着している。しかし、風雨が激しくなってきたため、この日は水口宿《みなくちのしゅく》（滋賀県甲賀市）で1泊となる。室町殿の参宮は、ルートに当たる地域を治める領主にとっても一大事であり、この日は近江の大名・京極高数《きょうごくたかかず》より「肴・旨酒」が水口宿まで届けられている。

24日、夜が明けるとともに水口宿を立った兼宣は、坂下宿（三重県鈴鹿市）で食事をとり、申の刻（15時から17時）には安濃津《あのつ》（三重県津市）に到着している。この時、兼宣は「瓶子屋」という屋号の宿に1泊した。瀬戸地域（愛知県瀬戸市）で焼成された陶磁器が大量に流通していた東海道の宿にふさわしい屋号である。

25日、夜明けの伊勢湾を眺めつつ兼宣は伊勢国を南下し、出発から1時間ほどで、綾井笠（三重県松阪市）で食事をとった。午の刻（11時から13時）に宮川（三重県伊勢市）で行水したあと渡河し、巫女による祓を受け、伊勢外宮の御師《おし》である御炊大夫《みかしきだゆう》邸で潔斎ののち、外宮・内宮の順に参詣を遂げた。御炊大夫邸に戻った兼宣は同所の奥座敷の様子を「美麗」とたたえている。

26日の10時ごろ、義持が大名の山名時熈《ときひろ》とともに伊勢に到着した。このほか、管領畠山満家《みついえ》を筆頭に、斯波義淳《しばよしあつ》・畠山満慶《みつのり》・大内盛見《もりあきら》・一色義貫《いっしきよしつら》など、室町幕府の中枢を担う大名が続々と伊勢に参集した。室町殿の参宮は、一個人の参宮という次元にとどまらない、政権の構成員全体による営為であった。

兼宣は13時ごろ到着した公家の裏松義資《うらまつよしすけ》とともに、15時ごろ義持の宿（度会貞晴邸）に参上している。帰宅した兼宣は、宿の主である伊勢御師から、自家の由緒や外宮の池にまつわる不可思議な話を聞かされている。伊勢で生成された言説が、参宮した人びとによって京都に持ち帰られた可能性を示すエピソードとして、注目される。

27日朝、義持の宿所に集結した一行は、満を持して外宮・内宮への参拝を遂げる。さらには、義持の妻である裏松栄子も、夫の義持とは別に内宮へ参拝し、同所で義持と出合わせている。公家や武家、それに従う人足も含めれば、数えきれない人びとが伊勢へと押し寄せていたことになる。こうした盛儀を尽くした義持による参宮は、いかなる意図のもとで繰り返されたのであろうか。

　応永24年（1417）以降、約3年にわたって天候不順により「応永の大飢饉」が発生した。さらに応永26年、対馬国《つしまのくに》に朝鮮王国の大軍が襲来するなど（応永の外寇《がいこう》）、治世者たる義持は内憂外患《ないゆうがいかん》に苦悩した。社会不安が高まる中、応永28年に義持の周辺で発生した怪異を契機として、伊勢神宮の祭神が病や憑《つ》き物《もの》落としに効力を発揮するとの信仰が、京都を中心に広がった。さらに同年、「伊勢宮人《いせのみやびと》」を語る者が、応永の外寇時の伊勢の神の活躍を伝える託宣を京都で流布させ、同地では空前の伊勢参宮ブームが巻き起こった。

現在の高松神明社

　こうした京都での伊勢信仰に拍車をかけたのが、伊勢の神が飛来したとする「飛神明《とびしんめい》」説話に基づく、神明社《しんめいしゃ》の建立であった。祭神は無論、天照大神である。応永年間の古記録《こきろく》に頻出する宇治の神明社を皮切りに、粟田口神明社、洛中洛外図屏風《らくちゅうらくがいずびょうぶ》に描かれ名所の地位を獲得した高松神明社など、京都に複数の神明社が出現した。室町殿義持を核として、庶民をも巻き込んだ伊勢信仰の巨大なうねりが生まれたのである。

おわりに

　義持に続いて、足利将軍家の長たる室町殿となった義教《よしのり》も、熱心に伊勢へ参詣した。永享5年（1433）に参宮に同道した歌人の堯孝は、敬神に基づく義教の参宮が「政《まつりごと》をたすけ、民《たみ》をたて給《たま》ふ」ものと礼賛している。この翌年、ふたたび参宮を果たした義教が、僧侶による勧進によって、五十鈴川を越え伊勢内宮へと渡るための宇治橋を整備させたことは、著名な史実である。

　しかし、義教は嘉吉元年（1441）6月、大名の赤松満祐の謀反（嘉吉の変）に斃《たお》れ、公武政権は著しく動揺した。義教のあと室町殿となった義政《よしまさ》は政務に積極的であったが、不用意に大名の相続争いに介入し、政治の停滞と混乱を招いた。応仁元年（1467）の京都での軍事衝突を皮切りに、11年にわたる全国規模の争乱である応仁・文明の乱が勃発した。

　文明3年（1471）に義政は、嫡子義尚《よしひさ》の病気平癒を伊勢神宮に祈願した際に、天下が静まったならば、義尚を参宮させる、としたためた文書を奉呈しているが（「足利義政願文案」、国立歴史民俗博物館蔵）、結局、乱前の文正元年（1466）義政の参宮を最後に、義満以来、約80年に及んだ室町殿の参宮は途絶することになった。

　伊勢参宮の旅程などを考慮すれば、室町殿の参宮は物見遊山《ものみゆさん》でなく、一種の政治的緊張感をはらんだものであったことが察せられる。右を感覚的に追体験することは困難であるが、そのルートをたどることを通して、室町時代の参宮やそれが有した政治的意義に思いを馳せるのも、歴史の楽しみ方の一つであろう。

東から西から南から

人びとの接点となる一身田の専修寺

文／川口 淳

専修寺の寺内町

三重の国宝は計6点あるが、中でも4点が伝わるのが、津市一身田《いしんでん》の専修《せんじゅ》寺である。真宗高田派本山専修寺は、三重でも有数の由緒ある寺院である。その寺内町は歴史を伝える街並みが残されている。

寺内町は、戦国時代において、寺院を中心に環濠（周りにめぐらしたほり）を掘り、防衛自治都市（あるいは村落）として形成されたものである。一身田寺内町は、この環濠跡が現在も同じ場所に残っており、戦国期の面影を残す街並みを歩くことができる。環濠の幅は、現在はだいぶ狭くなっているが、元禄13年「一身田地方件数幷地下家屋鋪間数其外諸間数」では、三間（約5ｍ）ほどの幅の濠もあったことを伝える。

この環濠に囲まれた寺内町に入るには、三つの門があったと伝わり、現在、「赤門跡」「桜門跡」「黒門跡」として位置を知ることができる。

寺内町の北東の東町にあった赤門は、江戸方面への出入口として利用された。その反対方面の西町には、桜道之門「桜門」があり、京都方面への出入口となっている。南側は、専修寺の正面に位置し、寺町に所属寺院や寺侍を配する街並みがあり、南東にはその街に入る惣門として、黒門が置かれた。南側は、毛無川が流れ、天然の濠としても使われていた。黒門から毛無川の橋を渡ると、ここは芝居小屋や水茶屋などが立ち並ぶ、大規模な門前町であったとされ、昭和三十年頃までは大変賑わった。黒門から500ｍほど南下すると、伊勢別街道にあたり、伊勢参宮への道にかかるようになっている。

一身田は、専修寺だけではなく、現在でも、専修寺の子院や、坊官としての屋敷が立ち並んだその街並みが残されており、とても美しい。

伊勢参宮と専修寺

ところで真宗寺院といえば、伊勢信仰などの神道系信仰とは無縁であると思われがちであるが、やはり伊勢の文化との融合がこの専修寺の特徴でもある。例えば寺内町には、一御田神社の存在がある。そこの棟札には「寺内」と記載され、天正20年（1592）には寺内町があったとされる。

また近代や近世の一身田の専修寺建立の由緒を伝える伝記には、親鸞が伊勢神宮に参詣し、三重の教化を行ったことが伝承されている。その際、奄芸《あんき》の入江を訪れた折に「如意摩尼《にょいまに》」の

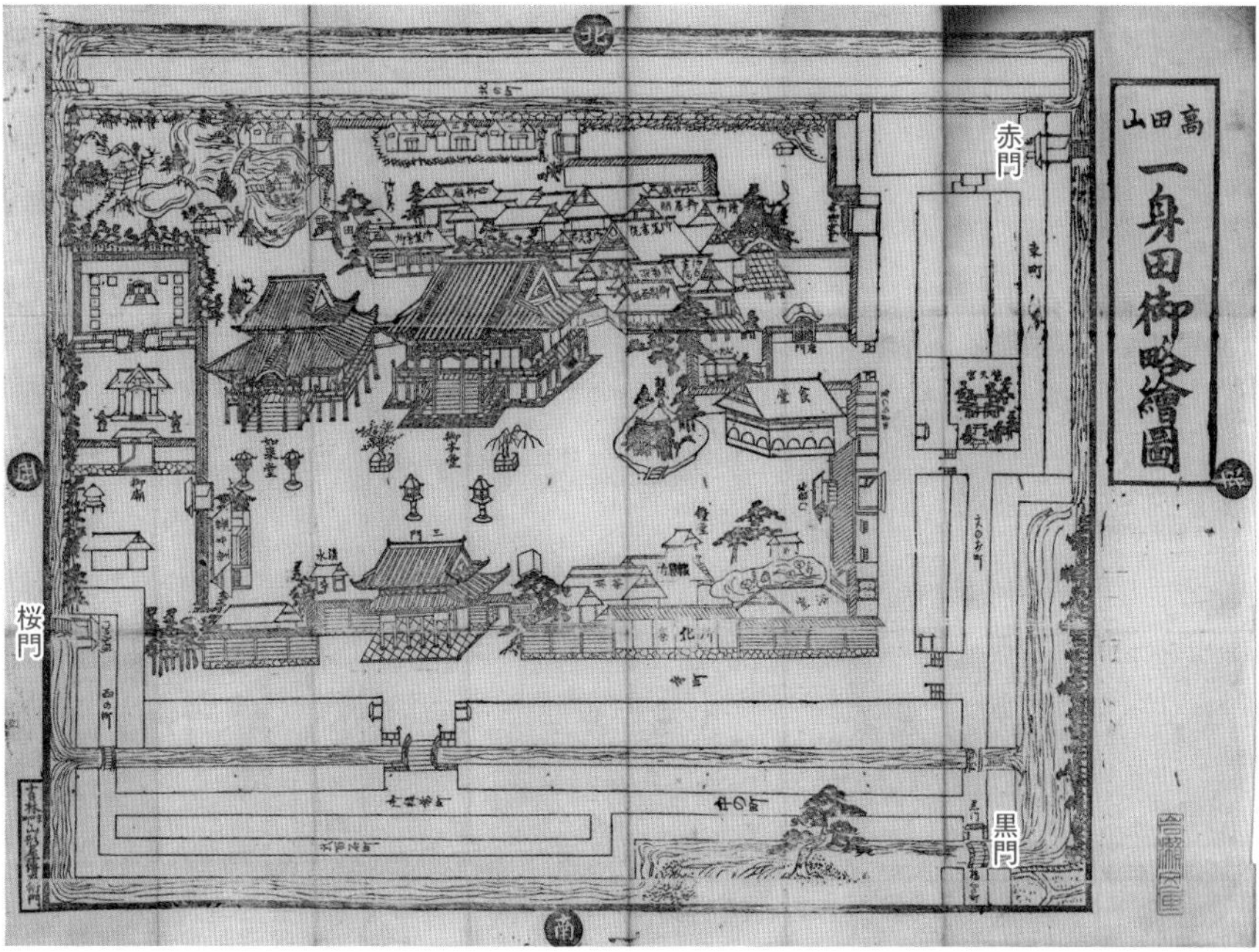

図1　高田山一身田御略絵図　西尾市岩瀬文庫蔵

響きを聞き感じ、念珠を浪に投げ入れ、この地を親鸞が自ら教化し念仏の教えを繋栄させる決意を得る神秘的な体験をしたという伝説がある。

この奄芸とはまさに一身田の地を指しており、専修寺の開基に親鸞の教化が由来することを、後代に創作した可能性が高いとされている。縁起の面において、一身田が親鸞と関係深い聖地であるように因縁付けようとする操作であったとされる。これは1722年の『正統伝後集』以前の高田派の伝記にはみられないところから、江戸期の創作ストーリーであると判断される。

私もそれに異論はない。だが、少し視点をかえてみたい。するとこの伝説は、一身田の専修寺が三重の宗教文化にどのように自身の教団を位置付けるか、といったご当地の宗教文化に溶け込むという関心から生まれた産物であるという見方ができないだろうか。お寺も、その土地に根を下ろし、その土地の民と共に成長するのである。

ここで改めて疑問に残るのは何かというと、親鸞との因縁を主張するために、なぜ如意摩尼の響きを聞くというエピソードが残されたのかということと、親鸞がおこなったとされる海に念珠を投げ入れるという行為の元ネタがあるのかである。

そもそも、如意摩尼（如意宝珠）というのは、親鸞が実際に残した文章には、出現しないワードであり、念珠を海に投げ入れるという行為も、親鸞の思想にとって宗教的な意義があるとは思えない。親鸞らしくないエピソードを付加して、なぜ一身田の正統性が確保されるというのか。だからこそ、この具体的なエピソードは、三重県の宗教文化とも関係しているのでは、と仮説を立ててみるが確定要素がないのが残念なところだ。例えば、金剛証寺は、虚空蔵菩薩を本尊としている元来は真言系の大寺院（現臨済宗）であるが、やはりその象徴物の一つが如意宝珠であり、三重の宗教文化というのは、如意宝珠をモチーフにした暦の史料もあり、真言密教系の仏教文化的背景が浸透する中で、真宗が融合していくという可能性もあるが、決定打はない。

　一方で念珠を海に投げ入れるという伝説は、何から生まれたのだろうかというのは、私の専門分野からはさっぱり見当をつけることができない。だれかその意味をどこかで公表してもらえないだろうか。この専修寺は『伊勢参宮名所図会』にもあり、お伊勢参りの途中で立ち寄り参詣する寺院にもなっていたことがわかる。

　また、江戸期には、真宗寺院でないお寺でもかつて親鸞が伊勢参宮の途中で立ち寄ったという伝承を作成した寺院も出現する。これをみると真宗門徒も伊勢参宮をし、そのついでに別の宗派寺院へ参詣するルートへ取り込むような導線を作るためにさまざまな伝承がつくられたといえよう。ならばその逆もしかりといえようか。説はいまだ素人の幻想かもしれないが、突飛な意見でもあるまい。

寺内町の街歩き

　最後に私のもっとも最近の一身田寺内町の街歩きをここに思い出として記したい。本書の関係者であるCさん、Aさんとともに、専修寺の寺内町を散策したのは、それほど前ではないが、懐かしく楽しい思い出であった。その折には、専修寺の参詣の他に、「一身田寺内町の館」で、寺内町の成り立ちについて、寺内町模型を使って解説をしてもらったり、環濠を巡りながら寺内町を散策した。

　そして一身田郵便局長を勤めながら、三重の仏教史、真宗史を研究した故平松令三氏のゆかりの地を訪ねた。マニアックと思われるだろうが、これは日本仏教の研究をしてきた私にとっては感動以外の何物でもない。

　そして最後に入ったのが面白かった。武野薬局という専修寺からすぐの、知る人ぞ知る和漢方薬局である。ここは、たんなる薬局ではなく、江戸時代に使用していた道具や掲示板、また当時の書状まで、多くの歴史的資料をお店に展示しているミニ薬局博物館もやっているところがいい。これも一度訪れてみると楽しいのではないかと思う。

　伊勢の真宗の融合的で寛容な雰囲気があるからなのか、専修寺の荘厳でありながらぬくもりのある本堂や、寺内の街並みを眺めながら、散策するのは心の落ち着く時間である。一身田はとても美しい町なのである。

図２　ミニ薬局博物館

お値打ちで人気航路だった

舟を使った東からの伊勢参宮の道

文／朝井佐智子

三河に伊勢街道？

いつだったか、愛知県の東三《ひがしみ》河《かわ》で知人と伊勢街道について話をする機会があった。街道沿いの常夜灯がどのように灯されたかについてだったと思うが、どうも話が噛み合わない。海岸沿いを通ると言われて私の思っている伊勢街道とはどうやら別のルートを指していることに気がついた。東三河人曰く、「渥美半島を通ってお伊勢さんに行く道のことだよ」とのこと。確かに言われてみればそうである。伊勢神宮を目指す街道は、伊勢北街道、伊勢本街道、伊勢別街道、伊勢南街道など、「伊勢」と冠する道が何本も存在する。三河にも伊勢街道と称する街道があっても不思議ではない。では東から伊勢神宮を目指した旅人は、必ずこの三河の伊勢街道を通ったのかというとそうではない。いくつかのルートを選択することができたのである。

現在と違って手軽に旅のできない時代である。伊勢参宮は表向きには、信仰を主目的としながらも、名所旧跡を見物し、名物を堪能する、もちろん、夜の歓楽と娯楽も、もう一つの目的であった。できる限りバラエティーにとんだ体験をするためにも、往路と復路と違ったルートで楽しむということもあったようである。

今回は東海道を経由し、伊勢街道（四日市市日永追分から南下）に入り伊勢神宮へ向かうという弥次さん喜多さんとはひと味違う東から海路で伊勢を目指す旅人気分を味わってもらおう。

東海道唯一の海路「七里の渡し」

東海道を行き交う旅人の難所といえば、箱根八里、大井川、そして熱田宿から桑名宿への海上路である。移動距離が七里であったことから「七里の渡し」（図1）と呼ばれたこのルートは、当時の舟で4〜5時間、風や波の激しい時は危険も伴う長時間の舟旅となったようである。

図1　熱田宿の七里の渡し

徳川政権は開府以前の慶長6年（1601）より、一定の距離に宿場を置いて、各宿場に人足と伝馬を常駐させ、街道を整備した。「七里の渡し」は公道ともいえる存在であり、誰もが通る道であった。ただし、海路を避け、陸路で熱田宿から佐屋《さや》宿へ、佐屋湊から川舟で桑名宿へと至る佐屋路という別の選択肢もあった。東海道の熱田から桑名までに比べ、二里（8㎞）ほど遠いにもかかわらず、舟酔いや長時間の舟旅を避けたい旅人、女性（姫街道の所以）などは、時間がかかっても、海路を避けるルートを選択することもあったのである。

古代・中世三河の伊勢街道

白須賀《しらすか》宿（現 静岡県湖西市）にも分かれ道とも言える別ルートがあった。古来より利用されてきた別名・熊野街道とも呼ばれる三河の伊勢街道である。渥美半島の表浜海岸沿いを通り、伊良湖《いらご》水道を海路で渡り、そこから伊勢神宮を目指すルートのことである。

天平5年（733）行基開祖と言われる東観音寺《とうかんのんじ》（図2、愛知県豊橋市小松町）に残る16世紀後半から17世紀初頭頃に成立した「紙本着色東観音寺古境内図」には、往来する多くの人物が描かれ、東海道制定以前は主要街道であったことが偲ばれる。確かに、三河伊勢街道を多くの旅人が歩いたことは記録の中にも登場する。例えば、文治2年（1186）西行は、「山家集」に「いらご崎に鰹釣り舟並び浮きてはがちの浪に浮びてぞよる」と書き残しており、伊良湖から鎌倉に至る際、この道を通って鎌倉に向かったと推測できる。近世以前、多くの人が行き交ったであろうこの街道は、東海道制定以降、衰退する。波による海岸の浸食で道筋が変更し、宝永4年（1707）の地震で崩壊したことで通行する者が少なくなっていく。ただ、この三河の伊勢街道は、古来の伊勢街道とはまったく同一ではないが、現代の旅人も、表浜街道を通り、伊良湖岬から鳥羽へ船で渡り伊勢参宮を楽しんでいる。

舟参宮で伊勢を目指す

海路は危険が伴うものであっても、旅人にとっては有難いルートでもあった。吉田湊《よしだ》（図4、現 愛知県豊橋市）から海路で伊勢神宮を目指すルート、いわゆる舟参宮もその一つである

図2　高台に移って現存する東観音寺

図3　伊良湖神社にある伊勢神宮遙拝所

図4　吉田湊跡

（図5）。三河湾は、その閉鎖的な地形から波が穏やかで、吉田宿から伊勢神宮まで約170㎞以上の行程を省くことができたからである。徒歩での行程をたどると3泊4日もかかるところを、舟であれば三河湾、伊勢湾を渡って直行するので半日程度で着くことできる。宿泊費が旅費全体の45％ほど占めていたといわれる当時の旅人にとって、宿泊費を削減するということは相当助かったはずである。元禄13年（1700）『杜撰集』には、俳人の服部嵐雪《らんせつ》が、吉田の宿に着くと伊勢の白子《しろこ》や河崎《かわさき》には、三日早く着けると舟に乗るように誘われて乗舟してみると、30～40人の先客がいたとある。吉田湊の勧誘と評判も相まって、舟参宮というこの海路は次第に人気航路となった。

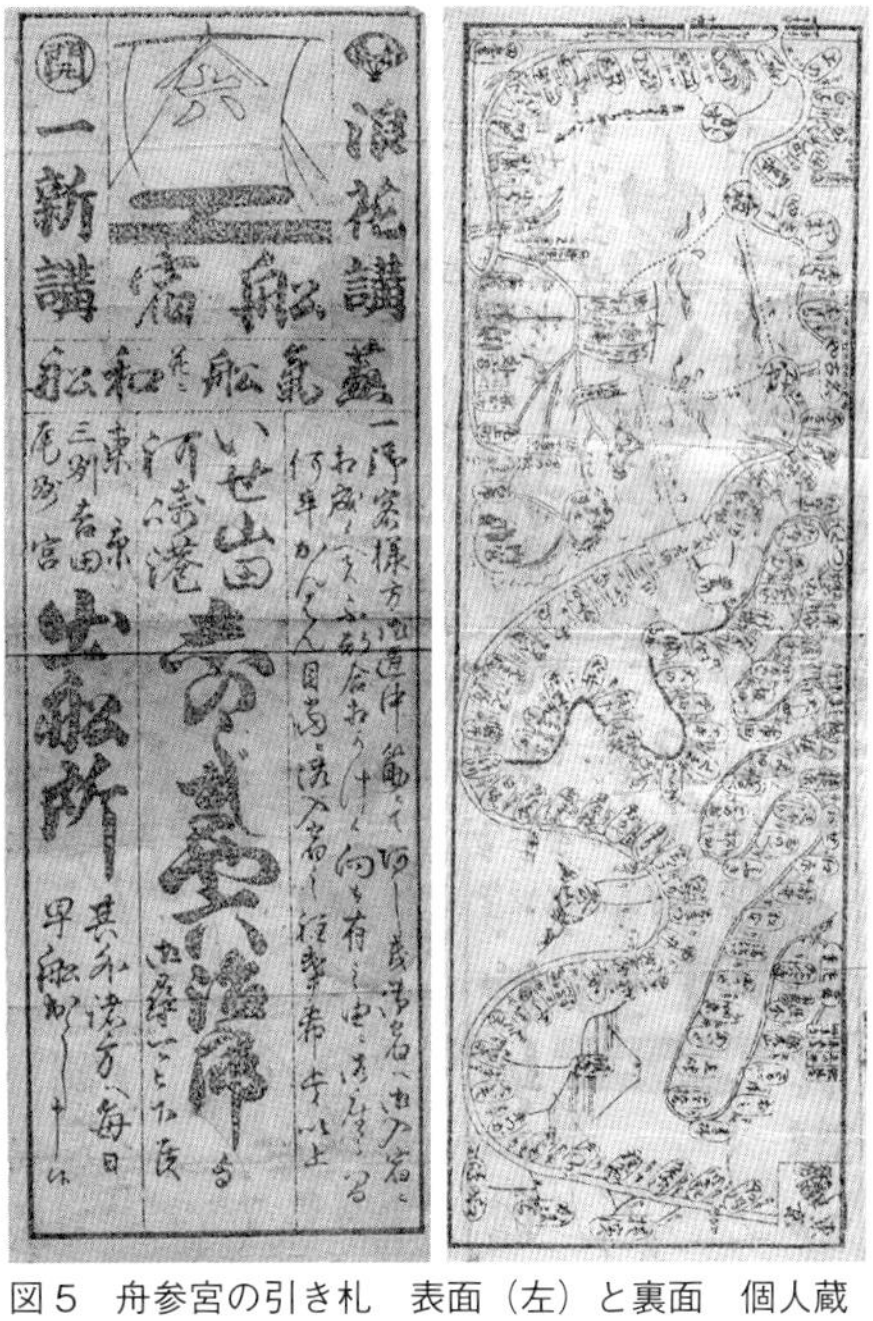

図5　舟参宮の引き札　表面（左）と裏面　個人蔵

客の争奪戦と東海道

東海道吉田宿の吉田湊から伊勢神宮までの舟参宮利用者は、次第に増加した。それは同時に吉田宿より先の宿場を利用する人の減少をも意味していた。宿場は休泊・運輸・通信の業務を受け持っていたので、収入も当然のように激減した。そのため熱田宿・佐屋宿は、寛政9年（1797）正月に幕府評定所へ吉田船町からの参宮船の出航を禁止するように出訴した。渡航者は三河国内の住民に限ると多少の譲歩はあったものの、訴えは退けられ、吉田湊は従来通り渡舟客を乗せることができることになったのである。明和8年（1771）には1万4578人の乗客があったとの記録もあり、年による上下はあるが、4000人ほどの乗客が利用していた。内訳は不明であるが、三河国の人だけではなく、引き続き東からの伊勢参宮客が利用したお値打ちな海路だったのであろう。

図6　大湊鷲ケ浜から伊良湖岬方面を臨む

舟の玄関口の賑わい

海路でやってきた参拝客は、大湊《おおみなと》～神社《かみやしろ》～二軒茶屋《にけんぢゃや》～河崎と、勢田川《せた》を遡って伊勢神宮を目指すことになる。最初に到着

図８　江戸期の二軒茶屋の様子を描いた風景画　個人蔵

図７　神社港に残る「さんぐう」道標

するのが、勢田川と五十鈴《いすず》川が合流する大湊という造船の港町である。

神社は、廻船業が盛んな地で、「はしりがね」がいることで知られる遊廓も立ち並び、途中下船する舟参宮客で賑わった湊であった。

二軒茶屋は、うどんの「湊や」と餅の「角屋」の二軒の茶屋がかつてあったことに由来する。内宮やその門前町の宇治にも近く、遊廓、芝居、見世物などで賑わう伊勢随一の歓楽街「古市」にも行きやすい場所であった（図８）。明治５年（１８７２）、明治天皇も二軒茶屋から上陸し、伊勢神宮に参拝している。

「伊勢の台所」機能をもつ河崎

勢田川を遡ってくるのは、舟参宮客のみではない。伊勢参宮の大勢の人々をもてなした食などの物資は全国から舟で運ばれ、勢田川を通り、土蔵に荷揚げされた。この参宮客の胃袋を支えたのが、昭和後期以降に「伊勢の台所」と呼ばれた河崎である。この町は、江戸後期の伊勢外宮門前町山田の国学者足代弘訓《あじろひろのり》は「河崎辺ハ山田の咽喉」（河崎は山田の「のど」）と表現するほどの一大問屋街であり、米、酒、魚など各地から船で運んだ物資を荷揚げして山田・宇治へ運ぶための物流の拠点となった。もちろん物資のみではなく三州吉田湊などからの参宮客は、河崎の町の中心にある大橋（現 中橋《なかばし》）そばの舟着場で上陸し、伊勢神宮参拝をおこなっていた。江戸中期に創業された老舗酒卸問屋「小川酒店」は伊勢河崎商人館として今も当時の繁栄を伝えるたたずまいを残している（図９）。

このように、舟を使った東からの伊勢参宮の道は、参宮客、物資など多くの恵みをもたらしたのである。

図９　伊勢河崎商人館（元・老舗酒卸問屋「小川酒店」）

外国人からみた明治前期の伊勢

イギリス人が伊勢路をゆく！

文／ジョン・ブリーン

はじめに

　ここでは、明治前期に伊勢街道を旅した外国人、その外国人が見た伊勢について語ってみたい。ことの始まりは、明治政府が１８７２年（明治５）10月に外国人の伊勢参拝を許したことにある。直後の11月、イギリス人外交官のアーネスト・サトウは伊勢を訪れた。サトウの歴史的「参拝」の意義を考察するのが我々の最初の課題である。

　サトウが国内を旅行できたのは外交官だったからである。御雇外国人にもその特権が及んだが、居留地の住人や一時的な滞在者は、内地旅行を厳しく制限されていた。居留地外の伊勢などへの旅は、不可能であった。明治政府は外交団の圧力に屈して、１８７４年７月に「外国人内地旅行允準条例」を通達し、制限の緩和に踏み切った。政府は以後、外国人の学術的実地調査、病気療養などの目的ならば、「旅行免状」を発給していく。それを受けて外国人による内地旅行は激増する。

　１８７８年に来日したイギリス人女性のイザベラ・バードはそのような旅行免状を手にして本州や北海道を自由に旅した一人である。バードは、伊勢を訪れた最初の外国人女性でもある。彼女の伊勢語りの特徴を指摘するのが二番目の課題である。

　ところで多くの外国人を伊勢に誘致するのに欠かせないのは、英語など外国語による情報の発信であろう。我々の最後の課題は、１８８０年代から刊行される英文のプリント・メディア、つまり旅行者用のハンドブックや新聞に掲載の伊勢関連の記述に注目することである。重要なものを紹介しつつ、その伊勢像を分析してみる。

サトウの歴史的伊勢「参拝」

　アーネスト・サトウは、１８７２年11月に留守政府参議の大隈重信に同行して横浜を発った。各地で建設中の灯台の視察が主目的だったが、12月1日に鳥羽に上陸したのは、伊勢神宮を見学・参拝するためだった。サトウが東京で伊勢の神職浦田長民と交流を持ったことが背景にあった。参宮街道の松島屋を宿にした大隈一行は、翌２日早朝に山田の外宮を、午後に宇治の内宮を訪れた。翌朝、鳥羽城見学の後、鳥羽を発ち、灯台視察の旅を続けた。

　サトウは旅日記をつけたが、伊勢に関する記述は極めて簡潔である。内宮では、北小路大宮司と（小宮司になっていた）浦田長民の出迎えを受けたが、「最初の門」から中に入れてもらえなかった。サトウは、土手に登っ

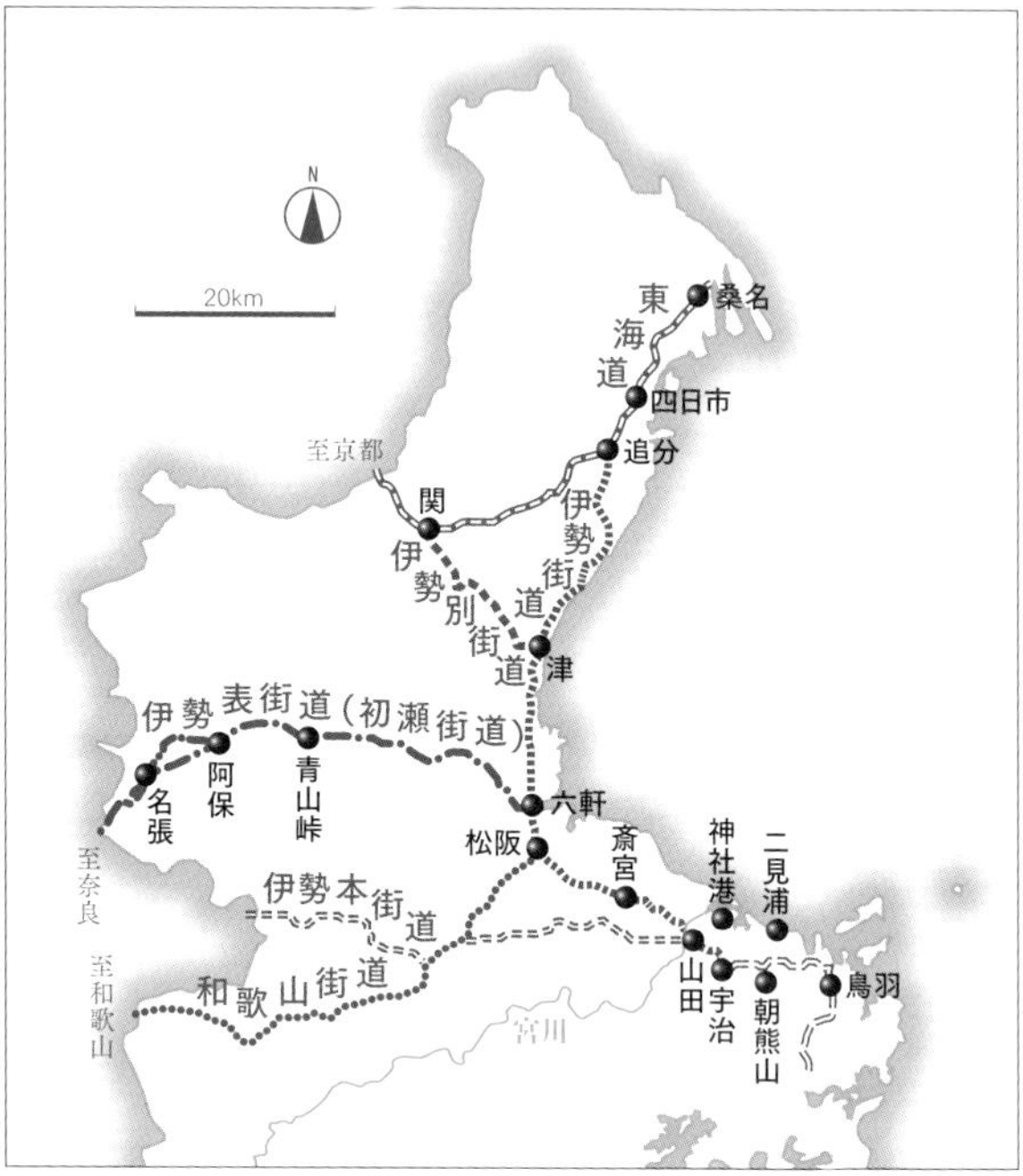

さまざまな伊勢街道

て「一望」できたが、何を見たのか日記に書いていないし、感想も述べていない。一方で古市遊郭の「宿屋、女郎屋、遊び場」には関心を示す。我々はサトウが1872年に経験した伊勢を探るには、1874年に発表されたサトウの論文"The Shinto Temples of Ise"を見なければならない。

サトウはまず、山田と宇治やその二つの町をつなぐ街道や周辺の川と橋など、外宮と内宮のいわば地政学を描く。そして、参道や参道沿いの鳥居、敷地内の正殿、正殿を取り囲む庇と欄干、茅葺きの屋根、全体の「黄銅の装飾」、正殿の敷地を包む垣などに目を向けている。関心を示さないものはない。江戸時代に刊行された『伊勢参宮名所図会』や、浦田にもらった図面を参照して、九段坂の招魂社などの神社との比較もしている。

社殿の「シンプルさと滅びやすさがとても残念」だと嘆くサトウだが、伊勢に魅了せられたことは明らかである。そしてサトウの知識欲は、外宮の豊受大神《とようけのおおかみ》と内宮の「太陽を神格化した」天照大神《あまてらすおおかみ》のみならず、その神々にまつわる神話にまで及ぶ。

アーネスト・サトウ(1843-1929)

『古事記』、『日本書紀』や本居宣長、平田篤胤など国学者による研究を引き合いに出すサトウの造詣の深いことには驚く。

サトウの伊勢旅は、自らがすでに着手していた神道研究に大きな刺激を与えたと思われる。一方で学術性の高い1874年の論文は、以後広く読まれるようになる。次にみるイサベラ・バードも東京でサトウと交流をし、彼の論文に学んでいる。

イギリス人女性イサベラ・バードのみた伊勢

47歳のイサベラ・バードは1878年5月に来日したが、すでに知名度の高い旅行作家であった。バードは内地旅行制限の緩和をフルに使い、東京から東北地方と北海道、そして最後に関西を旅した。京都にしばらく滞在した後、伊勢に向かった。バードは、11月5日に京都を発って奈良経由で伊勢表街道（初瀬街道）から伊勢街道に入り、11月9日に山田に到着し、松島屋に泊まった。

イザベラ・バード（1831-1904）

バードは、翌10日午後からまず外宮、次に内宮を訪れた。11日には名所の二見浦と朝熊山《あさまやま》を順番に回った。12日に山田を後にして、伊勢街道を引き返し、津で伊勢別街道に入り、関で東海道に出て京都を目指す。10日間の京都―伊勢―京都の旅の感想はのちに名著 *Unbeaten Tracks in Japan*（1880年に刊行）下巻に掲載される。

バードの伊勢語りでまず注目したいのは、至る所に「美」を見出し、それを絶賛する姿勢だ。伊勢表街道全体が「美しい」、伊勢別街道の風景も「美しい」。「煌々たる月光」の下で流れる宮川は「絵のように美しい」と言う。山田となれば「私がこれまで日本で目にした街の中で最も素敵だ」と評する。二見浦の海岸が「とても綺麗」、朝熊山頂上からの眺めは「壮大」。バードは麓の海岸線や沖に見た島々の「美しさ」にも感激する。

一方で外宮と内宮に対し複雑な姿勢を示す。バードは外宮と内宮を包む杜に「独自の荘厳さ」があるなどと認める。ただ、社殿を目の当たりにした瞬間、「失望の気持ちに襲われた」という。そして外宮は、「何もない。その荘厳な参道でさえも無に導いている」と慨嘆する。そのもどかしさを叫ぶかのようにNOTHINGを大文字で書く。内宮も基本的に同じだが、訪れたのが「鬱陶しい夕暮れ」だったためか、自分が「死霊に追いかけられている気がした」と一種の恐怖感も漏らす。

バードはサトウ論文に頼って外宮と内宮の祭神、その神話に詳しく触れている。古市遊郭についてもコメントする。「売春と宗教はこの国で手を組んでいるようだ」と、眉をしかめる。外宮と内宮を結ぶ参宮街道は「立派」だが、そこに並ぶ妓楼が「痛いほどに」多い、と。「聖地中の聖地」なる伊勢が「がっかり以外の何ものもない」とバードは評価するが、その評価はどうも古市の存在と無関係でないようだ。

英文プリント・メディアに見る明治期の伊勢

・サトウの旅行者用ハンドブック

イサベラ・バードの *Unbeaten Tracks* は、ロンドンの John

Murray 社が出版し、初版は4000部も刷った。その格調高く情緒的な文章が読者を魅了し、伊勢の知識を普及させる上で大きな効果があったと思われる。ちなみに、1885年に出た簡約版は、なぜか伊勢に関する記述が載っていない。

伊勢を欧米人に紹介する書籍としては、アーネスト・サトウが1881年に出した（共著の）*Handbook for Travellers in Central and Northern Japan* のインパクトがより大きかっただろう。初版は、横浜の John Kelly 社が出版したが、1884年の再版は John Murray がロンドン、横浜、上海と香港で出した。日本をテーマとする最初の旅行者用ハンドブックであるだけに古典的なステータスを獲得する。

Handbook は「中央・北日本」を複数の「旅行者ルート」に細分化するが、伊勢は第12（再版で第14）ルートの一部として登場する。東海道の追分に始まり、山田、熊野、和歌山経由で大阪に至る、500㎞もの長さだが、サトウはこのルートを1879年秋に旅している。伊勢街道沿いの津、松坂、斎宮などのまちを、事件と人物、神社と寺院を紹介しつつ、彼ならではの好奇心をもって語る。

外宮と内宮については、サトウは1874年の論文をほぼそのまま再利用している。その結果、ハンドブックとしては内容が多少濃いと言わざるをえない。一方で、内宮の杜が「極めて綺麗」で、朝熊山からの眺めが「日本随一」だとか、二見浦が「極めて美しい」というふうに、自然の美を絶賛する箇所もある。

サトウは、出鼻を挫かれたと思っただろうか、バードの著作を意識していたようだ。職人や農民が一生に一度必ずお伊勢参りをおこなう時代が終わったとバードは書くが、サトウは、その逆を主張する。「職人は皆少なくとも一度は伊勢にお参りをし、「伊勢の神のご加護」がないと「生活の糧は得られないと信じている」と言う。バードは古市遊郭を非難がましく見るが、サトウはそうではない。バードは外宮や内宮の「無」を前に失望するが、サトウはむしろ神宮の歴史的、文化的な興味深さを訴えてやまない。

・イギリス人パーマーとロンドン・タイムズ

英字新聞が伊勢に注目しだすのも同じ1880年代である。栃木県の日光東照宮に比べ記事やエッセーの数は少ないが、広く読まれたものもある。ここで紹介するのは、ロンドン・タイムズに載った二つのエッセーで、執筆者は、御雇外国人のヘンリ・パーマーだ。イギリス人のパーマーは、1888年11月上旬に京都から鉄道と蒸気船を利用して、神社《かみやしろ》港から山田に入った。

パーマーはサトウとバードに学びつつ、独自の伊勢像を描いていく。外宮と内宮を、「世界で最も古い宗教システムの一つ（神道）の最も著名で、神聖な二つの神社」と位置づける。参拝者が「繁盛と長命を願う、過ちを正すことを誓う、罪、災難、疫病から守ってもらうように祈る」のも、素朴さにおいてキリスト教と変わらないとまで仄めかしている。そして伊勢が有する「古さ、単純さ、純粋さ」は、あらゆる宗教が理想とするという。パーマーは明らかに畏敬の念に打たれている。

以上はパーマーがタイムズに載せた最初のエッセーだが、彼は翌１８８９年10月にも伊勢を旅する。今度は、20年に１回の式年遷宮がきっかけである。内務省の招聘をもって遷宮の圧巻である遷御儀礼の見学に行く。パーマーはもちろん遷御を見た最初の外国人である。彼はその時の感想もタイムズに載せる。

遷御は10月５日夕方に始まるが、パーマーは、その前に宇治や二見浦まで足を延ばす。バードやサトウと同様に海岸など自然の美に感激するパーマーだが、参拝者に大変な関心を示す。参拝者は「幸福で礼儀正しく穏やかであり、温和しい声で何時もニコニコ」するが、彼らの「素朴で心優しい信仰心」をパーマーは高く評価する。

ヘンリ・パーマー（1838-1893）

夕方、外宮でおこなわれる遷御儀礼は、「感動的で荘厳」なもので、「どんなにシニカルな人であろうと、賞賛以上の何かをきっと感じたに違いない」という。遷御儀礼の描写に使う語彙は興味深い。たとえば遷御行列を「サカドータル」と言うが、この形容詞は「カトリックの聖職者の」を意味する。正殿を「ホリー・チャペル」とするが、それは「神聖な聖堂」の意味になる。神体を「エンブレム・オブ・ゴッドヘッド」と形容するが、ゴッドヘッドは、本来なら三位一体の神を指す。

要するにパーマーの語りの一大特徴は、伊勢に対する深い共感にあると言えそうだ。そして、彼が最後に読者に投げかける問いも興味深い。「神道が良い影響を及ぼすことは、誰が否定できるだろうか」と。

おわりに

本稿では明治前期に伊勢街道を歩んだイギリス人３人やその記録に注目してきた。冒頭で紹介した「外国人内地旅行允準条例」は、内地旅行の制限を緩め、伊勢の旅を可能にした。ただどれだけの外国人が条例の前とその後に伊勢まで行ったのかについては統計がなく、正確に知る術はない。遺憾である。

パーマーが見学した１８８９年の式年遷宮は、伊勢が大きく変貌しようとする時期にあたる。この年の式年遷宮で建った外宮や内宮の外観は20年前のそれと大きく違う。そればかりか、１８９２年には外宮と内宮に新しい、広大で近代的な「神苑」が実現する。参拝者を迎える空間は見間違えるほどに変わっていく。そして鉄道が伊勢にやってくる。１８９４年には宮川まで、１８９７年に山田まで線路が敷設される。この新時代の伊勢と外国人については別の機会にぜひ語ってみたい。

鳥瞰図の鉄道案内図ほか

鉄道からみた伊勢参宮

文／福田久稔

神都を目指せ

伊勢神宮は江戸時代からの観光地であった。誰もが「一生に一度は伊勢詣り」と願い、御師の存在で、伊勢詣りが盛んになった。時代は明治になると、国家神道となって、伊勢神宮は今までに増して聖地となる。近代文明の象徴となる「汽車」が伊勢を、神都を目指すのは極めてあたりまえのことであった。明治の鉄道敷設は、寺社参詣目的のものも多かった。参詣者の利便を図ると共に、多くの利用者で利益が見込めたからである。

伊勢だけではない。神奈川県の川崎大師、千葉県の成田山、香川県の金比羅山もその例である。

省線（参宮鉄道）

最初に伊勢を目指したのは、参宮鉄道（現在のＪＲ東海参宮線）であった。参宮鉄道は津から伊勢を目指す。津では関西《かんせい》鉄道津支線と接続し、名古屋・大阪へと繋がっていた。参宮鉄道が宮川まで開通したのが、明治26年（１８９３）末、津から宮川までを開通させた。しかし、伊勢の中心部まではまだ開通しておらず、そこからは従来どおり、宮川を船で渡って、陸路で伊勢の中心地である山田を目指すことになる。このため今はひっそりしているが、開業当時、宮川駅は大変立派な構えであったことが偲ばれる（図1）。

現在でも、宮川駅前は大変広い敷地となっている。また、長いホームは往時を偲ばせ、多くの乗客がここで降りて神都を目指した（図2）。

宮川を越えて、伊勢の中心山田駅（現在の伊勢市駅）へ線路が延びるのは、約4年後の明治30年（１８９７）11月であった。今も宮川に掛かる鉄橋は当時のままである。

山田まで開業した参宮鉄道は、明治40年（１９０７）国有化され、その後の国鉄民営化を経て、現在はＪＲ東海の参宮線となっている。戦前は重要路線であり、東京から直通の夜行列車があり、一等寝台も連結されていたことから、新任大臣はその列車で伊勢神宮を参拝していた。西から

図１　駅前広場がとても広いのは開業当時の名残である JR 東海参宮線宮川駅

は姫路や宇野からの快速が走っていた。東からの夜行列車は戦後急行「伊勢」となって昭和47年（1972）まで、西からの快速は昭和43年まで、走っていた。戦前は数カ所複線化されており、いかに重要だったかを物語っている。

なお、戦争で単線化され現在に至っているが、敷地は残っている。

図2　広く長い宮川駅のホームをゆくJRの快速みえとホーム

伊勢電気鉄道と参宮急行電鉄

次に神都を目指したのは、当時四日市に本社を置く、伊勢電気鉄道であった。伊勢電気鉄道は津から四日市に線路を持っている地方私鉄であった。順次、路線を延長し、昭和5年（1930）末に桑名から外宮傍の大神宮前駅まで開通させる。後述する参宮急行電鉄との競争で、名古屋への開通より伊勢開通を急いだことが同社の経営を苦しくしてしまう。

なお、伊勢電気鉄道の江戸橋から北の部分は、そのほとんどが近鉄名古屋線の一部となっている。

一方、参宮急行電鉄は今の近畿日本鉄道の前身である、大阪電気軌道の姉妹会社で、大阪から桜井、名張、青山峠を越えて、松阪を経て、伊勢電気鉄道と同じく昭和5年に山田駅（省線と共同駅）まで延伸する。当初は、高見峠を通る計画だったが、現在の近鉄大阪線の一部免許を取得していた奈良県に本社を置く大和鉄道を買収して、ルートを現状のものとした。参宮急行電鉄が、山田駅まで開業したのは伊勢電気鉄道が大神前駅まで開業を果たす5日前の12月20日であった。参宮急行電鉄の開業で、高速の大型電車を導入することで、大阪からの日帰り参宮が実現することになる。翌年の1931年には、終点となる、宇治山田駅が開業した（図3）。神

図3　貴賓室も備える近鉄宇治山田駅

都にふさわしい、近代的な駅舎となっている。いかに、参宮急行電鉄と親会社の大阪電気鉄道が重要視していたのかが、物語っている。近鉄宇治山田駅は2001年国の有形文化財となっている。

　後に参宮急行電鉄とライバルだった伊勢電気鉄道は昭和11年合併する。また、戦争が始まると、昭和17年には、元の伊勢電気鉄道路線であった新松阪から大神宮前までが不要不急路線として、廃線となる。線路は近鉄名古屋線の複線化にも利用された。宮川にかかっていた鉄橋は、近鉄名古屋線の揖斐・長良川橋梁や愛知県の豊橋駅北側にある城海津跨線橋として、流用されている。

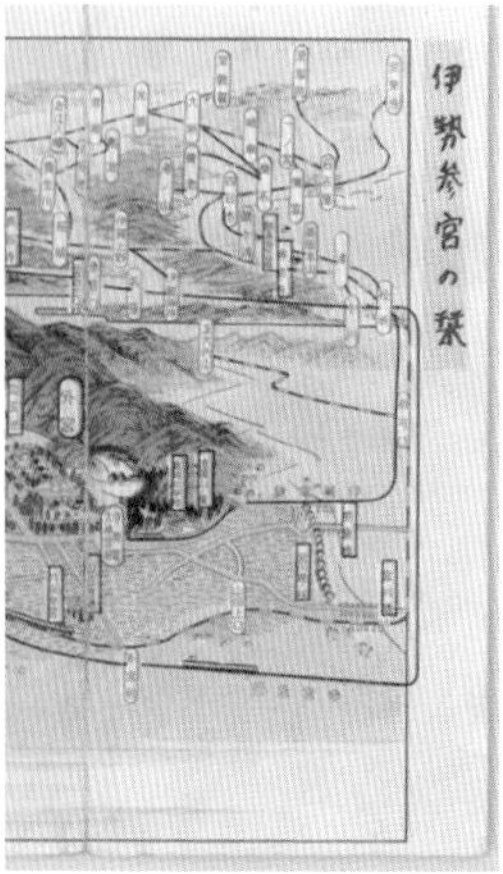

図５　金子常光が描いた伊勢参宮の栞
国際日本文化研究センター蔵

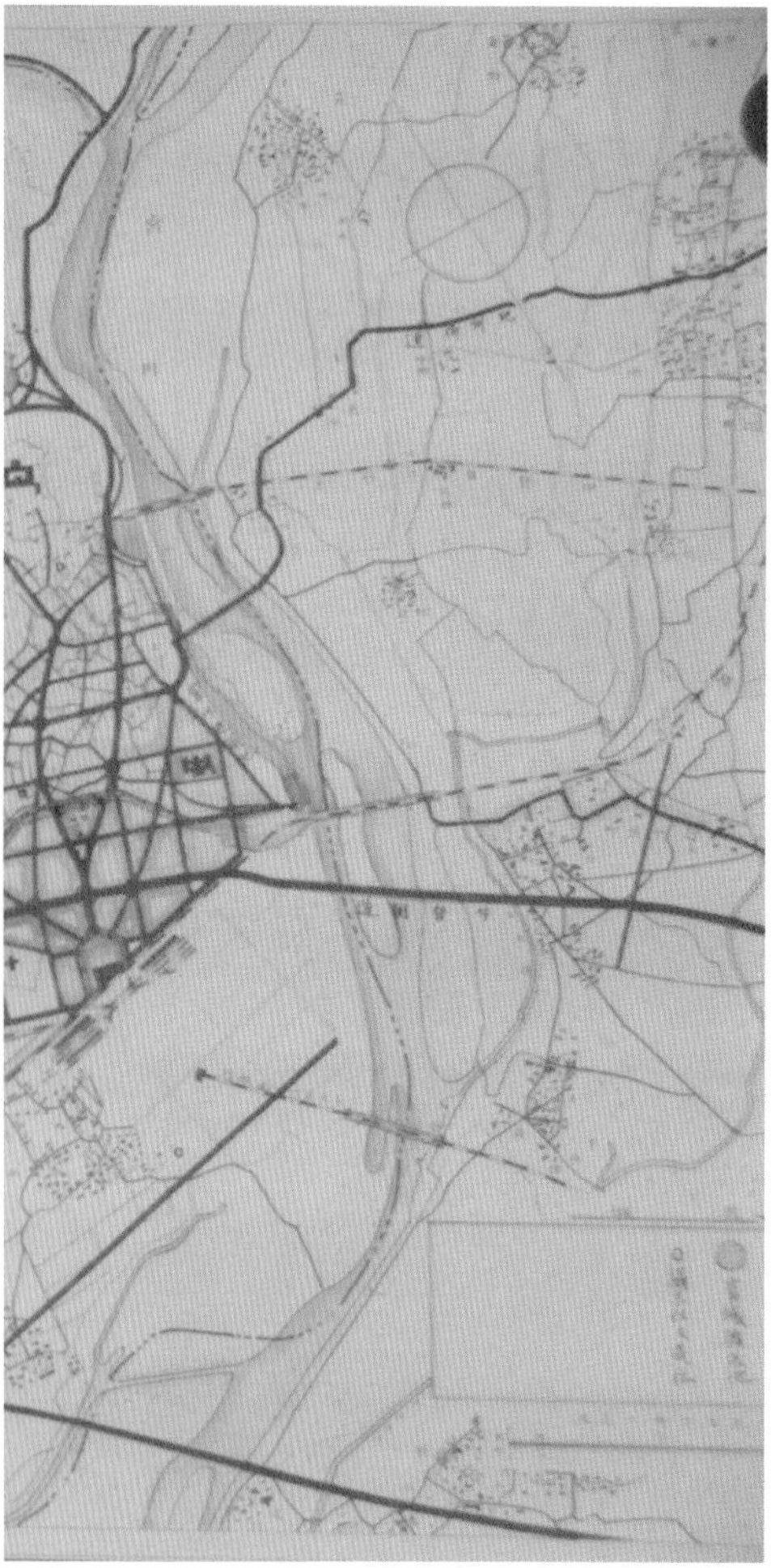

図６　大神都聖地計画
伊勢商工会議蔵

図４　神都線電車を復刻させた三重交通の神都バス（三重交通内宮前駅にて）

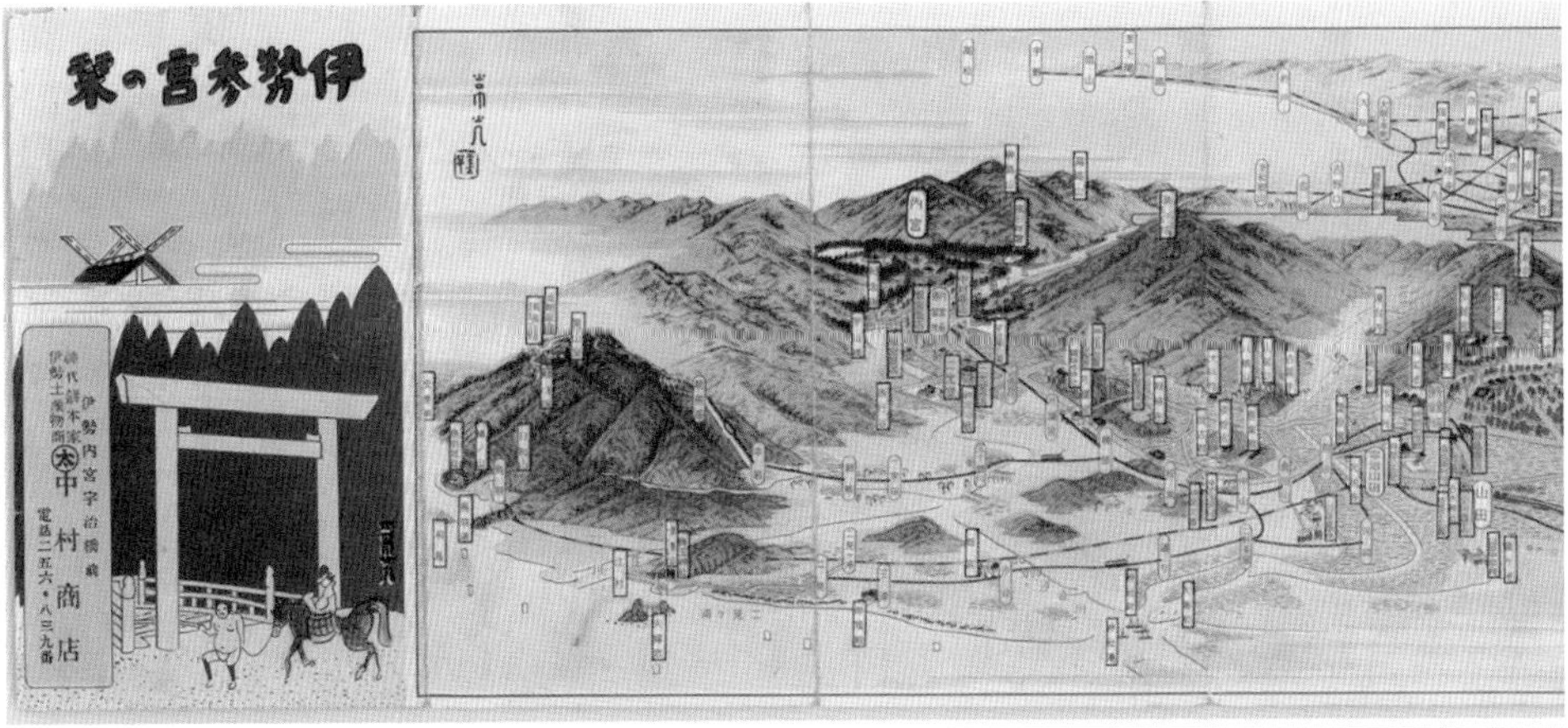
伊勢参宮の栞
伊勢内宮宇治橋前
神代餅本家
伊勢土産物商
中村商店
電話二五六・八三九番

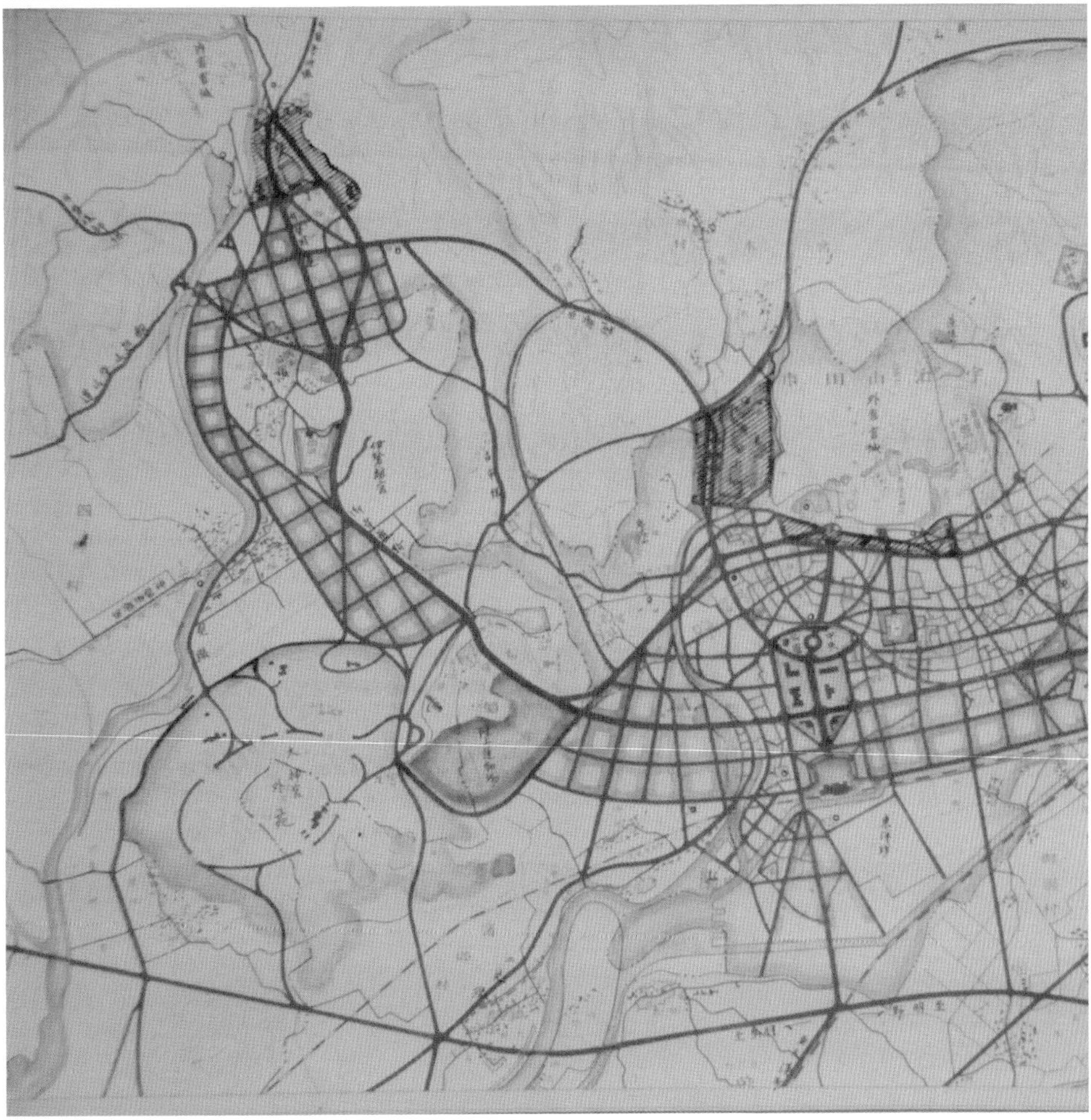

伊勢の路面電車（神都線）

伊勢詣りと鉄道を語るうえで外せないのが、神都線である。神都線は、明治36年（1903）から順次路線の開業を重ね、大正13年（1924）に主要路線を開通させた路面電車である。山田駅や参宮急行電鉄の終点である宇治山田駅から、外宮や内宮を結び、また、二見浦まで路線を持っていたことから、鉄道から多くの人が神都線に乗り換えて、参宮を果たしている。昭和34年の伊勢湾台風で被災し、2年後廃止となった。

今は、往時の姿をする、神都バスが走る他（155ページの図4）、内宮前のバス停は当時の路面電車の駅を再現している。

なお、神都線は日本で7番目に開業した路面電車である。

鳥瞰図《ちょうかんず》でみる伊勢詣り

さて、大正から昭和初期にかけて、鳥瞰図が大変盛んに作られた。鳥瞰図は観光案内も兼ねていたが、今みても素晴らしさに驚かされる。その代表作家が吉田初三郎である。しかし、吉田が書いた参宮の鳥瞰図はなく、その弟子である金子常光が書いた鳥瞰図「伊勢参宮の栞」をみてみよう（155ページの図5）。伊勢を中心に、先に記述した、省線、伊勢電気鉄道、参宮急行電鉄そして、神都線が記載されている。裏面は観光案内である。当時の人々はこの鳥瞰図をみて、旅に心をはせたのであろう。鳥瞰図にはコマーシャルがついており、土産物店がスポンサーになっていた。

常に変わる街伊勢、そして鉄道

伊勢神宮は20年に一度、式年遷宮をおこない、すべてのものが新しくなる。これに合わせて、街も変化してきている。昭和4年（1929）の遷宮に合わせて、伊勢電気鉄道も参宮急行も伊勢に延びてきた。この時、次の式年遷宮に向けて伊勢を大神都聖地とする構想「大神都聖地計画」が練られていた（155ページの図6）。鉄道に関するものであれば、山田駅を神域に近いと500mほど海側に移動させる、路面電車を廃止して地下鉄に変える予定があった。これだけでなく、空港や国立歌舞演場の建設など、意欲的なものであった。五十鈴川の改修など一部で完成をみたが、結局、太平洋戦争の影響で幻となってしまった。式年遷宮ごとに生まれ変わる伊勢の街。2013年に登場した近鉄特急の「しまかぜ」も、第62回式年遷宮に合わせて製造された特急である（図7）。街だけでなく、鉄道もまた常に変わっている。

伊勢を鉄道で訪れる時、こうした歴史を知って、思いを馳せていただければ、伊勢や伊勢神宮の素晴らしさを更に感じていただけるのではないか。常に変わっていく街、神都伊勢。今後の変化に注目していただければと思う。

図7　式年遷宮に合わせて投入された近鉄観光特急しまかぜ（宇治山田駅にて）

Ⅳ　伊勢をめぐる〈参詣〉をデジタル化する

仏像データの有効性と利活用のために

伊勢参りついでに拝観する仏教文化関連遺物をデジタルアーカイブ

文／藤田直信

　私たちが寺院で拝観する対象物は何かと問われると、多くの人は「仏像」と答えるであろう。観光として社寺を訪れたとき、それらは対峙する者に「礼拝対象」「美術品」など様々な表情を見せる。ここでいう「美術品」の中には「文化財」としての資料性も含んでいる。

　仏像を文化財として捉えた場合、有形文化財と位置づけられる。また、それを文化財として認識し、周知するために調査が必要となることは言うまでもない。そして、調査において画像は欠かすことができない重要な情報となる。

　筆者がかつて、仏像調査に用いていたカメラは、フィルムカメラである。予備調査や本調査における部位撮影には35ミリカメラを2台（モノクロ用とリバーシブル用に用いる）、本調査の全体像撮影に中判カメラを使用していた。現在は、いずれの調査にも利便性やフィルム価格の上昇などからデジタル一眼レフを使用している。

仏像撮影への道のり

　ここで、筆者がどのように撮影をしているのか説明しておこう。仏像調査において撮影は重要な記録方法であり、欠かすことができない作業であることは容易に想像できるだろう。ただ、仏像は、所蔵する寺院にとっては何物にも代えがたい礼拝対象である。ことによると、僧侶ですら直接触れたことがない、場合によっては目にしたこともないものもある。そういったものを調査・撮影しようとするわけであるから、調査そのものに対して十分な理解を得る必要がある。どのような目的で、どのような方法で調査をするのか、それを所有者と話し合い、その重要性を共有することが第一歩といえる。

仏像撮影の実践

①撮影の前に

　撮影にあたって確認しておきたいことは、どのような道具を用いるかだ。「撮影するのだから、カメラさえあればよい」とはいかない。ここで言う撮影は、単にスナップ写真を撮るということではなく、資料写真を撮るということだ。よって、調査後の研究等に利用できる情報を移し込まなければならない。この点から道具を整理していこう。

　まずは、カメラ。筆者が使用するカメラは冒頭で述べたとおり、デジタル一眼レフである。レンズは、標準ズームレンズ（開放2・8通し）と標準のマクロレンズ。標準ズームレンズは、単焦点の標準レンズでもよいだろう。筆者も撮影時には

50ミリの位置でマスキングテープを貼り固定して撮影している し、描写性という点では単焦点レンズの方が優れている。一方で、ズームレンズは、それ一本である程度の画角をカバーするため、仏像以外に記録しておきたいものを撮影するときに有益である。また、筆者は、プロカメラマンではなく、あくまでも文化財調査に携わる者である。調査道具等所持品のことを考慮すると、運搬物品の軽減も課題の一つである。撮影場所はスタジオではなく、寺院等の堂宇がほとんどであり、先に記したように、それの規模も多種多様である。堂内に持ち込む機材が多量化するということは、調査空間の減少に繋がる。

図1　仏像撮影風景

次に照明である。筆者は定常光ライトを2灯、モノブロックストロボを2灯持って行き、環境によって使い分けている。かつては定常光ライトで撮影していたが、近年は大型ストロボも比較的入手しやすくなってきたこと、モノブロックストロボであれば大光量を得られることに加えて機材の増大化も抑制できることから特にこれを用いている。

三脚は、耐荷重10キロ程度のものを使用している。これは中判カメラに望遠レンズを付けて載せても安定するためだ。仏像撮影時に用いる三脚は安定性が高いものを用いるべきである。転倒によるカメラの破損を減らすためでもあるが、何より、これによって仏像や堂宇を傷つける可能性を極限まで減らすためである。

仏像調査報告書や展覧会図録を見ると、仏像の背景に何も写っていない。文化財撮影に必要なバックであるが、筆者は紙を用いている。布の方が折りたためて運搬も容易であるし、これを用いる方がよさそうなものだが、写真にどうしても布の折り目が映り込んでしまう。これを避けるために、ロール紙を用いている。筆者はバックペーパーにホワイトとグレーの2色を使用している。一般的には仏像撮影には、グレーの方がよいとされる。ホワイトの背景紙を使用すると、背景紙そのものがレフ効果をもたらし、像の輪郭が不明瞭になることがあるからだ。ただ、資料写真として背景をなくすことは、写真に映り込む情報を被写体のみにするという点から必要なことであるが、必ずしもグレーでなくてもよいと思っている。

仏像の撮影について、筆者が意識していることは「あくまで資料写真」であることだ。仏像を被写体とした写真は多い。これらはポスターやチラシ、または写真集に収められ、観る人々を魅了する。しかし、私たちが撮影するのは、あくまで資料として活用できる写真である。つまり、写真を見た人が、被写体となった仏像の状態を理解しやすいこと。これを念頭に撮影している。

②調査場所の設定

仏像を調査する場所は、どこにするのか。これは、最初に直面する課題である。堂内の広さは様々であるし、建築構造も多様であるからだ。そういった中で作業の安全性や効率を考えると、左右前方にできる限り大きな空間を確保できる場所が望ましい。そして、壁面を背に仏像を安置できるように設定する方がよい。これは、撮影時のライティングに関係するからだ。

　仏像は、宗旨の教義や建築構造によって様々な安置形態をとる。したがって、仏像の移動にかかる作業も多様化する。前述のとおり、仏像は信仰の対象であるから、その前には華瓶や香炉、燭台、供物台などが配されている。これらを移動させなければ仏像の搬出が困難であることは容易に想像できよう。しかし、これらをただ、移動すればよいというものでもない。それらは寺院において日々、大切に扱われている、いわば供養具である。調査対象ではないかもしれないが、取り扱いには注意したい。また、配置場所にも規則があるので、移動前の様子を控えておくことは重要である。こういった際には、状況をメモしたり、コンパクトカメラやスマートフォンなどで記録しておきたい。

　いよいよ仏像の移動である。このときが調査者にとって、最も緊張する瞬間である。最優先するのは当然、いかに安全に運び出し、調査場所へ安置するかである。安置されている場所によっては、踏み台などを使用しなければならないことも生じるため、最大の注意を要する。仏像を手にしながら踏み台の昇降をすることはあまりに危険である。よって、安置場所から踏み台前まで運ぶ者、足場が安定した場所でそれを受け取る者、それらの様子を監視し、状況に応じて指示を出す者など補助の調査員が必要と筆者は考えている。ちなみに、文化財に触れるとき、白手袋を着けるというイメージがあるが、仏像、とくに木彫像に触れるとき、筆者は原則、白手袋を使用しない。不敬であるとか、貴重なものに触れるのに非常識だなどと思われるかもしれないが、これは大切な仏像を安全に扱うためである。手袋を着すことにより、持つときの力加減がわかりづらいし、繊維による擦れで像に傷を付けてしまう可能性も否定できないからである。

図２　木造阿弥陀如来立像
鎌倉時代　三重県某寺蔵
かつて伊勢市内の寺院に安置されていた。廃仏を免れ、現在の寺院に移された。

③仏像を撮る

　撮影場所を設定し、仏像をそこへ安置したら、撮影の実践だ。これについても作業の中で一番大切にすべきは、いかに仏像を安全に撮影するかということである。筆者は標準ズームレンズなら50ミリに固定して撮影すると先に記したが、この手法にせよ単焦点レンズを使用するにせよ、構図を決定する際には撮影者が移動することになる。しかも周囲には照明等の機材が配置され、様々なコードが床にめぐらされることもある。そのような環境であるからこそ、最大限の注意を払わなければならない。

筆者は、主に像の8方向（正面、背面、両側面、前後両斜側面）ないし6方向（正面、背面、両側面、前両斜側面）を撮影する。私たちが礼拝対象としての仏像と対峙する際、当然その正面と向き合うわけである。しかし、仏像は立体造形物であるし、制作年代比定の際、一方向のみでは得られる情報があまりにも限られるため多方向よりの撮影は必要だ。また、これら全体像以外に、その像の特徴的な部位も撮影する。前記したが、像の中には秘仏のように日常的に拝することができなく、度々調査を行えるものでないものも少なくない。失敗がないよう、注意深く取り組みたい。

撮影方法や撮影順序等を決め、いよいよ撮影に入るわけだが、カメラを三脚に載せ、ピントを合わせ、シャッターをきればよいというものでもない。くどいようであるが、私たちが撮影したいのは、資料写真である。調査データを纏め、今後の研究に資するものでなければならない。つまり、ピントを合わせた箇所のみがシャープで、それ以外の部位にボケが目立つことは避けたいのである。単純に考えると、カメラの絞り値を大きくすればするほどシャープになる。しかし、ストロボの発光量や、撮影環境を考えると、必ずしも絞りきればよいというものでもないと思っている。なお、筆者は、絞り値を8ないし11に合わせて撮影している。

仏像調査において、撮影すべきは像そのものだけでない。それ自体に残された銘記はもちろん、付属する資料がある場合は、たとえ仏像と関連性が少ないと思われるものでも記録しておきたい。現場では重要視しなかったことが、調査後に他の資料等から確認できるということもあり得るからである。可能な限り情報を収集しておくことは重要だ。

撮影が終われば、当然、仏像を復座しなければならない。これは、仏像を移坐するときの逆順序になるわけだが、調査・撮影の緊張から若干開放されることもあろう。こういう状況であるからこそ、より注意して行なわなければならない。安全に調査前の状態に戻すまでが調査・撮影と考えるべきである。

図３　阿弥陀如来立像納入寿司背面墨書
寛延２年（1749）　三重県某寺蔵
阿弥陀如来像と伊勢市域との関連性を物語る墨書。寄進者は、曽祢町今世古の松村氏と下中之郷出屋敷の大杉氏。

仏像をいかに守るか

　仏像は礼拝対象として、長く信仰者や地域の人々によって守られてきた。無論、仏像も経年や様々な事情により破損や汚損するから、その都度修理、或いは新造して伝えられてきていることは言うまでもない。

　歴史上、仏像が人為的に被害を受けた事例の一つとして、江戸時代末より明治初年にかけての神仏分離がある。一般的に「廃仏毀釈」として知られ、三重県外で、仏像が薪にされたり、古写経が物品の包装紙に用いられたなどの話は有名だ。三重県下でもことのほか伊勢市域はこの影響を大きく受けた。『愛知県史』別編彫刻で「仏像移動史」として取り上げられているが、伊勢市内に所在した仏像が多数、愛知県に移坐されている。政策難を逃れた、仏像の疎開である。もちろん、そのすべてが県外に流出したわけではなく、県内の近隣地域に疎開したものもある。このように、仏像は様々な災禍を経験し、現在に至っている。

　近年、仏像の盗難被害が各地で起きていることは、よく知られていることであろう。これは住職の有無を問わず発生しているが、無住寺院や市中に所在する小さな堂などの方がより被害に遭っているケースが多い。これらの中には、盗難被害に遭ったこと自体に気付かず一定の時間が経過し、開帳の際にそれを知ったという事例もある。

　文化庁は「取り戻そう！みんなの文化財」と題し、所在不明の文化財について各地方自治体からの情報提供を受け付けている。ここでは、指定文化財だけでなく未指定のものについても対象としていて、三重県を例に挙げると、県指定文化財1件、未指定文化財10件が掲載されている（2023年3月10日現在）。これらの個別情報として、所有者や所在地、盗難の発生年など以外に、指定等状況、種別、文化財名称、員数、法量等、品質・形状等、その他文化財の特徴が記載される。また、被害にあった対象の写真がある場合は添付される。すでに指定されている仏像であれば、それに際しての調査書が存在するため被害後の捜査に着手できようが、それらがない場合は困難であろう。

　仏像のデジタルアーカイブは、学究上の重要なデジタルデータとなるだけでなく、盗難被害対策に資するデータでもあると言える。しかし、これを文化財所有者が個別に取り組むことは現実的に難しいと考える。前述したように、無住寺院等の管理者が常在でない施設での盗難発生率が高い。都市部への人口集中化により地方の過疎化が進み、これに比例して管理者不在寺院が増加している。また、管理者によっては、管理対象の規模や情報を把握していない状況も実在する。このような状況であるからこそ、地方自治体や研究機関等によるサポートが求められるのではないだろうか。悉皆調査によって得られた情報を文化財台帳として作成し、自治体および研究機関と所有者による管理物件把握が重要だ。

文化財のデジタルデータで失われた資料を復元

　2021年7月8日、伊勢市内に所在する欣浄寺《ごんじょうじ》より出火、

図4・5　本堂・庫裡が焼失した欣浄寺

幸い周辺家屋等への類焼は免れたが本堂と庫裡が全焼した。本寺院は、浄土宗宗祖法然の霊場であり、全国から多数の参詣者を受け入れてきた。

　この事故によって焼失した本堂には、寛文6年（1666）と承応4年（1655）銘の鬼瓦があったようで（伊藤裕偉、2017年）、伊勢市域に残る貴重な近世建造物であった。罹災後、伊勢市によって在銘瓦等一部の建材はレスキューされ保存されることとなったが、寺院が所蔵する全資料の焼失は筆舌に尽くしがたい。伊勢市では、1999年より市史の編さんが行われたが、その際も悉皆調査にまでは至っていない。2007年に刊行された『伊勢市史』文化財編では所蔵資料の掲載はうかがえない。こういった自治体による文化財調査は、およそ伊勢市のように市史編纂事業や自治体域における文化財所在把握、文化財指定等のために実施されるものであって、その念頭に対象物滅失の対応策を掲げて実施されるものは少ないであろう。しかし、それらが有形である以上、本件のような事故とは切り離せないのが現実である。この視点から有形文化財のデジタル化は意義深い。本件については、残されたデータの乏しさから、残念ながら資料の復元は極めて困難である。次に、仏像をはじめとした文化財の様々な要因における滅失を事前に防ぐための事例があるので紹介しよう。

　和歌山県立博物館は、仏像盗難に対して「お身代わり仏像」を作成して現地に安置、実物は博物館で管理するという対策を講じたことは、よく知られている。「お身代わり仏像」はいわゆるレプリカであるが、3Dスキャナーで像を複数の角度からスキャンしてデータの修正の後、3Dプリンターで出力、彩色を施すといったものである。これらは、博物館と県立高校、県内の大学との協同によって行われている。官学連携による文化財保護意識の醸成という点でもこの事業の意味は大きい。目的としては犯罪を未然に防ぐためのものであるが、制作材料は実際のそれと異なるとはいえ様々な事由で文化財が滅失したとき、以前の様相を伝える資料としての重要性も有していると考えられよう。

　絵画資料についても、近年、高精細撮影やスキャンによってデジタル化される事例も少なくない。このようにして作られる資料のデジタル化は学術研究に資するだけでなく、伊勢市で発生した火災のような事故によって失われた文化財の復元にも有用である。

ブログ発信の楽しみと活用

お伊勢参りの現風景をデジタルアーカイブ

文／桝屋善則

私は神社参りや町歩き、街道歩きで撮影した写真をブログに掲載している。インターネットを通じて「いつでも、どこでも、だれでも、自由に、無料で」利用できるブログは一種のデジタルアーカイブである。手持ちの写真を公開すれば活用が広がり、さまざまな情報を得られる。

1797年（寛政9）に刊行された『伊勢参宮名所図会』*（以下、名所図会）には、お伊勢

図1　『伊勢参宮名所図会』桑名渡口
国立国会図書館デジタルコレクション

図2　『伊勢参宮名所図会』日永追分
国立国会図書館デジタルコレクション

図3　『伊勢参宮名所図会』関の追分
国立国会図書館デジタルコレクション

参りのさまざまな場面が描かれている。ここでは、名所図会より4つのテーマを選び、それらの現風景を紹介する。名所図会以外の写真はブログ「神宮巡々」より転載した。

街道の遥拝鳥居

名所図会では、東海道の「桑名渡口」（図1）および「日永追分」（図2）、「関の追分」（図3）に、遥拝鳥居が描かれている。桑名渡口は、熱田から七里の渡し・佐屋から三里の渡しにより参宮者が運ばれる、伊勢国への玄関口であった。こちらの鳥居は、地元の矢田甚右衛門と大塚与六郎が発起人となって関東から寄付を集めると、天明年間（1781〜1789）に建てられた。日永追分は東海道から伊勢街道への分岐である。この鳥居は、一志郡須ヶ瀬村（現在の津市）出身で伊勢商人として財をなした渡辺六兵衛により、1774年（安永3）に建てられた。関（宿）には東西に追分があり、西は加太越奈良道（大和・伊賀街道）との分岐、東は伊勢別街道との分岐である。鳥居は東の追分にあるが、1692年（元禄5）の関宿家並図には鳥居は描かれておらず、それ以降100年の間に建てられたと考えられる。

これら3基の鳥居は、修繕や造替が繰り返され、建立から200年以上が経過した。昭和に入ると神宮より式年遷宮の古材が下附されるようになった。両宮（内宮・外宮）が遷宮を終えると、古殿となった正殿の棟持柱は内宮から宇治橋東詰、外宮から同西詰の鳥居として再利用される。宇治橋の鳥居建て替えで古材となった東詰の鳥居は関の追分、西詰の鳥居は桑名渡口で再々利用される。

図4

図5

図6

第62回神宮式年遷宮では、2013年10月に両宮が遷宮を終えると、翌年には古殿が解体された。両正殿の棟持柱は新たな姿で宇治橋へ移され、2014年9月30日に宇治橋西詰の鳥居が建て替えられた（図4）。宇治橋での役目を終えた鳥居は、関の追分および桑名渡口で再利用され（図5）、同年11月に遷宮を終えた瀧原宮の古材は日永追分の鳥居のために下附された（図6）。3カ所の鳥居建て替えでは、ともに盛大なお木曳行事（図7）が実施され、建て替え・竣工式（図8）を終えると新たな20年が始まった。

宮川の渡し

日永追分から伊勢街道へ進ん

図7

図8

だ参宮者、関の追分から伊勢別街道へ入り江戸橋にて伊勢街道へ合流した参宮者は、さらに歩を進めて宮川の渡しにたどり着いた。宮川を渡ると対岸は外宮の門前町山田であり神領となる。斎王や勅使はこの河原で祓いを受け、参宮者もこの川で身を清める禊が慣例となった。参宮者に代わり禊をおこなう代垢離で稼ぐ者まで現れた。

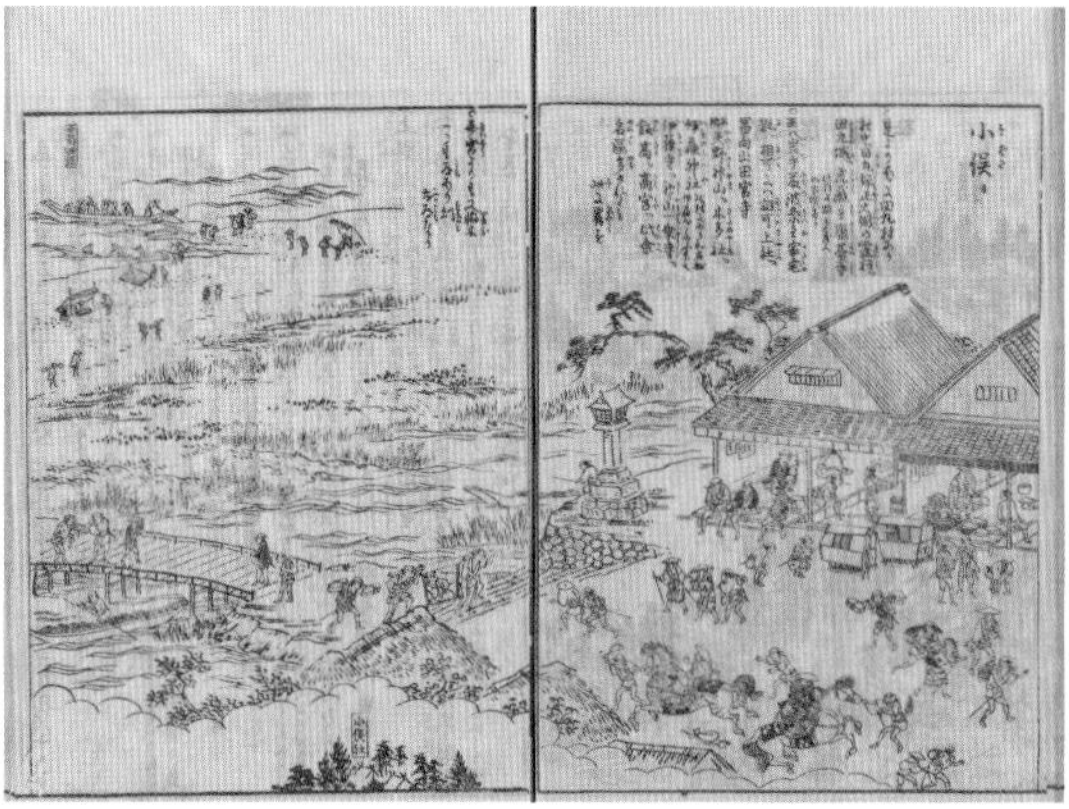

図９『伊勢参宮名所図会』小俣
国立国会図書館デジタルコレクション

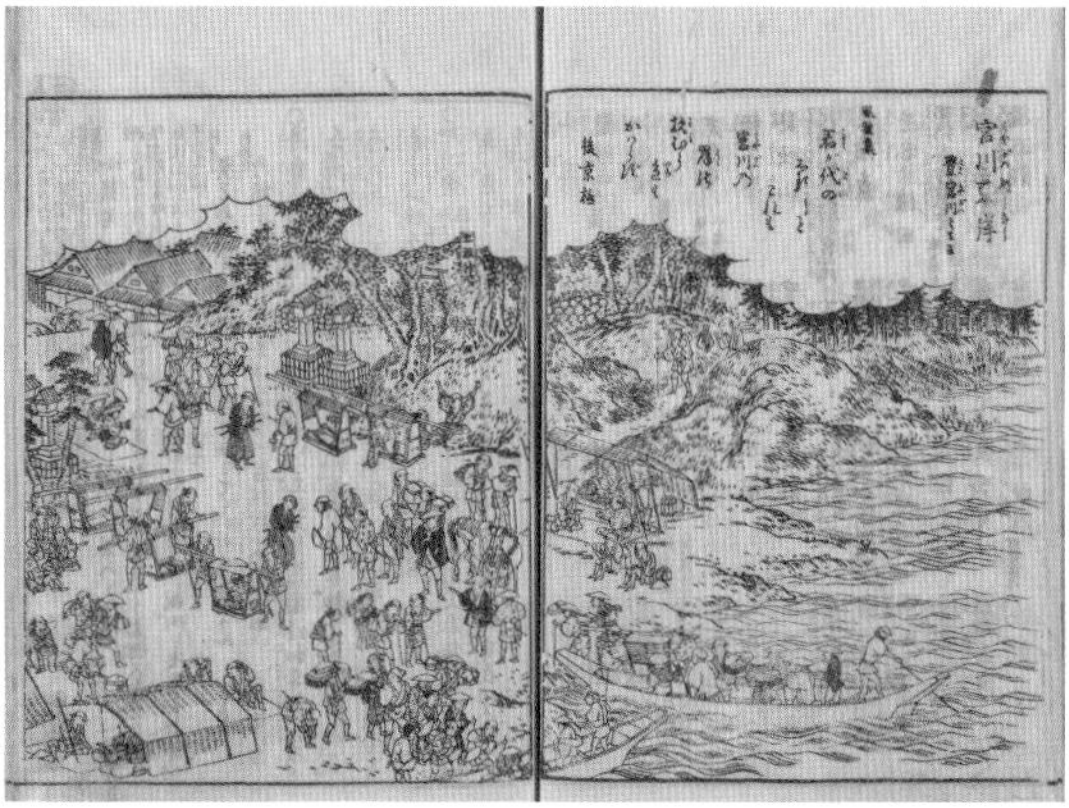
図10『伊勢参宮名所図会』其二宇治より下乗石迠六十町
国立国会図書館デジタルコレクション

宮川は、日本有数の多雨地帯である大台ヶ原を源とし、全長90㎞を下る。大内山川や一之瀬川などの支流からも多量の水を集め、時には暴れ川となった。そのため、ここには橋がなく名所図会の「小俣」（図9）に描かれる宮川西岸から「宮川東岸」（図10）へは渡し船が使われた。当初の船賃は有料であったが、船賃の不正取得や水難事故の問題を解決するため、地元の自治組織である山田三方会合と宇治年寄中が費用を負担し、1676年（延宝4）5月からは無賃の御馳走船が運行された。

江戸時代には約60年ごとに多数の参宮者が集中する現象が発生し、おかげ参りと呼ばれた。1771年（明和8）には2～300万人、1830年（文政13）には500万人が訪れたとされる。多くの参宮者を運んだ宮川の渡しだったが、1897年（明治30）に

図11

図12

図13

図14

参宮鉄道（現ＪＲ参宮線）の宮川橋梁が架けられると、交通事情は一変した。
　現在の渡し跡に往時の賑わいはない。多数の参宮者が行き交ったことなど想像すらできない（図11）。その名残は伊勢市内の10か所ほどに立つ道標のみである。「みやがわ」の文字が刻された道標は、参宮街道（図12）のほか、朝熊岳道への道筋（一宇田川付近）（図13）や五十鈴川に架かる汐合橋の西詰（図14）にも残されている。

伊勢の御師《おんし》

　宮川を渡った参宮者の多くは、近くの中河原で御師の手代に迎えられた。往古は朝廷が神宮を経済的に支援したが、その支援が薄れると権禰宜らは自らの食い扶持を稼ぐために御師となった。諸国の檀那を廻っては独自に発行した神札や伊勢暦などを配った。伊勢を訪れた参宮者を私邸でもてなすと、私幣禁断により神宮では祈祷できない参宮者のために名所図会の「神楽」（図15）を提供した。また、御師は経済的にも影響力が強く、日本最古の紙幣とされる山田羽書の発行にまで及んだ。さらに、彼らが管理する檀那情報は毎年更新され、住民基本台帳を作れるほどの情報量であったそうだ。

　御師による活動は、伊勢信仰を諸国へ広げ、伊勢講やおかげ参りなど多くの参宮者を生み出した。全

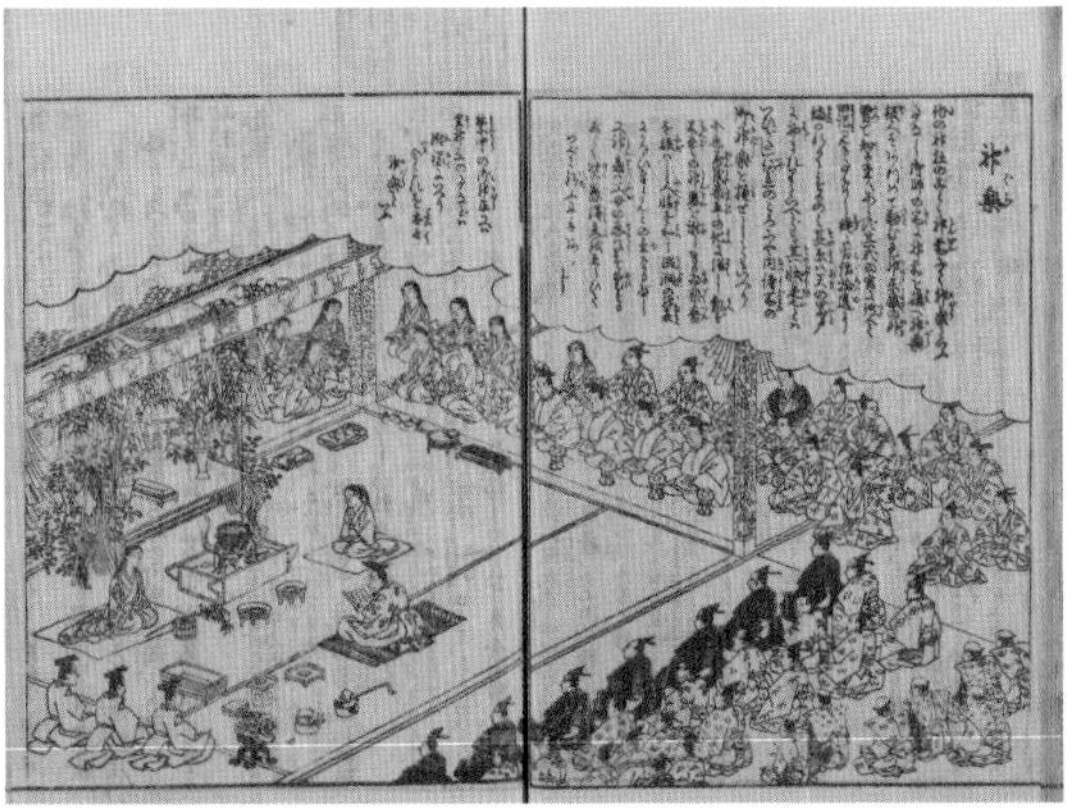
図15　『伊勢参宮名所図会』神楽（御師邸）
国立国会図書館デジタルコレクション

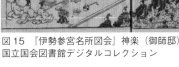

図16

図17

図18

図19

国からの伊勢詣は今も変わらず、第62回神宮式年遷宮では両宮が遷宮を終えた2013年の参拝者数が1000万人を超えた。

このように、先進的で大きな影響力を持っていた御師であったが、明治政府は天皇崇拝・国家主義思想を旨とする国家神道を推進し、1871年（明治4）に御師制度を廃止した。600人ほどの御師はすべてが失職した。

今となっては御師を体感できるものは数少ない。移築された御師邸の門は数か所で目にできるが、江戸時代から残された御師邸は旧御師 丸岡宗大夫邸のみである。長年の風雨にさらされた主屋は雨漏りがひどく、そのままでは倒壊も免れない状況にあった。しかし、2020年に屋根が修繕されると雨漏りの心配はひとまず解消された（図16、17）。御師制度の廃止から150年となった2021年（令和3）には、丸岡家の18代当主である丸岡正之さんが事務局長となり「伊勢の御師フォーラム2021」が開催された。

また、私は伊勢市内の散策で住宅街の一画に十数基の墓石を見つけた（図18）。墓石には御師であった河井範孝、範康父子の名が刻されている（図19）。ブログにて紹介すると末裔である河井道男さんから連絡をいただいた。河井家は明智光秀の御師を務めた名家だが、御師制度の廃止で失職すると、一族は伊勢を離れ北海道に安住の地を求めた。さらに、道男さんの曾祖父である河井範康は、新渡戸稲造の力添えを得て、ふたりの子供とともにアメリカへ渡った。そのひとり河井道は、日本へ戻ると恵泉女学園を創立した。ブログ記事が契機となり、御師の職を追われた一家の活躍を知ることができた。

磯部岳道

御師は私邸で参宮者をもてなすだけでなく、両宮および二見浦へ、さらには朝熊岳にある金剛證寺へも参宮者を案内した。「お伊勢まいらば朝熊をかけよ、朝熊をかけねば片参り」と伊勢音頭で唄われるほど、お伊勢参りと金剛證寺の関係は深い。内宮から宇治岳道を進むと金剛證

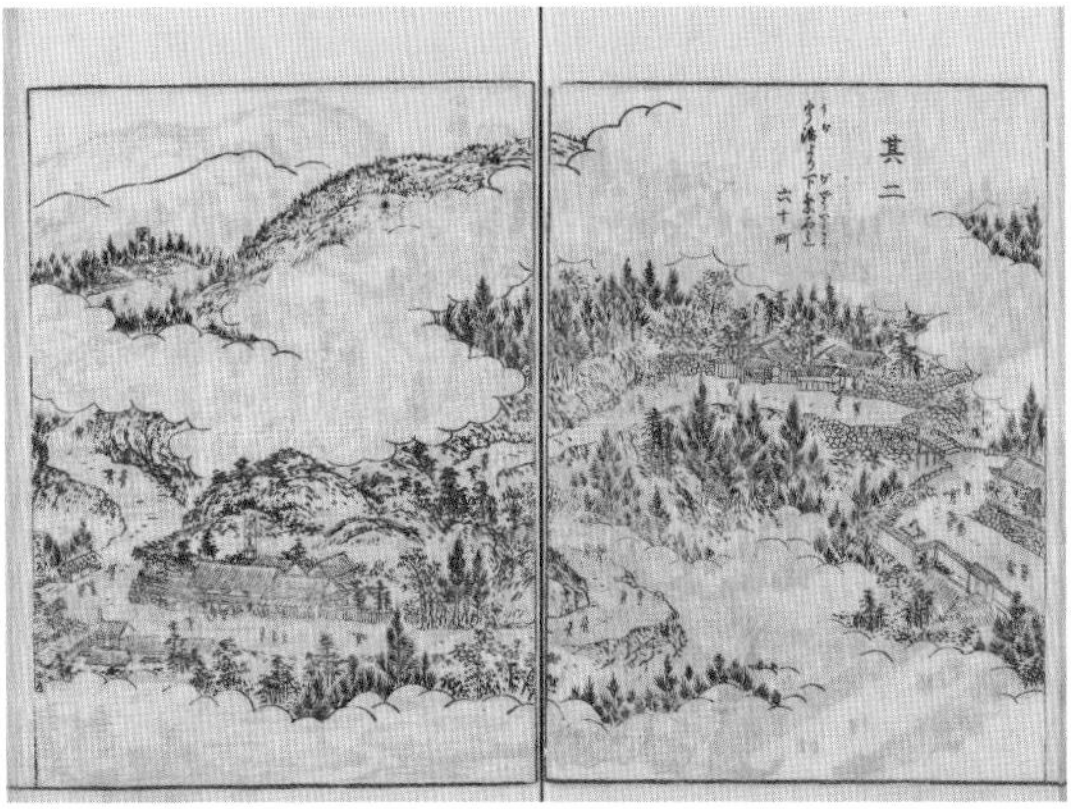

図20 『伊勢参宮名所図会』其二宇治より下乗石迠六十町
国立国会図書館デジタルコレクション

図21 図20の一部拡大

寺の手前で、今は無い野間万金丹跡にたどり着く。万金丹が描かれる名所図会「(朝熊金剛證寺)其二」(図20)では、その左端にはある小さな文字「丸山道」と「いそべ道」(図21)が興味深い。丸山道は丸山庫蔵寺を経て鳥羽方面へ、いそべ道(磯部岳道)は山伏峠から五知を経て磯部方面へ通じる。

江戸時代の道中記に「朝まら いそべ三り」とある。また、祭典のために内宮から磯部の伊雑宮へ派遣された祭使は、島路川を遡上して逢坂峠を越えたが、悪天時には増水を避けて朝熊岳に登ると五知を経由した。さらに、伊勢志摩近郊では、朝熊岳は亡き人の霊が集まる場所として信仰(岳参り)され、先志摩や磯部方面からも多くの参詣者が集まった。これらの人々が歩いた道が磯部岳道である。

かつては多くの人々が磯部岳道を歩いたが、1964年(昭和39)に「伊勢志摩スカイライン(現 伊勢志摩 e-POWER ROAD)」が開通するとこの道を歩く人は激減した。出会う人は稀となり、往時を物語るものは、勢州土路村の市右衛門や同小林村の藤右衛門らが建立した、地蔵町石などの石造遺物のみである(図22、23)。

名所図会にはたくさんの絵図が掲載されている。それらをプリントアウトし、現地を訪れるのも一興である。さらに、ブログなどで発信すれば世界が広がる。

図23

図22

*『伊勢参宮名所図会』は、国立国会図書館デジタルコレクション(https://www.dl.ndl.go.jp/)で閲覧、入手できる。

画像化のすすめ

『伊勢新四国八十八ヶ所道しるべ』を自由にする

文／日比野洋文

伊勢の新四国

四国八十八ヶ所巡礼の霊験にあやかり開創された新四国八十八ヶ所といった霊場巡りは各地に存在するが、伊勢の地にも同様の霊場巡りがかつて存在したことが『伊勢新四国八十八ヶ所道しるべ』（以下書名を『道しるべ』と略す）という書物により知ることができる。

『道しるべ』によると、伊勢新四国八十八ヶ所は文化13年（1816）に「秘密一乗 祐編 同行常安」が発起したとある。同書には、八十八の巡礼地である寺院の名称に加え、各寺院の本尊に関する情報が記されている。例えば、「第一番　大宝院　津平地東向　本尊あみだ　六尺余立ぞう」といった具合である。けれども今日、残念ながら伊勢新四国八十八ヶ所は失われてしまっている。現在、三重県には三重四国八十八ヶ所が存在するが、こちらは伊勢新四国八十八ヶ所と一部巡礼地が重複するものの異なるものである。

さて、伊勢新四国八十八ヶ所が過去のものと聞くと、歴史探求に関心がある読者ならば、もし、自身の手元に『道しるべ』があれば、これとともにかつての巡礼地を巡ってみたいと思うのではないだろうか。

そもそも『道しるべ』は、その書名や、各寺院の本尊に関する情報、本体縦約11・2㎝、横約16・4㎝という携帯性を意識したかのようなコンパクトな寸法から推測して、現代でいう遍路のガイドブックとしての利用を想定して作成された書物のようである。こうした特徴に注目すると、俄然、『道しるべ』とともにかつての巡礼地を巡りたくなるのではないだろうか。

しかし、『道しるべ』が遍路のガイドブックとして作成された書物であるとしても、現在では古文書と呼ばれる貴重な書物でもある。したがって、実際に本書を野外に持ち出し利用することは破損・汚損の危険があるため厳禁である。このように言ってしまうと身も蓋もないようであるが、心配無用、解決策はある。それは、『道しるべ』をデジタルカメラを用いて画像にしてしまえばよいのである。

画像としての古文書であれば、どのように取り扱おうとも原本に破損・汚損の被害が及ぶ心配はない。画像データを日々携帯しているスマートフォンやタブレット端末等に保存しておけば、前述の遍路の道中のような任意の場所でこれを読む・見ることも可能である。古文書の画像化には、原本では憚られるような利用の仕方を可能にするという利点があるのである。

もっとも、古文書を机の上に開いて、これをデジタルカメラで漠然と撮影しただけでは、図1の『道しるべ』のように紙面のたわみなどの影響によって、見開き左右の頁の境近くの文字が見えないというような、写りに難のある画像になってしまうことが多々ある。実のところ写りの良い画像を安定して得るには、古文書の紙面を平坦に近づけるべく、たわみを意図的に低減したうえで撮影を実施する必要がある。そして、その撮影技法のひとつに、たわむ紙面の上に無色透明なアクリル板を設置して、両者を適度に接触させることにより、紙面を平坦に近づけるというものがある。

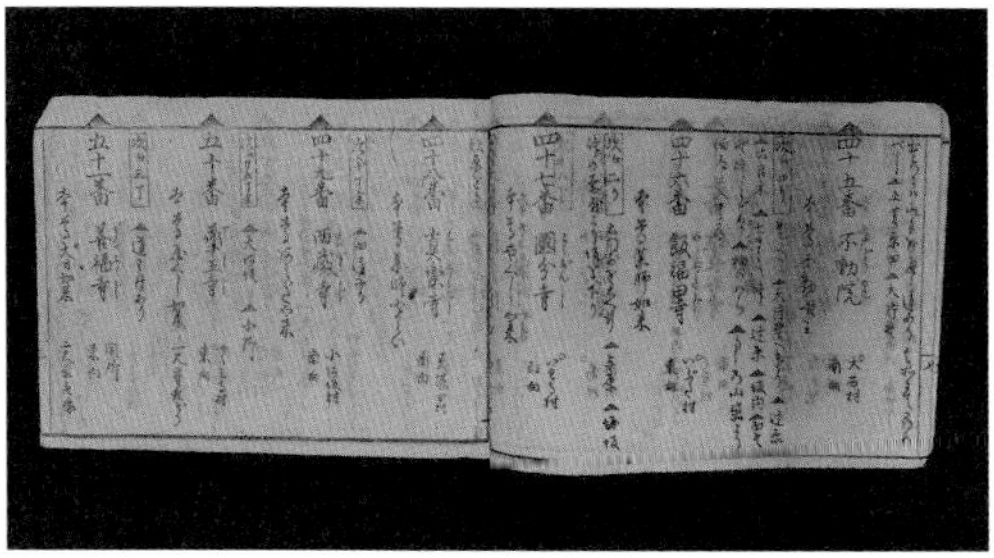
図1 『道しるべ』頁境の文字が視認できない

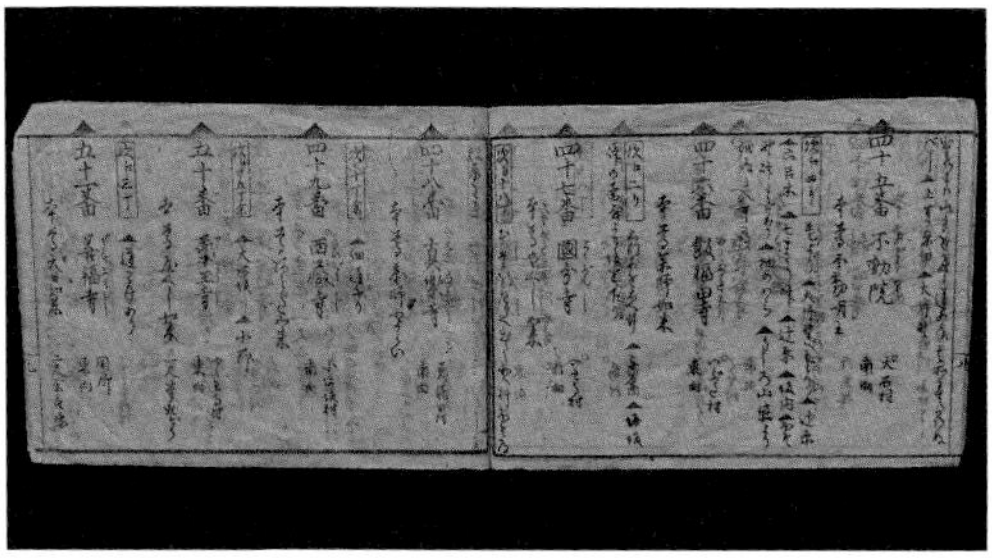
図2 『道しるべ』頁境の文字視認性良好

図2が右に挙げた撮影技法、アクリル板を用いて撮影した画像であり、被写体は前出の図1と同一である。『道しるべ』の写りは、アクリル板を用いて撮影した図2が図1よりも優れていることは明白である。しかも、この撮影技法は、少しばかり手間こそかかるが、簡単に実践できる。

読者の中には、古文書を所有している方もいることだろう。さらには、古文書を気楽に読む・見ることを可能にする画像化という手段、そして写りの良い画像の取得を実現するアクリル板を用いた撮影技法が難しくないというのであれば、自身も実践してみたいと思う方もいることだろう。

そこで本稿では、スマートフォンに搭載されたデジタルカメラと、一般に入手可能なアクリル板といった資材を用いた古文書の手軽かつ、簡単でありながらも、視認性に優れた画像が得られる撮影技法を『道しるべ』を例に解説する。

古文書撮影に用いる資材

筆者がスマートフォン搭載のデジタルカメラで『道しるべ』を撮影するにあたって用いた資材は次である。

無色透明のアクリル板（縦380㎜、横520㎜、厚さ3㎜、1枚）、ボール紙（縦250㎜、横200㎜、厚さ1㎜のものと3㎜のもの、各4枚）、ウレタンシート（凹凸のない平らなもの、縦250㎜、横200㎜、厚さ5㎜、2枚）、黒布（縦600㎜、横800㎜、1枚）、消しゴム（縦45㎜、横15㎜、奥行き10㎜、4個）。

いずれの資材もインターネッ

ト通販やホームセンター等で購入可能である。ウレタンシートとボール紙については、撮影を実施するにあたり、事前に大きな寸法の品から、右に上げた寸法になるようカッターナイフやハサミで切り出している。その他の資材については、加工を一切施していない。

また、撮影機材として全高1300㎜程度のカメラ用三脚、スマートフォンを三脚に取り付けるためのアダプター（具体例Manfrotto MCLAMP）、先端に自由雲台を取り付けた接写用アーム（具体例Velbon　V4-unit）を使用した。

アクリル板を用いた古文書のたわみ低減法

『道しるべ』を撮影するにあたり、例えば前半の頁を開いた状態で紙面がたわまないよう、前出のアクリル板等の資材を用いて固定したとする。すると、その様子は図3のようになる。

図3では、平坦な場所に2枚のウレタンシートを左右平行に間隔を開けて並べ、その上に『道しるべ』を開いた状態かつ、本の背が並べたウレタンシートの隙間に収まるよう配置し、さらにそれらの上に覆いかぶせるようにアクリル板を設置している。

なお、図3では、解説の都合、アクリル板を視認しやすくする目的で黒く縁取りしてある。また、本来であればウレタンシートの上に古文書を直接設置するのではなく、ウレタンシートの上面に黒布を敷き、その上に古文書を設置するが、今回は解説を円滑に進める都合、黒布を敷いていない。

黒布を敷く理由について述べておくと、画像化した際、古文書の背景を黒一色にすることで、古文書と背景のコントラストに差をつけ、古文書の輪郭を明瞭にするためである。

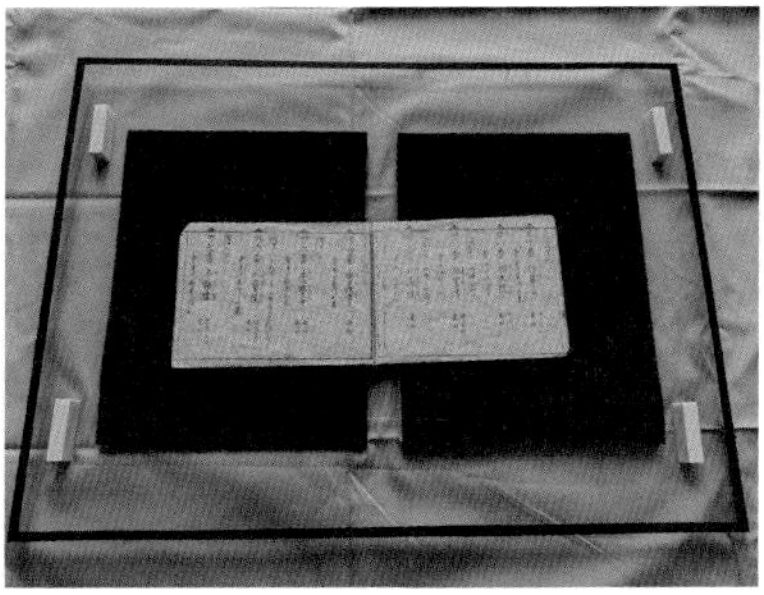
図３『道しるべ』を固定した様子

図3の解説に戻ろう。『道しるべ』に覆いかぶせるよう設置したアクリル板は、左右に並べたウレタンシートの外側四隅に配置した消しゴムを柱にして支えられている。つまり、アクリル板は『道しるべ』が平坦になるよう押しつぶしているわけではない。アクリル板は『道しるべ』に軽く接触しているだけであり、あくまでもその役割は古文書を画像化した際に、記載されている情報を読み取ることができるよう、紙面のたわみを低減することである。

そもそも、貴重な古文書に過度な負担をかけるようなことは、破損防止の観点から言って絶対に避けなければならない。古文書の下にウレタンシートを敷く理由も、アクリル板を接触させた際に、古文書に過度な圧力がかかることをクッション性によって回避するためである。

では、どのようにアクリル板と古文書の接触の程度を調整しているのかというと、それは図4のとおりである。図4は、アクリル板が接触した状態の『道しるべ』の下側中央を側面から見たものである。古文書とアクリル板の接触の程度は、ウレタンシートの下に1㎜ないし3㎜厚のボール紙を古文書の厚みに応じた枚数を敷くことによって調整している。

　例えば、図4における『道しるべ』は前半の頁を開いた状態であるから、見開きで言えばおもて表紙側である向かって右側が、裏表紙側である左側より頁数が少なく、紙の厚みも薄い。そのため、紙の厚みの薄い右側の頁を左側の頁と同程度アクリル板に接触させることを目的に、右側の頁の下に左側の頁よりも一枚多くボール紙を敷いてかさ上げしている。

図4　ボール紙を用いた高さ調整

　また、前述の左右に並べたウレタンシートの隙間も、開いた状態の古文書の紙面を平坦に近づけるのに一役買っている。

　道しるべのような和綴じ本（重ねた紙の右側に穴をあけて、そこに糸を通して綴じたもの）を開くと、背が突出した形になり、これを平らな面に置くと突出した背の影響から、ノド（開いた本の内側、綴目付近のこと）付近が小口（開いた本の外側、前小口とも言う）に比べて盛り上がってしまう。この構造に対応し、紙面を平坦に近づけるのが左右に並べたウレタンシートの隙間である。左右に並べたウレタンシートの隙間は、開いた古文書を設置する際に、突出した背を収めることによって、ノド付近の盛り上がりを抑制し、紙面を平坦に近づけるためのものなのである。

　ちなみに、古文書の背の設置の仕方にはコツがある。『道しるべ』のような和綴じ本の場合、構造上ノドまでしっかり開くことが難しいものが多く、そのためノド近くまで文字や絵が記されていると、もとよりこれらが見づらいことがある。原本を観察する際には、覗く角度を変えるなりすれば、ノド近くの文字や絵も見えるだろうが、画像では写っていないものは見えようがない。こうした構造上の問題を回避して、ノド近くに記された文字や絵を見えるよう古文書を画像化するには、撮影時にカメラに対してなるべくノド近くを晒すように設置することが重要である。

　具体的な撮影方法については後述するとして、筆者の経験では、古文書を真上から撮影する場合、開いた古文書の突き出た背を前出の図4のように立てるようにして設置すると、これを画像にした際にも、ノド近くの文字や絵の写りが良いことが多い。もっとも、これはケースバイケースであるから、古文書の設置状態と写り具合を逐一確認しながら撮影を進めることが重要である。

　アクリル板等の資材を用いた古文書のたわみ低減方法の解説は以上である。今回は開いた状態の古文書を例に解説したが、表紙を撮影する場合については、左右に並べたウレタンシートに隙間を開ける必要はなく、接続した状態でその上に古文書とアクリル板を設置すればよい。読者が自身所有の古文書を筆者紹介の方法で撮影を試みる場合、用いる資材の寸法については必要に応じて調整してほしい。

撮影の準備とコツ

アクリル板等の資材を用いて固定した『道しるべ』を前出のスマートフォン搭載のデジタルカメラと三脚などの機材を用いて撮影するには、それぞれを図5のように配置する。撮影の準備に取り立てて難しいところはなく、言ってしまえば接写アームを備えた三脚を用いて古文書の真上にカメラを下向きに設置するだけである。ただし、写りの良い画像を得るには撮影時に意識すべき次の3つのコツがある。

まず1つが、もとより見づらいノド近くの文字や絵を極力見やすく撮影するためのコツである。

図5　撮影準備の様子

古文書の設置のコツは前述のとおりであるが、カメラについてはレンズを真下に向けた状態で、古文書の見開き左右の頁の境に、図6のように撮影範囲の縦の中心線を沿わせるようにして撮影するのが、ノド近くの文字や絵を見やすく写すコツである。言うなれば、谷（ノド）の両側の岸壁（ノド近くの文字や絵）を同時に視界に収めるために、真上から谷を一直線に見下ろすようなものである。

2つ目のコツが、アクリル板が光を反射しないよう注意することである。直射日光が当たる場所や、室内灯の近くで撮影すると、アクリル板が光を反射してしまい、それが画像に写り込んでしまう場合がある。撮影は強い光が当たる場所を避けて実施することが望ましい。

さらにアクリル板は、鏡のように周囲のものを表面に映してしまうことがあり、撮影した画像にも意図せずそれが写り込んでしまう場合がある。映り込みを完璧に回避することは難しいが、できるだけ回避するには映り込むものがないような開けた場所で撮影を行うことが望ましい。

3つ目のコツは、1つ目のコツと関わるものであるが、カメラを正確に真下に向けて古文書を撮影することである。カメラが真下を向いていない、厳密に言えば向い合うカメラと撮影対象の古文書が平行に設置されていないと、本来ならば長方形や四角形の古文書が、画像では台形に見えてしまうといった事態が起こり得る。こうした事態を回避するには、撮影にスマートフォンを用いる場合、水準器アプリを利用してカメラのレンズが正確に真下を向くよう調整するのが簡単である。水準器アプリについてはフリーソフトとしていくつか提供されているので、関心がある読者は自身で探してみてほしい。

なお、筆者は『名古屋の江戸を歩く』（2021年）において、スマートフォン搭載のデジタルカメラと水準器アプリを用いた古地図の撮影技法をすでに紹介している。さらに『これであなたも歴史探偵！ 歴史資料調査入門』（2022年）においても、鏡を用いた古地図の真俯瞰撮影の方法を紹介している。撮影技術にさらなる関心がある読者はこちらも是非参考にしてほしい。

　撮影のコツは以上である。これまでに紹介したアクリル板等の資材を用いた古文書のたわみの低減方法と、右に述べたコツを意識して撮影を実施すれば、読者も前出図2のような視認性に優れた、見栄えがよい古文書の画像が得られるはずである。

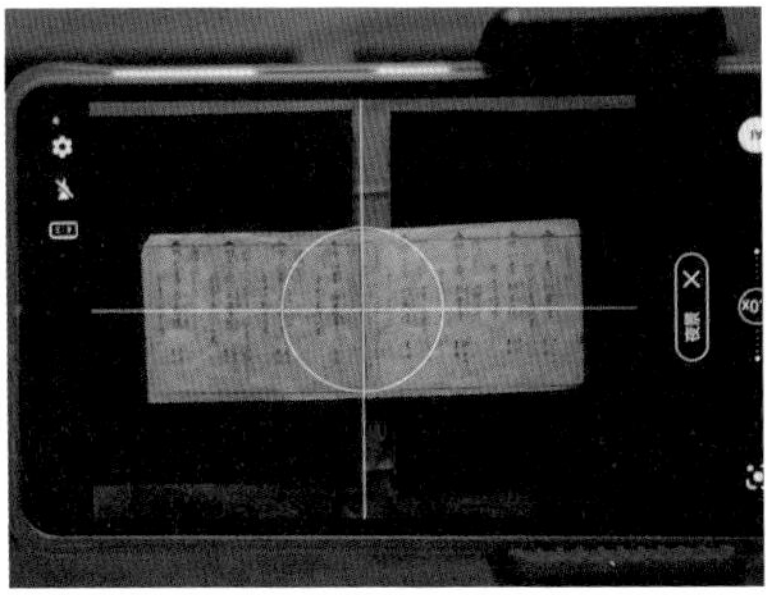

図6　頁境と撮影範囲縦の中心線を合わせる

『道しるべ』の利用と活用

　筆者は『道しるべ』をすべて画像化した後、その画像データを保存したスマートフォンとタブレット端末を携帯して、実際に伊勢新四国八十八ヶ所のいくつかの巡礼地を巡っている（図7）。

　画像とは言え、遍路のガイドブックとしての利用を想定して作成されたと思しき『道しるべ』に目を通しつつ、かつての巡礼地を巡っていると、当時の人々が見ていた光景を自分も見ているかのような錯覚に陥る瞬間が度々あった。巡礼地で『道しるべ』に目を通すことによって、史跡巡りに没入感が生まれたのである。もっとも、この没入感は、『道しるべ』の画像が視認性に優れたものであったからこそ、生まれた感覚であったのだろう。仮に、『道しるべ』の画像が写りの悪いものであったならば、これを見ていてもストレスが溜まるばかりで没入感どころではなかったであろう。やはり、没入感という感覚は、『道しるべ』の画像が写りの良いものであったからこそ生じたのであろう。

　以上、古文書の画像化は、原本の破損や汚損を回避するための代替手段であるだけでなく、原本では憚られるような野外に持ち出すといった行為を可能にするように、利活用の幅を大きく広げることのできる手段なのである。

　読者も古文書を所有しているのであれば、写りのよい画像が手軽に取得できるアクリル板等の資材を用いた撮影技法を実践し、それを画像にしてみてはいかがだろうか。写りの良い古文書の画像を眺めていると、原本を眺めていたときには想像もしなかった利用・活用方法が思いつくかもしれない。

＊撮影による古文書の破損等の責任は負いかねます。撮影に関する個別の質問にもお答えできません。

図7　七十一番巡礼地光明寺の前で『道しるべ』（タブレット端末）を見る筆者

主な参考文献

愛知県史編さん委員会編『愛知県史』別編 文化財3、2013年
飯田良樹「参宮道名所図絵」、『手書きの参宮記集』北浜印刷、2020年
伊賀市編『伊賀市史』第2巻 通史編 近世、2016年
伊賀町役場『伊賀町史』1979年
「伊勢参宮献立道中記」『日本庶民生活史料集成 第20巻（探検・紀行・地誌補遺）』三一書房、1972年）
伊勢市編『伊勢市史』第3巻 近世編、2013年
伊勢市編『伊勢市史』第7巻 文化財編、2007年
磯部町史編纂委員会 編『磯部町史』上巻、1997年
飯南町史編さん委員会『飯南町史』1984年
伊藤重信『長島町誌』上巻、長島町教育委員会、1974年
伊藤文彦『熊野古道伊勢路を歩く―熊野参詣道伊勢路巡礼』サンライズ出版、2015年
伊藤文彦「文化遺産としての「巡礼路」の保存と継承の研究―熊野参詣道伊勢路を事例に」筑波大学学位請求論文、2019年
伊藤裕偉『唐剣山遺跡発掘調査報告』三重県埋蔵文化財センター、2016年
伊藤裕偉「近世瓦の刻銘から人と地域の諸相を読む」『三重県史研究』第32号、2017年
稲本紀昭／勝山清次・飯田良一編『県史24 三重県の歴史』山川出版社、2004年
今井金吾『新装版 今昔東海道独案内』JTB、1994年
上方史蹟散策の会『伊勢本街道』下、向陽書房、1993年
榎村寛之「11世紀斎王群行の社会的背景」、『伊勢斎宮の歴史と文化』塙書房、2009年
榎村寛之「斎王の旅」、『日本古代の交通・交流・情報2 旅と交易』吉川弘文館、2016年
太田未帆「近世宇治・山田の住人組織と「自治」―宮川渡船の運営を通して―」、『近世の伊勢神宮と地域社会』岩田書院、2015年
岡野友彦「室町殿の伊勢参宮」、同『中世伊勢神宮の信仰と社会』皇學館大学出版部、2021年
岡田芳幸『神宮教養叢書第十一集 近世の伊勢参宮と芝居文化』神宮文庫、2023年
川添裕『見世物探偵が行く』晶文社、2003年
神崎宣武『江戸の旅文化』岩波書店、2004年
桐田貴史「『凶徒御退治御告文』に見る足利義満の神祇祈禱」、『古文書研究』第90号、2020年
桐田貴史「資料紹介　天理大学附属天理図書館所蔵『凶徒御退治御告文』」、『神道史研究』第69巻第1号、2021年
桐田貴史「応仁・文明の乱後の公武政権と吉田兼倶」、『年報中世史研究』第48号、2023年
『近畿日本鉄道100年のあゆみ』近畿日本鉄道、2010年
草野顕之編『本願寺教団と中近世社会』法藏館、2020年
桑名市教育委員会『桑名市史』1959年
桑名市博物館『徳川四天王の城』2016年
皇學館大学編『伊勢志摩を歩く』皇學館大学出版部、1989年
国史大辞典編集委員会編『国史大辞典』吉川弘文館
菰野町教育委員会 編纂『菰野町史』1997年
斎宮歴史博物館特別展図録『斎王群行と伊勢への旅』1998年
蔀關月 画・編『伊勢参宮名所図会』国書刊行会、1987年復刻版
島ヶ原村史編纂委員会『島ヶ原村史』1983年
志摩市教育委員会／志摩市立磯部郷土資料館編『伊雑宮の御師たち（一）』2003年
瀬田勝哉「伊勢の神をめぐる病と信仰」、同『増補 洛中洛外の群像 失われた中世京都へ』平凡社、2009年
十返舎一九『東海道中膝栗毛（上・下）』岩波書店、1973年
『増補大神宮叢書12 神宮参拝記大成』吉川弘文館、2007年

田中智彦『聖地を巡る人と道』岩田書院、2004年
谷釜尋徳『歩く江戸の旅人たち―スポーツ史から見た「お伊勢参り」』晃洋書房、2020年
千枝大志編『企画展続・藩札と羽書―MIEのエコマネー』松阪市立歴史民俗資料館、2015年
千枝大志編『同朋大学仏教文化研究所2022年度前期史料展示　すり出されたカミ・ホトケ―出版からみた仏教文化』同朋大学仏教文化研究所、2022年
千枝大志／川口淳編『これであなたも歴史探偵！歴史資料調査入門』風媒社、2022年
地方史研究協議会編「(大会特集Ⅰ・Ⅱ)〝出入り〟の地域史―求心・醸成・発信からみる三重」『地方史研究』418・419、2022年
津市教育委員会『一身田寺内町―町並み調査報告書』1989年
津市教育委員会『はくさんの石造物　大三地区編』、津市白山町石造物悉皆調査事業報告書4（『紅梅軒国遊記四』「初瀬街道」吉村利男翻刻）2011年
津市教育委員会『津市美杉町石造物悉皆調査報告書1 美杉の石造物―多気地区編』2018年
津市教育委員会『一身田寺内町と国宝専修寺』2020年
津市教育委員会『津市美杉町石造物悉皆調査報告書2 美杉の石造物―八幡地区編』2022年
鳥羽市史編さん室『鳥羽市史』上巻、1991年
中川竫梵『増補　伊勢の文学と歴史の散歩』古川書店、1983年
中西純子「斎王制度における群行の意義」、『祭祀研究』4、2005年
『南紀徳川史』1888年～
野村史隆「青峰山と青峰信仰」、『海と人間』13、海の博物館、1986年
萩原龍夫「京都の神明社」、同編『伊勢信仰1古代・中世』雄山閣出版、1985年
樋田清砂『定本・三重県の城』郷土出版社、1991年
二木謙一「足利将軍の大神宮参詣」、『瑞垣』第109号、1976年
二見町史編纂委員会編『二見町史』1988年
平松令三『真宗史論攷』同朋舎出版、1988年
『ブラタモリ7京都（嵐山・伏見）志摩 伊勢（伊勢神宮・お伊勢参り）』KADOKAWA、2017年
ブリーン・ジョン『神都物語―伊勢神宮の近現代史』吉川弘文館、2015年
ブリーン・ジョン編『変容する聖地　伊勢』思文閣、2016年
堀江登志実編『街道今昔三河の街道をゆく』風媒社、2022年
本多隆成／酒井一編『街道の日本史30　東海道と伊勢湾』吉川弘文館、2004年
三重県編『三重県史』通史編 近世1、2017年
三重県編『三重県史』通史編 近世2、2020年
三重県教育委員会編『熊野街道―歴史の道調査報告書』1981年
三重県教育委員会編『初瀬街道・伊勢本街道・和歌山街道―歴史の道調査報告書』1982年
三重県教育委員会編『大和街道・伊勢別街道・伊賀街道―歴史の道調査報告書』1983年
三重県教育委員会編『美濃街道・濃州道・八風道・菰野道―歴史の道調査報告書』1984年
三重県教育委員会編『東海道（七里ノ渡しから鈴鹿峠）―歴史の道調査報告書』1987年
三重県教育委員会編『伊勢街道・朝熊岳道・二見道・磯部道・青峰道・鳥羽道―歴史の道調査報告書』1987年
三重県教育委員会編『三重県埋蔵文化財調査報告書65 三重の近世城郭―近世城郭遺跡ほか分布調査報告』光出版印刷、1986年（再版）
三重県玉城町史下巻編纂委員会『三重県　玉城町史』下巻、2005年
溝口俊編著『名古屋の江戸を歩く』風媒社、2021年
目崎茂和編『古地図で楽しむ三重』風媒社、2016年
森下恵介『伊勢旧街道を歩く』東方出版、2022年
山田雄司「足利義持の参宮」、同『怨霊・怪異・伊勢神宮』思文閣出版、2014年

＊本書の千枝大志の執筆担当部分にはJSPS科研費JP22K01603（基盤研究C研究代表者千枝大志）の助成を受けた研究成果の一部が含まれている。

［著者紹介］（50 音順）

縣 拓也（あがた・たくや）鳥羽市立海の博物館 学芸員
朝井佐智子（あさい・さちこ）愛知淑徳大学非常勤講師
浅川充弘（あさかわ・みつひろ）朝日町歴史博物館 学芸員
飯田良樹（いいだ・よしき）飯田医院 院長
石神教親（いしがみ・のりちか）桑名市役所 市長公室ブランド推進課 課長補佐
石淵誠人（いしぶち・のぶひと）津市美杉総合支所地域振興課 地域支援担当副主幹
伊藤文彦（いとう・ふみひこ）三重県環境生活部文化振興課 文化財技師／鈴鹿大学非常勤講師
太田光俊（おおた・みつとし）三重県総合博物館 学芸員
奥田恵造（おくだ・けいぞう）会社員、交通史研究家
笠井賢治（かさい・けんじ）伊賀市教育委員会文化財課 学芸員
川口 淳（かわぐち・あつし）同朋大学 仏教文化研究所 所員
桐田貴史（きりた・たかし）公益財団法人石水博物館 学芸員
小林秀樹（こばやし・ひでき）亀山市歴史博物館 館長
澤田ゆう子（さわだ・ゆうこ）亀山市歴史博物館 学芸員
杉本 竜（すぎもと・りゅう）桑名市博物館 館長
杉山亜沙佳（すぎやま・あさか）松阪市立歴史民俗資料館 学芸員
鈴木亜季（すずき・あき）桑名市博物館 学芸員
代田美里（だいた・みさと）鈴鹿市文化スポーツ部文化財課 学芸員
田中孝佳吉（たなか・たかよし）玉城町教育委員会 学芸員
寺嶋昭洋（てらしま・あきひろ）松阪市産業文化部文化課 学芸員
豊田祥三（とよだ・しょうぞう）鳥羽市教育委員会文化財専門員
西村健太郎（にしむら・けんたろう）中京大学先端共同研究機構文化科学研究所 特任研究員
日比野洋文（ひびの・ひろふみ）同朋大学仏教文化研究所 客員所員
福田久稔（ふくた・ひさし）システム本舗えふ、鉄道史研究家
藤田直信（ふじた・ただのぶ）松阪市文化財保護審議会委員／松阪市清水町西方寺 住職
ブリーン・ジョン　国際日本文化研究センター名誉教授
桝屋善則（ますや・よしのり）会社員、ブログ「神宮巡々」の運営者
味噌井拓志（みそい・たくし）明和町斎宮跡・文化観光課 学芸員
村田 匡（むらた・ただし）松阪市文化財センター 学芸員
山本 厚（やまもと・あつし）伊賀市教育委員会文化財課主任
山本翔麻（やまもと・しょうま）伊勢市情報戦略局文化政策課 学芸員
山本 命（やまもと・めい）松浦武四郎記念館 館長

[編著者紹介]
千枝大志（ちえだ・だいし）
1976年、栃木県生まれ。中京大学・中京大学大学院・三重短期大学 非常勤講師。同朋大学仏教文化研究所客員所員。専攻は歴史学(中近世日本の社会経済史・都市史・宗教史・地域通貨史)・博物館学・アーカイブズ学。博士（文学）。著書に『中近世伊勢神宮地域の貨幣と商業組織』（岩田書院）、編著に『これであなたも歴史探偵！―歴史資料調査入門』(風媒社)、共著に『岩波講座　日本歴史　中世3』（岩波書店)、『日本近世社会の展開と民間紙幣』（塙書房)、『日本の中世貨幣と東アジア』（勉誠出版）などがある。

装幀／三矢千穂

＊カバー絵図／表：『西国名所図会』伊勢国一から「内宮」
裏：『二十四輩順拝図会』から「一身田 専修寺」　千枝大志蔵

街道今昔　三重の街道をゆく

2023年8月10日　第1刷発行　（定価はカバーに表示してあります）

編著者　千枝 大志
発行者　山口 章

発行所　名古屋市中区大須1丁目16番29号
電話 052-218-7808　FAX052-218-7709
http://www.fubaisha.com/
風媒社

乱丁・落丁本はお取り替えいたします。　＊印刷・製本／シナノパブリッシングプレス
ISBN978-4-8331-4312-7